Revenir
Raconter

Éditions Verdier
11220 Lagrasse

Isabelle Cohen

Revenir
Raconter

Portrait de ma mère au subjectif imparfait

Verdier

www.editions-verdier.fr

ISBN : 978-2-37856-214-4

à Marie-Élisa, qui m'a donné le jour et avec, la nuit

pour mes enfants, mes nièces, mon neveu et mes petits-enfants, leurs enfants et toute la parentèle

« Quelle que soit l'heure à laquelle tu me téléphones, tu ne peux me déranger. Dans le monde décourageant dans lequel nous vivons (que de déceptions depuis mai 81… hélas), la pensée présente de gens tels que toi et de quelques autres redonne confiance en des possibilités de réelle évolution du genre humain et aide à croire que l'espoir n'est pas vain. »

Haïdi Hautval, lettre à Marie-Élisa, 30 mars 1982

Petits bouts de papiers ne pouvant servir à rien

mon commencement   mon début de phase   ma romance
ma complainte   ma litanie   mon aubade   ma ritournelle
mes premiers mots   mes premiers vers   mon petit coin
dans les ténèbres   c'est toi
tu n'es pas née là-bas   pour l'enfant qui émoi
tu es de là-bas   de la mise à mort
c'est comme ça
à Paris rue B. depuis toujours
auquel il faut ôter trois ans moins quinze jours disais-tu
trois ans moins quinze jours

il faisait froid   le sucre ne manquait pas
il y avait du beurre en boîte dans les placards

audit jour du 16 mai 1942 la Dame N. est arrêtée
en un dernier matin du monde
sidération   une lune noire a caché le soleil
six étages de marches plus bas   elle s'éclipse
des bracelets aux poignets   elle a perdu ses repères
laissé sa mère   sa famille   son fils
son refuge
est-ce là l'entrée du chemin de demain ?

l'advenu dresse un mur infranchissable entre toi et moi

muraille de souffrances
je le gratte tous les jours avec mes pauvres mots
pour qu'il s'effrite
je recueille cette poussière et m'en frotte le corps
raccommodages
abattre tous les murs   ne vivre que dans la chaleur
des poignées de mains
sous le même ciel étoilé
sans majuscules qui nous rendent minuscules
infimes aux mains d'infâmes
au Mexique   sable terre   au Sahara   terre sable
en Palestine   béton
tu le crois ça ?

tu es ma Dame   depuis des temps mémoriaux
les griffures sur le mur se devinent sur ma peau
elles ont des tracés géographiques

majuscules ou capitales lettres de neige

les caractères de vieille machine à écrire de ton interrogatoire
imitent ton Olivetti
sans la bonne odeur d'huile   ton odeur
ils te font parler   dire « je »
discours rapporté ? tes paroles prises en sténo ?
par une souris grise ? non pas, par un flic français
qui écrit de sa main ce qui sera tapé plus tard puis traduit
pour les Allemands
piquantes majuscules à CNRS à Syndicat
et une à Camp
tu leur dis : *Je savais que Mme Sérazin était communiste, et que son mari est détenu dans un camp de concentration en tant qu'ancien communiste*
tu ne sais rien encore des camps là-bas

tu crois que chaque nuit le ciel est le même sur nous tous humains

tu ne sais pas que les camps de concentration ont été inspirés
à Hitler par les Anglais et la guerre des Boers
tu n'as pas lu les auteurs russes   tu ne sais rien des abattoirs
de Chicago ou si peu

pièces à conviction   des poèmes dactylographiés
tendanciellement communistes et pourtant roses comme eau
un poème en anglais   signé Edward Gardner
un amoureux peut-être ?   un prisonnier de guerre ?
un papier   une adresse   une lettre manuscrite au crayon

les poèmes étaient apôtres en nombre
trouvés épars sur ta table par les gendarmes français
tout un alphabet pour vous mettre en cabane
une chimiste qui lit de la poésie   mélange détonant
mieux vaut la soustraire à la liberté   lui murer l'horizon
les mots ont parlé à ta place   tu n'as rien dit
tu n'as reçu aucune gifle
à l'époque la torture n'était pas systématique

ce monsieur Gardner je l'ai cherché dans les convois partis en
1942 de Drancy puisque la date de sa mort
écrite sur sa boîte de poids que tu conservais était 1942
mais non c'était avais-tu expliqué à mon frère *un pittoresque*
Anglais dont la femme avait souhaité vivre en France   il était
dans ton labo

du livre ils ne disent mot dans l'audit
ils ont emporté le *Talon de fer* de Jack London
nous racontais-tu   et ça te faisait rire
les caractères polis de la machine n'en disent rien
ils emporteront mêmement un jour avec mon frère mao

un livre de Pierre Clostermann
ces flics arrivés au petit matin pour l'encabaner avant une
manifestation

tu es ma Dame aux mains gelées
les engelures de ton cœur sont en moi   fissures
tes pieds si gonflés   si froids ne tiennent pas en mes mains

tu subtilisais subtile et vive   du vif-argent
tu apportais cela à ton amie qui fabriquait des explosifs
tu lui apportais aussi de la glycérine et de la strychnine destinée
à empoisonner les chevaux allemands

je broderai de pourpre un linceul de mots pour toi
tu te retrouveras insouciante entre raiponce et martagon
tu absorberas les étoiles   telle une âme de violon faite de flocons

dans ton nom il y a toutes les Anna du monde
celles qui ont du Nord en elles   celles qui font désordre
celles qui ont de l'homme en elles   de l'homme du Nord

photos de Raïsko 2014   mon devenu-plus-grand-frère va y voir
de près   il photographie les serres construites pour les
nazis par les détenus
elles sont en excellent état de marche   c'est la saison des
chrysanthèmes

il y a de grands pissenlits dans les champs
« fleur humble et très résistante, aux parachutes duveteux qui
s'éparpillent »   vestiges de kok-saghyz   des pissenlits russes
monstrueuses akènes

des baraques il ne reste qu'une plaque apposée sur la façade du
laboratoire où vous travailliez et dormiez
toit rouge de tuiles plates   murs éclatants de blancheur

W LATACH 1941-1945
TEREN OGRODNICTWA
W RAJSKU BYŁ MIEJSCEM
NIEWOLNICZEJ PRACY
WIĘŹNIÓW I WIĘŹNIAREK
OBOZU KONCENTRACYJNEGO
W OŚWIĘCIMIU

en cette langue   je ne comprends que *koncentrac...*
concentration   ce mot   dans la langue des oppresseurs
d'aujourd'hui
avec la détention   les camps   les barbelés   les coups
    les blessures
sur notre sol libéré   comme là-bas près de la ville qui rugit
à cent mètres d'un supermarché
l'ancien et le nouveau camp   les barbelés dans l'aérodrome

des plaques il y en a partout   elles disparaîtront avec
la démolition

ton père a arrêté sa vie avant la grande catastrophe
un épanchement de sang   ciblé au cœur
comme ton fils   neuf mois après   ta montée dans la barque
ton enfant caché aux yeux si bleus
ainsi   s'est perdu par le cœur   ton petit-fils   de la main gauche
dans un grand éclair électrique
un vacillement   une palpitation   la fin au soleil couchant
extinction d'une étoile
des deux F morts nous restent ceux de l'effroi
la morsure du cœur   la trace des elfes   la déchirure

trois ans moins quinze jours
avant ça tu vivais   souciante certes   libre cependant
tu avais choisi le chemin d'Olympe et « face aux reflets du soleil
levant, au rose noyé des brumes sur l'étang »
tu as fait serment de rejoindre la lutte   et tu en as payé le prix

tu étais femme libre   Dame arrêtée   au Dépôt jetée
la Conciergerie ça se visite il paraît
tu me la montrais du bus en riant au souvenir
des bonnes sœurs gardes-chiourmes   des bons tours que vous leur jouiez

ta mère t'écrivait des lettres enfermées dans des tubes d'aspirine du Rhône
des tubes métalliques tout plats   du papier fin   cachés dans un plat cuisiné

au-dessus des petits murs c'était le ciel
dans ces cellules où on vous entassait à quinze vous lisiez à voix haute

tu attendais de passer en procès   tu attendais un peu de justice
mais de procès tu n'as pas eu

des procès tu en verras de toutes sortes après
ton premier en 1950   il y a une photo   tu montres ton numéro tatoué
à ce type Kwiatkowski   qui calomniait ton amie Wanda

au procès de Rassinier en 64 tu es témoin appelée par les parties civiles
ce n'est pas encore le négationnisme mais ça vient

la salle de bains   scène familiale des tourments
tu nous y administrais toutes sortes de produits
piqûres   rappel de vaccins   (ton désir rentré d'être médecin)
brûlures au nitrate d'argent quand tu soignais nos verrues
nos nudités irrésolues faisaient écho au camp

du temps de l'Occupation le savon manquait
alors vous aviez un savon à barbe   emmené comme pièce

à conviction quand ta mère a été arrêtée comme otage
en août 42   « vous abritiez donc des terroristes »
ta mère baffée   embarquée   traînée dans l'escalier

Athénaïse   ta mère   deux mois et demi après toi
pas de Dame pour elle
pas de mots écrits   de phrases tapées à la machine
pas d'audit ni de jugement même sommaire
rien
elle erre pauvre hère   intercalée   arrêtée   transférée
    déportée
convoi n° 34   n° 186 sur la liste   âgée de soixante-deux ans
sélectionnée   gazée   le convoi de Déborah Lifchitz
merci Serge Klarsfeld   merci pour ce mémorial

il y a des livres que jamais je ne relirai
mais je peux lire cent fois le récit de ce qui s'est passé au camp
pour toi et tes copines
tu disais ça : *mes copines de déportation*
et aussi : *nous les gens du camp*
le livre de Charlotte   *Le Convoi du 24 janvier*   sa préface
la notice avec ton numéro sont entrés dans ma geste
les témoignages me pèsent   je les lis du bout des yeux
surtout ne pas me représenter   ne pas faire d'images
chanter est plus facile   *Le Chant des marais* (en allemand
de préférence)   *Le Chant des partisans*
réciter le « Lait noir » de Paul Celan

qui du pont Mirabeau ou du pont des Arts on ne sait
s'est jeté on ne sait ni le jour d'avril ni le pont
le 1er mai 1970   on retrouve son corps   quelques jours après
on enterre Nelly Sachs

cet autre 1er mai   celui de 45   tu es à Paris rentrée des camps
la veille   tu défiles   *je dois rentrer, parce que c'est maintenant ou jamais qu'on a besoin de moi*

tu as écrit cela de Bretagne où tu avais retrouvé ton enfant
mais c'était un peu plus tard

Marie-Élisa   incube dans ma tête ou succube ?
en tout cas je succombe toujours à son appel
mot archipel brisé de gel   de vent   de temps   interminable
comme la douleur de l'absence
debout pendant des heures privées de tout sauf de conscience

tu disais de tes trois fils *le blond, le chauve, le frisé*   ou *bouclé* ?
ce souvenir n'est pas le mien même si mes frères sont bien
comme ça   blond, chauve et frisé (bouclé ?)
il faut dire que le frisé s'est retrouvé tout à fait bouclé
en maison arrêté   en prison   on y a fêté ses vingt et un ans
c'était plutôt joyeux cette demi-heure au parloir derrière une
double rangée de plexiglas troué avec des trous minuscules pas
en face des trous
il était là pour la bonne cause la cause du peuple jeté là par les
serviteurs capitaux
tous les quinze jours tu allais le voir tu   prenais le train
c'était loin
tu restais dormir chez un ami   à affronter tes propres
réminiscences d'emprisonnement mais quoi laisser son fils sans
visite   pas question

deux mille dix-sept   onzième mois   j'apprends ce que tu
m'as toujours caché   mon frère a été méchamment tabassé par
des flics éméchés et aux ordres

tu me lisais   *La Plus Mignonne des petites souris*   tu me lisais
La Chèvre et les Chevreaux   « Ouvrez biquets et foin du loup ! »
leurs pattes étaient noires   tu as quand même dû leur ouvrir
mère biquette
la peur maintenant pour les tiens

tu me faisais lire *Rémi et Colette*   tu m'as appris à lire
je lisais dans la proximité de ton corps   de tes doigts jaunis de nicotine
de l'odeur de ton eau de toilette retrouvée chez l'amie la sœur
Eau de roche   ton odeur de plus tard   une réminiscence en flacon
ton coup de sonnette quand tu rentrais le soir
je l'attendais   je l'entendais après le bruit de l'ascenseur
je me précipitais pour t'ouvrir la porte et te humer un peu
tu étais rentrée

tes doigts se promenant sous mon pull – douces caresses
quand petite fille et fatiguée je mettais à table ma tête sur tes genoux   les remontrances de notre père fortement agacé

tes cibiches
le numéro sur ton bras
ton numéro   à la fin de ta vie   tu ne voulais plus le montrer
tu en avais marre des questions
        tu portais des manches longues

l'âge venant tu es plus tendre   *ma chérie, je t'aime*
le bonheur de t'avoir entendue dire ça quelques fois
        on te prenait pour ma grand-mère dans le métro

un tatoueur du Sud a raconté   une dame est venue le voir
elle portait un numéro   « je ne veux pas qu'on m'enterre avec ça »   le tatoueur a dessiné des fleurs autour des cinq chiffres
Simone Veil trouvait affolant qu'on puisse enterrer une femme
sans avoir noté son numéro à côté de son nom
numéro à jamais perdu
Ruth Klüger aussi a fait effacer son numéro

tu aimais l'antimite   le paradichlorobenzène
à cause de l'odeur   j'étais d'accord pour le paradis
tu en mettais partout avant de fermer la maison en Ardèche

à Paris aussi tu en faisais mettre par Renée   avant qu'elle ne parte en vacances fin juillet   avec des housses sur les fauteuils de la grande pièce
Renée qui t'appelait « Madame »   drôles de rapports entre vous
tu étais autoritaire compréhensive et respectueuse à la fois
mais nom d'un chien   ce qu'elle trimait Renée
rarement elle contestait   elle ronchonnait plutôt
elle arrivait avec des sacs énormes   on soufflait pour elle
C'était ma « maman-bizine » et toi ma « maman-bourreau »
Ma maman de la cuisine   ma maman du bureau

toi aussi tu trimais   de cela je me suis rendu compte bien tard
quand j'ai eu trois enfants moi aussi
je me suis demandé   mais comment faisait-elle ?
je me suis souvenue des lundis d'heures supplémentaires
tu revenais exténuée de la rue du Banquier
pour une poignée de francs de plus
tu t'épuisais à traverser l'arrondissement
à passer ta journée dans de hautes tours à donner des cours
courir pour nous nourrir

impuissante face à tes actes d'autorité
me retirer du jour au lendemain mon oreiller
parce que tu avais entendu à la radio que
c'était mauvais pour le dos ou le cou (?)
allez on n'en parle plus va
on chante maintenant
j'aime toujours les oignons crus même si je n'en cache plus sous l'oreiller
allez chante avec moi

tu décides de me faire couper les cheveux   j'ai quatre ans
tu ne voulais plus prendre du temps pour les coiffer
allez on n'en parle plus va
on danse maintenant
allez danse avec moi

jamais je ne t'ai vue danser
ton lit-armoire tu ne pouvais l'installer tellement il était lourd
alors je rentrais pour le faire quand notre père était absent
(souvent)   puis repartais   te laissant seule

tu avais peur de faire tomber mon bébé
même s'il était sur tes genoux
tes mains déformées et souffrantes

ces deux jeunes Allemands avec leur bébé
adorables   passant à cheval par chez nous sur le chemin
d'une installation en Ariège

mots soulignés vermeils   tous   sauf les prénoms
un feuillet plié en deux
tu serres les lettres majuscules dans le cadre
        neuf mois de silence
liebe   tu écris beaucoup de *liebe*
pour gagner de la place   pas de doubles consonnes
comme *mm*   mais un *m* surmonté d'une barre
pour le petit garçon la phrase est plus longue
tu connais même le mot « détail » : *Einzelheit*
tu signes de ton nom

bien reçu tes lettres d'Auschwitz   avec toutes leurs majuscules
comme tu le souhaitais   j'ai gardé les timbres
mille baisers à toi désespérée   ton frère a la grippe
mes espérées vos frères ont été agrippés
tu essaies de nous dire que tes frères et sœurs ont rejoint le bûcher
de Jeanne
mais on ne comprend rien rien
on ne comprend rien
on comprend juste que tu es loin et que tu nous manques
tu sais maintenant que ton frère est dans la nasse
à lui non plus tu n'auras pas dit au revoir

s'il vous plaît n'oubliez jamais de me dire bonne nuit !

je mange dans tes casseroles   ta vaisselle je la fais tous les jours
tes goûts de vaisselle me plaisent
les verres à cognac dans le placard   je ne m'en sers jamais
comme toi
le petit singe bleu démantibulé que je t'ai extorqué   ce petit
jouet en peluche
qui vivait avec eux a gardé ton secret et ma honte

avec le stylet de la mémoire
je fais deux colonnes   je trie les mots   je les sélectionne
à gauche je supprime   les inaptes   les mal formés
les débiles   les fatigués
les mots enfants   dessinent des papillons avant de s'envoler
ils ne résistent pas
à droite je les garde   je les fais travailler   ils finissent
exsangues mais forts

je trie mes mots marchandises
je les fais marcher
je sors les mots morts du rang
je les laisse aller au bord de la feuille
certains seront sauvés
d'autres passeront par la désinfection
certains mots survivants auront la gale
les autres en auront peur
ils démangent   ils dérangent
et dérangent les lignes

ainsi ferai-je réparation

les fils m'enchaînent au chêne de tes convictions
je veux tramer autre chose sous peine de mourir de toi
tout ourdir en même temps pour ne pas mourir en toi

et que tu ne meures pas une autre fois
je n'ai pas le goût de tuer les morts
quand morte tu n'es déjà plus   depuis si longtemps

je prendrai des fils colorés
pour le tissu chatoyant de ton exil de moi

on retournera ensemble voir des peintres
les Uffizi de Florence
les musées des Pays-Bas
    les tulipes
        tu avais toujours des fleurs fraîches chez toi
            et encore après ta mort
Paquita ou mon père fleurissaient tes vases vides

tous les jours un petit mot sur toi ma chérie

tu disais *Je ne crois qu'à la science*
    hélas   c'était vrai
un jour tu m'as dit avoir lu dans *La Recherche* que les bébés n'étaient pas qu'un tube digestif   ils entendaient   ils avaient des émotions   ils comprenaient les langues
toi qui avais langé quatre enfants   tu n'avais su ni voir ni entendre
        tu voulais dresser mon petit
            pour qu'il dorme la nuit

que je lui donne alternativement le sein gauche puis le droit puis les deux ou le biberon
    comme toi tu avais fait
toi qui pleurais parce que dans mon berceau je ne pleurais pas
mes poumons ne seraient pas bien développés   tu croyais ça

mais tu disais *extermination* des Juifs   haut et fort

tu détestais la fête des Mères
instaurée par Pétain nous disais-tu
nous n'avions pas le droit de te faire des cadeaux
nous t'en faisions quand même

Sur chaque fleur que j'ai cueillie,
Ma bouche un instant s'est posée ;
Ainsi pour toi, maman jolie,
J'ai fait un bouquet de baisers

je te revois dans la cuisine pour ton petit goûter du matin
après le thé les biscottes du nescafé et des gâteaux
douceurs réparatrices
à midi tu n'avais plus faim je croyais que devenir adulte c'était
te gronder comme tu me grondais avant

mon fond mon tréfonds c'est toi au fond
ne me console pas ton fonds
au musée de la Résistance nationale
celui qui porte ton nom
le mien celui de centaines de milliers de gens
avec ton prénom à toi
bien à toi celui-là
Marie-Élisa
il y a une belle collection d'objets pour fabriquer
ce qui faux était absolument nécessaire
pour la survie et le combat la Résistance
le refus la révolte où sont-ils aujourd'hui
au musée ?

Auschwitz Ravensbrück Mauthausen
ritournelle de l'enfance
jeux d'adolescente pour cesser de rire fou
il suffit de me répéter
Auschwitz Ravensbrück Mauthausen

les trois camps où tu as été – été ?
    dans l'ordre !
    avec toi je suis retournée à Mauthausen
    j'ai vu l'escalier interminable de la carrière
        le vent sur la plaine
    cet été froid
si impressionnant   la caravane
    toute petite au milieu de l'immensité
        battue par les vents
ce couple qui vient de France ici tous les étés pour faire visiter
les gens   toi à peine polie   désagréable
l'Autriche sur la route de la Roumanie en 1969
        fuyons le vent fuyons la vision des châlits
                fuyons pour une autre prison

Yves   *le seul de mes enfants qui a été à Auschwitz*
ton bonheur à le dire
pour la brochure d'après ta mort   ton amie avait écrit *séjour*
notre père a bien voulu changer en *détention*
captivité aurait convenu également

mes oiselles   toutes je vous aime
toi ma tourterelle
je t'appelais *Cocotte* ce qui en choquait beaucoup
c'était la soupape de sécurité la possibilité de supporter ta douleur
ne pas en rajouter juste un peu de distance de vapeur entre nous
minute papillon ma chérie tu te souviens   ma mémoire nette
allez, en route mauvaise troupe
la seule promenade que nous faisions parfois le dimanche
en chantant *Promenons-nous dans les bois*
était pour aller voir Mère Poule rentrée de Mauthausen avec toi

à la radio un matin   pour la première fois j'entends parler de
Haute-Silésie autrement que pour Auschwitz   son Amicale
et des *camps de Haute-Silésie*

la formule écrite sur le papier à lettres et les enveloppes
que l'on voyait si souvent entre tes mains
ainsi Robert Walser fut domestique en Haute-Silésie au château
de Dambrau
il y avait des châteaux et pas seulement
des camps des chambres à gaz et des fours crématoires
il y avait des châteaux
il y a la grande ville maintenant qui a repris son nom d'avant
a troqué la première des voyelles pour la quatrième   a changé
de langue

                        et tourne la ronde des obstinés

je lis un article de journal sur toi
        après ton prénom et tes noms
                il y a deux dates apposées
                        entre parenthèses
1910 : ta naissance avant le vrai début du siècle vingtième-quatre
ans plus tard
1993 : ta mort
        ton *départ*   disent-ils   ton vrai départ fut pour Auschwitz
                ta *disparition* disent-ils
ta disparition fut celle de ta mère dans les flammes là-bas

tu as vu Heidelberg en 1930 et en 1931
tu voulais apprendre l'allemand pour te perfectionner en
chimie
tu as appris que dans un petit village des gens portaient ton
nom   ton nom qui finit par homme et commence par Nord
        tu as tout compris là-bas
                t'es engagée contre le fascisme

une ombre au-dessus de nos vies
        un nuage de cendres
                pour toujours

toi la fleur de mon cœur
ma Rose blanche
insoumise
pétale après pétale   je te couvre   te découvre
j'erre sur ton chemin
ce plus jamais ÇA   la force de ce savoir-là   ce *savoir-déporté*
tombé des étoiles
je me le suis fabriqué à la vie à la mort   œuf de Pâques fragile
cuit et recuit   tant et tant qu'il est devenu fort et digeste
    ne pas y aller c'est y être allée cent mille fois
    c'est y être   porter le monde comme un portail étrange
        étrangère au bonheur
enfermé dans une petite boîte comme un petit oiseau

certains disent qu'on entre au paradis par la lettre d'un mot
c'est aussi le chemin du retour
tu es entrée en enfer par le portail
pas celui surmonté de trois mots devenus célèbres
un autre tout aussi redoutable
celui de Birkenau
La Marseillaise que vous avez chantée en entrant a fait vider le camp
souvenir inouï qui redresse à jamais nos cœurs d'aujourd'hui

on dit que deux poètes sont restés là-bas
l'un à cause de chaussettes infestées de poux typhiques
l'autre à cause de rations K trop vite avalées   on ne sait
deux poètes sont restés là-bas
Robert Desnos   l'autre   Philippe   ton frère

        tant de cendres amoncelées
        monts sous lesquels sont celées nos âmes

les dames en blanc grattent le rocher sombre île aux orangers

les dames blanches attendent que se perce l'outre de la honte
honte et dignité

dans le fleuve   ils ne flottent pas   ils coulent
ils avaient marché pas après pas
ils s'étaient   enfoncés dans notre nuit

Bonne-Maman ta mère
ça ne pouvait pas être toi   la bonne   la vivante
si c'était l'autre   la disparue là-bas

toi voix de la nuit tu envoies des messages sans retour aux emmurées
des messages qui ricochent jusqu'à l'infini temps
envoyez-les dépêchez
les ondes des portables volent les ondes de pensée

mes morts je les ai incorporés   ils vivent en moi
c'est leur souffle qui s'agite dans les plis de mon cerveau
ils sont la substance de mes cellules
s'agitent à chaque vent qui plisse mon front
surgissent dans le crachat des cuisinières
quand le jaune envahit le ciel
et le vermeil les amandiers
quand les versets se déversent au revers de l'Histoire

s'est arrêtée la ronde des obstinés

à Bordeaux en 43 on attirait les enfants dans la synagogue
avec une couverture et des boîtes de lait Nestlé
la poudre blanche détruit les villages africains en nos nuits de mégarde

savais-tu que l'Europe est désertée par les papillons
les scarabées   les libellules
sais-tu qu'Assimil vient de sortir *Do You Speak Yiddish?*

qui fait furieusement envie à mon fils Joseph

le bonheur est toujours une idée neuve en Europe

un article sur les zazous dans *Libération*
ils avaient les cheveux longs   ce qui était contraire à l'effort patriotique prôné par Pétain !
il fallait donner ses cheveux pour fabriquer des chaussons
ça alors ! je croyais qu'il n'y avait que les nazis pour avoir des idées pareilles !

comment ai-je pu oublier que ces écritures se lisaient de droite à gauche ?

le jeune homme est revenu mourir au pied de la tour où vit sa mère à Grenoble   dans la cité   la ville n'est plus neuve
un été un garçon criblé à la tempe a percé nos carapaces d'oubli

c'est le quarantième jour
elles se sont levées elles ont répété le serment avec le président
ont juré de parler sans haine sans crainte de dire la vérité
toute la vérité rien que la vérité   elles ont levé la main droite et dit « Je le jure »
elles se sont assises et ont parlé lentement en leur langue qu'il fallait traduire
elles ont répété leur nom et puis encore répété leur nom et répété leur nom
latitude 49° 27' 17" N   longitude 11° 02' 47" E

stupeur et humiliation quand c'est à toi qu'un présentateur d'une émission de télévision a demandé
« N'est-ce pas, trente ans après, l'heure du pardon et de l'oubli ? »
à toi !   tu t'étais fait piéger

à quoi bon ta belle robe   ton maquillage   ces chaussures de peine
à la maison le Picasso au mur   une tête d'homme
aux orbites enfoncées par la faim   moi je n'y ai jamais rien vu
jamais distingué un visage de déporté dans ce gribouillis de traits noirs
rien voulu voir   ce déporté nous accueillait tous les jours
au-dessus du fauteuil où mon père lisait son journal
remplacé par une statuette indienne de bois brut   pénis en érection   peint en rouge
la vie après la mort
la litho comme les livres déclassés a descendu les escaliers
remisée

ta captivité nous a captés   nous a capturés

ils disent toujours   plutôt le pot de fer que le pot de terre populaire

je suis toutes les dames qui ont des cheveux gris   marchent difficilement même ici en Ardèche   à l'époque où tu n'es plus depuis longtemps
je les suis du regard   je les suis   je les aime   elles ne le savent pas

j'oublie que maintenant moi aussi je suis une dame aux cheveux gris

épluchant les champignons de Paris
je me souviens qu'ils sont cultivés   en Pologne
oh un peu de terre n'a jamais fait de mal à personne
(paraphrase de toi : *un peu d'arsenic n'a jamais fait de mal à personne*)
mais si c'était à Oświęcim qu'ils étaient cultivés ces putains de champignons   dans les cendres ?

nous visionnons un film sur tes amis France et Frédo Sérazin
France travaillait à l'identité judiciaire à la préfecture !
pendant la guerre   il faut le faire
de là l'inspecteur Charlot (sic !) la prit en filature
ils ont emporté les préservatifs comme pièces à conviction
parce qu'on peut s'en servir pour stocker de l'acide sulfurique
si belle : la lettre de son père Jean-Richard Bloch
toutes ces lettres de Frédo son mari
sa boîte à secrets
son avion en bois
les images des ouvriers
des manifs de 36
la dame Sérazin « la dame Sarrasine » des audits de la préfecture
à Hambourg   à neuf heures du soir le 12 février 1943
ils lui ont relevé les cheveux et dénudé le torse

cheveux 100 % humains de qualité découvrez nos offres 2010
cheveux 100 % humains prix bas
que fabriquaient les usines allemandes avec les cheveux des déportés gazés ?

« Lavons ce cadavre, / peignons ses cheveux, / tournons son œil / vers le ciel » a écrit Paul Celan

je t'ambre je t'ambrasse   tu aimais tant l'ambre   le feu
je t'embrase

je remue les cendres encore brûlantes
tes amies te réchauffaient avec des mots

à Haïti ils tirent les cadavres avec une corde

la Santé une maison pas plus vieille que soixante-six ans
une prison pour hommes
Guillaume Apollinaire y a passé une semaine
je l'ai connue d'un noir d'encre   toute blanchie aujourd'hui
ont-ils blanchi aussi les cris les horreurs
les départs vers les poteaux d'exécution ?

fort de Romainville quartier de l'Avenir de la commune des
Lilas   Les Lilas ! là où mon fils premier est né   rue du
Coq-Français
de si belles fleurs en grappes en ce début de printemps
miradors et barbelés ont suffi à abolir le temps
l'avenir n'a pas de futur

tu nous as montré où tu étais détenue à la Santé

enfants   dans le jardin de tante Raymonde juste en dessous
nous jouions   on entendait les cris des détenus
ou les barreaux frappés

ma tempétueuse

tu vas tomber de ta barque
un homme a reçu une amende de 100 euros par un agent de la
SNCF parce qu'il a fait l'aumône de 70 centimes à une femme
en gare de Toulouse !

aucune lessive ne réussit davantage que celle composée
de cendres de bois neuf et de chaux vive
contre la carie du blé c'est de la chaux éteinte qu'il faut
elle fortifie les grains et les met en état de résister
aux intempéries de l'air   elle prévient le rachitisme

me vient la mélancolie de la carie du blé et de son soin
ce goût de cendres en bouche permane

en 2017 l'une des femmes de votre convoi
qui a dans le livre de Charlotte l'une des plus petites
biographies   deux lignes   apparaît au grand jour
plus de cinquante ans après   c'est *la passeuse des Aubrais*

mémoire impossible
mémoire paradoxale
        bouleversée
inépuisable
inoubliable
        fracassée
invraisemblable inouïe improbable
mémoire cachée
mémoire vive
mémoire dada : tu avais connu Tristan Tzara
vie et mort de la mémoire
devoir de mémoire
rame !
tes moignages
mémoire blessée
        on n'a pas non plus écouté les Algériens en 1945 à Sétif

effacement de la mémoire
mémoire en lettres
mémoire muette
mémoire calcinée

mémoire brûlée
mémoire occupée
mémoire lente

mes Moires

ma mémorante à jamais inconsolée

là-bas tu ne peux pas te poser de questions
là-bas pas de pourquoi
là-bas tu n'es plus toi et cependant tu étois

au Zimbabwe : enlèvement de Jestina Mukoko   militante pour les droits humains
emmenée de force de son domicile par une douzaine d'hommes armés en civil qui se sont présentés comme des policiers
tous nos vœux pour 2009 !

hier j'ai appris pour le mur
de sable et de terre au Sahara
avant-hier j'ai appris pour le camp   l'île nue   les coups
on ne sait pas tout
aujourd'hui j'ai su   Jestina   enlevée
Dominique mon amie   va partir
tous nos vœux pour 2009 !

H de Homme   Sulamith et Lilith

ceux à l'étoile rouge ont obscurci le firmament
paradis infernal   le ciel en est borné

d'éprise de toi je te cherche dé-prise de toi   le courant n'est plus alternatif
mais voilà :

FAIRE-PART D'ENVOL

tu es morte rue B. un 15 août à Paris

tu es morte notre tourterelle est morte   un tube à essai a brisé
ses ailes
elle a glissé de son fauteuil   la bergère
a renoncé à sa vigilance   le soleil a tourné au noir éclatant
cassé   cou   pé

ultima volta   je l'avais vue   gisante   assoiffée
sur une civière
aux mains des médecins   allant d'un hôpital à un autre hôpital
implorant à boire   refusé pour son bien

ultimante je l'ai vue gisante   toute soif bue
les mouches déjà les mouches a dit le vieil homme
offerte à la rue en un solide   sac-poubelle   bleu
personne à la ville en cet août
nous   penchés au balcon pour un ultime adieu

livrée aux autorités
au scalpel au formol   par ton propre destin

j'ai enterré ta photo avec celle de ta mère   dans mon jardin
ce matin

tu es sans vêtements sans chaussures   avec une pierre
dans la bouche
au royaume de la lumière infinie j'ai eu envie de planter du jasmin

le mot *jasmin* est interdit en Chine (depuis la révolution
en Tunisie) on ne peut plus vendre du jasmin   ni en parler

ni en porter ni en cultiver   en acheter   en broder   en jeter
en manger   en humer

tu ne gis sous aucun tombeau
tu n'as jamais gît   jamais gési   jamais gémi
aucune pierre   ne t'étouffera jamais
tu es là-haut dans ta barque
avec ta mère en robe fleurie   tu ris

tu as vu des bébés tués là-bas au *Revier*
fracassés contre les murs à la naissance

pourtant tu as mis au monde trois bébés
APRÈS
nés la tête la première pour te remettre à la vie
tu les as nourris de ton sein

souvent je pense à ça je l'ai déjà écrit je crois
je me réveille et c'est à ça que je pense
aux bébés de là-bas

•

Année 1910

tu es née en 1910   année de grandes inondations à Paris
tu es née le 4 novembre bien après
même pas conçue pendant les grandes eaux

c'est ce que je croyais ne connaissant que la date du pic fin janvier
mais une crue a une durée   celle-ci a duré quarante-cinq jours
alors finalement si   tu as été conçue lors des grandes eaux

date de *la dissipation* de la crue le 8 mars
une date connue pour une autre « dissipation »
celle de la Journée internationale des femmes
date fixée justement en 1910 mais après   en août
à Copenhague
des femmes ou des luttes des femmes ?
belle question quand on lit ces jours-ci que la quasi-totalité des
petites filles du Somaliland ont le vagin cousu dans leur enfance
ce qui leur provoque d'horribles souffrances

au moment d'uriner   au moment des règles   en tout lieu
en tout temps
mais est-ce du Temps que cela ?

8 mars 1910 c'est la fin des poches d'eau
les habitants en aval de Paris ont découvert des monceaux d'ordures dus à l'idée du préfet Lépine d'envoyer les ordures au fil de l'eau jusqu'à la Manche
dissipation plutôt que fin   disparition de toute eau excédentaire
l'eau n'est pas brume ou brouillard

toi pendant ce temps tu es dans une poche de liquide occupée à te former te concrétiser
non pas à te dissiper bien au contraire tes cellules concentrent leur énergie
divisions au reste parfait
bientôt elles seront toute toi
le 4 novembre tu naîtras

•

Auschwitz

il le faut bien un texte qui porte les neuf lettres de ce nom
ce nom qui pèse un poids d'horreur abominable
un poids de souffrances inouïes
que je ne saurais décrire même celles que tu m'as racontées

mais tu n'as rien raconté   tu as suggéré parfois   tu t'es énervée parfois
cependant nous avons lu   nous avons su   nous avons compris
nous entendions tout   tu étais si souvent au téléphone

et puis ces réunions à la maison
une fois par an le dernier samedi de janvier
tes merveilleuses copines à la maison rires et embrassades

tu n'as rien raconté
on n'aurait rien entendu de toute façon
on n'aurait pas voulu connaître les détails
seulement l'idée générale tant il est impossible
de te représenter toi – notre mère – au sein de cette géhenne
voilà que le nous qui englobe mes frères vient sous ma plume

tu n'as rien raconté
mais nous avons lu tout ce qu'on a trouvé tout ce qui était à la maison
tout ce dont tu avais besoin pour donner du sens à ce que tu avais vécu
pas seulement travailler écrire parler aux jeunes
mais aussi réfléchir trouver les raisons d'une telle déraison
tu racontais tu parlais beaucoup aux élèves
tu expliquais tu discourais tu *transmettais*
pour conjurer l'oubli
pour que jamais cela ne se reproduise

s'il faut connaître ton Auschwitz il suffit de lire
Charlotte Delbo
on pourrait en faire un théorème *il faut et il suffit* de lire
Charlotte qui auschwitze comme elle respire qui sait que les
bourreaux sont toujours à propos qui pense que les bourreaux
sont toujours son propos
Algérie – Grèce – pays dits socialistes – Prague – Pologne

Aucun de nous ne reviendra était un de tes livres préférés sur
la déportation cela veut dire que tu en avais une pile
que tu donnais autour de toi
j'ai le mien dédicacé par Charlotte un bien précieux
tu aimais aussi énormément *Le Grand Voyage* de Jorge Semprún

puis arriva en France le livre de Primo Levi *Si c'est un homme*
tu en offrais aux amis de passage *mon petit Primo Levi* disais-tu
impossible de me souvenir si tu l'as rencontré ou non
il était à A…z en avril 1965 toi aussi

texte premier car oui, Auschwitz est de A à Z mon alphabet

•

Bonne-Maman

te voici dans la seule lettre de ta mère retrouvée à ce jour datée
du 20 juillet 1912 et adressée à « sa chère Tante »
tes parents viennent de faire une escapade à Lausanne

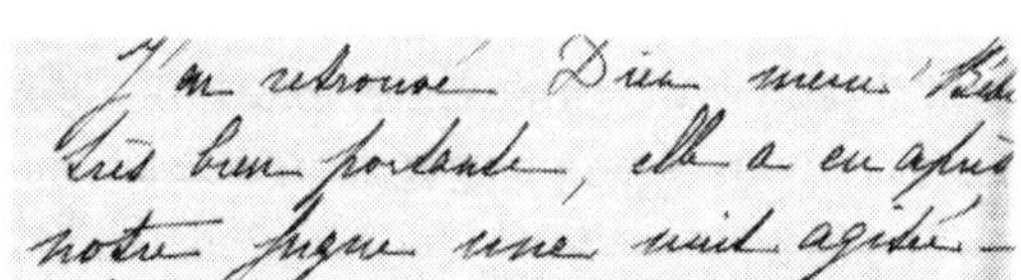
J'ai retrouvé Dieu merci ! Bébé
très bien portante, elle a eu après
notre fugue une nuit agitée –
peut-être en ai-je conclu dans

… j'ai retrouvé Dieu merci ! Bébé très bien portante, elle a eu après notre fugue une nuit agitée. Peut-être en ai-je conclu dans mes illusions maternelles que mon absence l'avait troublée, et cette nuit elle n'a pas bougé. Elle est appréciée ici et flirte avec un certain M. Bloch de Besançon,

père de trois grands enfants, qui est venu se reposer une quinzaine [illisible]. *Hier il a mis Bébé sur sa bicyclette, ce matin il l'a emmenée à la poste. Tu vois que ça se corse. Ma chérie progresse du reste pour la parole et commence à réunir plusieurs mots. Hier elle mettait un papier sortant d'une boîte de cachets et propre par conséquent dans sa bouche – j'entendis « pas bon, ça ». « Qui est-ce qui t'a dit de le mettre dans ta bouche ? » lui dis-je. Elle me répond avec plus d'esprit que sa mère : « Bébé ».*

tes yeux clairs
tu portes déjà un collier ! tu aimeras les colliers toute ta vie
tu en portes à ton cou   en souvenir de quoi   presque un collier
à chaque image
tu as deux ans : pas de collier mais des bottines !
genre orthopédique ?
ainsi tu n'aurais fait que reproduire ce qu'on t'a fait ?
jusque dans les chaussures   de grosses chaussures
pour de si jolis jeunes pieds
comme tes cheveux ont poussé tu as déjà tes belles anglaises
ton regard si puissant

ce qui me touche   ce qui m'émeut   ce qui met sa patte
sur mon cœur
ce n'est pas toi ma chérie   ton être bébé est certes charmant
mais si loin de toi en moi
c'est cette lettre   ce si rare « document » que nous ayons
qui exprime l'être profond de Bonne-Maman   son humour
son écriture déliée   avec peu de ponctuation
sa main de chair et de sang   vivante a tracé ces lettres
elle avait de l'humour ma grand-mère   du style !
et ma mère... du caractère !

chères chères vieilles lettres

à l'inventaire de Bonne-Maman : il y a TAIRE (pas grand-chose, peu d'objets, peu de mots)
effacement   ma grand-mère s'est tue définitivement après son agonie au gaz le 20 septembre 1942   elle a disparu en cendres à Auschwitz
comme tant d'autres   tant d'inconnus
dont les biens ont été envoyés en vrac chez Lévitan à trier   pour envoyer dans le Reich
on n'a plus grand-chose de toi   si peu
pourtant l'appartement n'a pas été pillé   l'ex-mari de ta fille en payait le loyer

on peut dresser un minuscule catalogue des objets trouvés :
- une robe de chambre en crêpe de soie grège avec motifs noirs d'animaux fantastiques
- quelques photos
- l'annonce de cours de dessin
- mais de dessins point   gardés longtemps dans une armoire chez ta fille (puis jetés par elle *ça m'encombrait tellement*)
je les avais aperçus dans le temps
- une autre lettre bienvenue : celle que lui a adressée André Hellé après la mort de sa femme en 1917

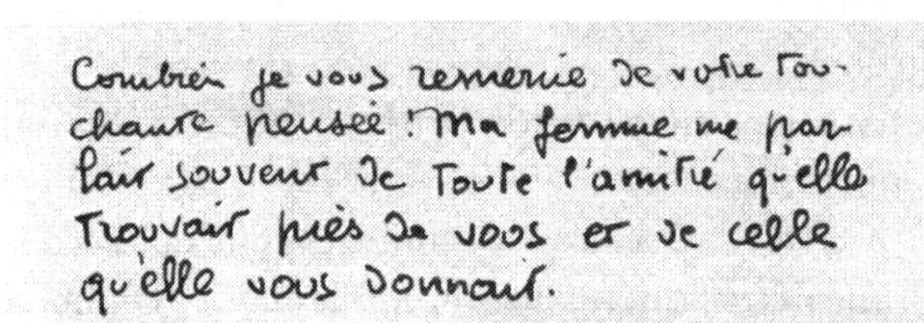
Combien je vous remercie de votre tou-
chante pensée ! Ma femme me par-
lait souvent de toute l'amitié qu'elle
trouvait près de vous et de celle
qu'elle vous donnait.

car du coup je peux ajouter à l'inventaire ces petites figurines précieuses   jouets d'enfants en bois   que ta fille celait dans un tiroir de commode avec la photo de sa grand-mère Louise-Philippine en médaillon
(nous n'avions le droit d'y toucher que si nous étions malades)

ajouter aussi ce que t'écrivait un de tes frères dans une lettre dont le papier est entouré d'une large bande noire qui pourrait être le signe du deuil de votre mère et donc serait datée de 1898

> *La petite fille qui nous est arrivée dans les jours de tristesse a été longtemps le sourire de la maison au moment où d'autres en étaient l'espoir et sans oublier que tu peux avoir, toi aussi, une action très personnelle, tâche de continuer à donner tout le bonheur que l'on peut trouver, que Maman avait trouvé en toi.*

ta mère morte alors que tu n'avais que dix-huit ans
ton frère aîné James, avocat, mort en 1893 alors que tu n'avais que treize ans
la première-née de tes parents – Adrienne Marguerite – morte à quatre ans   tu n'étais pas née
le prénom de Marguerite fut donné à une autre sœur de douze ans ton aînée née neuf ou dix mois après la mort de sa sœur, remplaçante qui a préféré se faire appeler Daisy

toi tu as donné les prénoms de ta mère à ta fille, les joignant d'un tiret pour n'en faire qu'un
c'est ce qu'on lit sur ton livret de famille, autre joyau de cet inventaire, établi le 15 avril 1909, pour ton mariage à la mairie du VIIIe arrondissement de Paris

c'est dans cet arrondissement que Marie-Élisa naîtra (rue de Florence)
elle passera son enfance dans ce quartier de l'Europe passant de Florence à Liège puis Turin   elle allait au cours Dieterlen rue Marguerite où sa mère avait été élève
l'Europe était sous ses souliers si facile à arpenter   si pacifique

l'invenTAIRE s'arrêtait là il y a peu de temps encore
il y avait aussi la fiche de Drancy aimablement photocopiée par une bibliothécaire du Mémorial de la Shoah, et un autre

trésor : ces quelques mots de Mado qui t'avait vue à Romainville
quelques mots ouvrant un abîme d'impuissance
il y avait aussi toutes les démarches administratives pour reconnaître officiellement ta mort à Auschwitz (disparition ? décès ?) mais ceci est un autre chapitre

grâce aux archives de ta fille, à quelques autres souvenirs, ce qui est venu au jour est que tu étais une personne étonnante, décidée, frustrée et comblée à la fois, très cultivée, qui souffrait de rester à la maison
tu avais appris le latin pour aider tes enfants, tu es même allée suivre les cours de la Sorbonne – préparation à l'agrégation de grammaire – en lieu et place de ton fils quand celui-ci enseignait à Argentan, tu avais dans les cinquante-cinq ans

l'année 2019 est celle de trouvailles merveilleuses
ton cahier de prises de notes et croquis de l'École du Louvre en 1905, cadeau de mon cousin Lucien
tu avais créé des motifs vendus parfois à des fabricants de tissu

une lettre de toi de mars 1938 où tu te dis « profondément angoissée par la situation extérieure »
« nous arrivons à l'époque des beaux jours que l'on choisit généralement pour faire la guerre »
la tendresse de ces mots « je t'embrasse, ma petite chérie » que ta fille me destinait souvent

trouvailles comme relevailles
une personne émouvante et délicate aperçue en mars 1968 lors d'une soirée d'hommage à France Bloch-Sérazin, Monette (Antoinette Touchet), la femme de ménage et amie de France, parle de toi
c'est un bout de témoignage – coupé dans la brochure de l'Union des femmes françaises (UFF) qui avait été consacrée à France – qui dit que tu étais là quand Monette est arrivée chez France le jour de son arrestation

tu faisais la tournée pour prévenir les amis après l'arrestation de ma mère, ayant conduit mon frère à l'école !
tu avais déjà fait partir le *rendez-vous* de ta fille : Fernand, rencontré au métro : « Va-t'en va-t'en ils sont là »
le cœur défaille à lire Monette   c'est dans le livre d'Alain Quella-Villéger

peu après la parution de ce livre   cette lettre de Monette retrouvée   datant du 25 juillet 45 adressée à Marie-Élisa

elle et son mari, se sentant peu en sécurité à Paris, ayant peur pour leur petit protégé, Roland le fils de France qui a deux ans, menacé d'enlèvement par les nazis, avaient décidé de l'emmener à la campagne début juin   France et Marie-Élisa étaient en prison

> *J'aurais tant aimé te voir, te serrer dans mes bras, te dire combien ta maman a été héroïque, voulant assurer une liaison quand même, au milieu de tant de bouleversements, de danger. Elle a été pour moi un exemple et un soutien. Elle m'a répondu avec tant de calme simple, alors que je lui expliquais mon souci de la laisser seule s'occuper de toi, de France, « Cela n'a pas d'importance, Monette, je suis vieille. »*

•

Bordeaux-Paris

c'est une course cycliste non ?
Bordeaux pour moi c'est Papon   Boris Cyrulnik   et toi quand vint la guerre tu as décidé de ne pas rester à Paris
tu avais très peur des bombardements   la mort qui tombe du ciel

comment rejoindre un abri avec une maman vieille et
un tout-petit ?
tu as déménagé à Bordeaux avec ta mère et Francis en octobre 1939
tu as échangé ton poste au CNRS avec une collègue dont le
labo faisait partie – en cas de mobilisation – de l'Inspection
médico-physiologique de l'armée de l'air, c'est elle qui te l'avait
gentiment proposé
il était écrit que ça durerait *le temps des hostilités*
le labo était à Mérignac où – soit dit sans passer – un camp
d'internement a été ouvert dès 1940 pour les Tziganes d'abord
puis pour les Juifs et les politiques dès 1941
en ce château faux gothique   sans eau sans électricité sans gaz
un labo vide d'appareils de pipettes de microscopes
vide de tout
en ce château paradaient des professeurs contents d'être
en uniforme
d'avoir une ordonnance quand leur grade était élevé
de bénéficier de la franchise postale
en ce château je vois le tableau
je les entends ces fieffés réactionnaires (comme tu l'écris
en 1984) dire « plutôt Hitler que le Front populaire »

tu fus nomade à Bordeaux   ton petit avait commencé l'école
il avait beaucoup pleuré
tu faisais beaucoup de vélo   pour ton travail
tu as testé la sous-location et la cuisine communautaire avec
une dame inconnue désagréable avec ta mère
quand des amies venaient chez vous   comme vous étiez
très à l'étroit   tu faisais dormir Francis dans un tiroir
de commode
voyant gros comme une maison venir la défaite et l'exode tu
as cherché à louer une maison plus grande tu y habitais avec
l'oncle de ton amie France
France et son bébé Roland sont venus te rejoindre ainsi que ton
« maître » de recherches en chimie : Paul Job et ses filles
tu as eu de la chance de trouver cette maison :

> « *Bordeaux was choc-a-bloc, you couldn't move. And you would meet friends or relations without being any more surprised that they were there. It was an extraordinary atmosphere. The whole of France had converged to these parts. Our little flat was full…* » a raconté Claudette dans une interview à la BBC

l'as-tu rencontrée Claudette à Bordeaux ? aucune trace dans tes diverses interviews
vous faisiez des expériences dans des caissons à compression-décompression pour simuler la montée ou la descente d'un avion, pour voir si ça donnait quelque chose quand on mangeait toujours de la même façon en faisant sa nourriture… si ça donnait quelque chose en étudiant les urines… tu étais un cobaye et tu t'ennuyais ferme c'était la drôle de guerre soudain brisée le 10 mai
les premiers Allemands en uniforme que tu as vus   c'était à Bordeaux
tu as dû apprendre à ton petit à s'habituer à eux

c'est donc à Bordeaux que tu as analysé des urines
pour la première fois
ce qui t'a servi ensuite dans les camps

c'est aussi à Bordeaux que tu as rencontré Laure Gatet
la figure de cette jeune femme m'avait tant touchée que j'ai été heureuse de la savoir ton amie
ton amie Laure… une des belles découvertes de tes papiers
il ne me semble pas t'en avoir jamais entendu parler
tu n'as pas été surprise de la retrouver à Romainville
tu étais sûre qu'elle ferait de la résistance (mot que vous n'employiez pas à cette époque)

> *Laure n'a pas tenu trois semaines à Birkenau. Le choc terrible produit à l'arrivée, car ce que l'on voyait et*

subissait était à cette époque absolument inimaginable,
l'a tuée autant que la dysenterie as-tu écrit
tu l'aidais à marcher
biochimiste elle était inscrite pour Raïsko   elle aurait pu être sauvée
si difficile à penser ça   si difficile

tu as rencontré Laure à la bibliothèque de la faculté des sciences – tu faisais la bibliographie d'un de tes patrons – il travaillait sur l'intoxication à l'oxyde de carbone – dans un texte il est question de *gaz toxique* – d'atmosphère dans des hangars... on croit rêver

tu croisais aussi Laure dans son labo, celui du professeur Genevois, à qui tu rendais visite parce qu'il avait été au Syndicat de l'enseignement supérieur et de la recherche dont tu avais été trésorière
Laure la catholique est devenue ta seule amie dans ce milieu hostile et anticommuniste, la seule à qui tu pouvais parler à cœur ouvert   vous parliez politique, vous étiez toutes deux contre Munich   et après le 10 mai vous vous êtes encore rapprochées, toutes deux aviez un frère mobilisé et vous suiviez avec angoisse l'offensive des *Panzerdivisionen* à travers la France   l'angoisse vous étreignait toutes deux quand vous entendiez certains de ces professeurs de Bordeaux dire « Hitler   va enfin mettre de l'ordre »
oui tu as bien connu Laure
vous avez accueilli ensemble des familles réfugiées
après l'exode qui campaient à la gare Saint-Jean,
« bébés, vieillards dans des conditions qui préfiguraient
les camps », as-tu écrit
Maman, je ne veux pas te déranger là-haut dans ta barque
mais si tu voyais les « migrants » d'aujourd'hui !
Laure est rentrée à Périgueux, tu es rentrée à Paris
ta « réquisition » avait cessé à la date du 20 juin 1940, et tu étais « dégagée de toute obligation »

Laure était catholique pratiquante, à la Santé elle est devenue l'amie de Marie-Claude Vaillant-Couturier
Laure cette jeune femme extraordinaire que tout le monde aimait et estimait, c'est elle qui priait à la Santé à voix haute à chaque fois que des hommes partaient pour être fusillés ou guillotinés

Laure, tu l'as écrit Charlotte, Laure avait le visage de sa voix
« clair et ardent »
la voix de Laure recouverte par les cendres de la machinerie nazie

•

Cahiers bleus

dans tes archives : deux cahiers bleus, deux dormants ignorés

Cahier bleu

il y a quelque chose d'illisible sur l'étiquette, un nom, une date :
1945   ce cahier aurait pu appartenir à quelqu'un
celui-ci a 40 pages : tu as écrit le numéro sur chacune en haut à droite   comme si tu pensais le remplir

stupéfaction d'y découvrir des dates si précises depuis votre départ de Romainville le 22 janvier 1943

BIRKENAU   vingt et une dates tiennent sur une seule page et vont jusqu'au 20 mars

3 février : Auschwitz pour photos
mercredi 10 : grande sélection
mardi 16 : inspection à la porte du camp par Caesar – nous ne sommes pas choisies

mercredi 24 : entrée au Revier Block 24
jeudi 25 : mot de Claudette
mardi 9 mars : mort d'Yvonne Picard – mort de Monette
22 [cette date est ajoutée au Bic] *: camion Annette Epaud Noémie Durand*

STABSGEBAÜDE six dates tu as le typhus
9 mai : *mort de Danielle Casanova*
samedi 12 juin : *déménagement et installation à Raïsko*

RAÏSKO treize dates
23 septembre : carte du père de Claudette
5-6 : lettre de Lili, la première
16 août : début de la quarantaine pour les copines de Birkenau qui dure jusqu'au 1er juin 44
20 septembre : lettre de Philippe

vendredi 7 janvier 1944 : départ pour Ravensbrück de Lulu, Carmen, Cécile, Mado, Charlotte, Gilberte, Poupette, Marie-Jeanne

cela s'arrête au lundi 7 février 1944
départ de Gerda pour Birkenau

une quarantaine de lignes sont écrites de ta main
deux pages et trois lignes quarante lignes de temps retrouvé
de traces tenaces de ce qui s'est passé pour vous à Auschwitz
la résistance au bout du crayon
cela s'arrête là il manque six mois et la suite Ravensbrück et Mauthausen
tu as dû manquer de temps à Saint-Gall ensuite tu as été prise dans le tourbillon du retour

l'écriture de Charlotte bien après, quand elle travaillait sur *Le Convoi du 24 janvier* en travail de ressouvenance

« Mado a écrit pour la première fois le 11 juillet 1943 cachet
postal du 24 juillet »
à la fin du cahier : deux noms une adresse
deux noms d'enfants qui ne reverront pas leur maman

tout le reste est vide, vide et numéroté
tu en as gardé l'entièreté   jamais arraché les pages écrites

cette précision dans les dates les jours de la semaine
ces « approximativement » pour certaines c'est émouvant
comme si cela te redonnait ta vie de cette période-là
tu as réussi à restaurer tes repères par l'écriture de ces dates
de ces événements   tu reviens à toi
tu as retenu ce temps
ces *vingt-sept mois* comme tu tenais à le dire
ce calendrier macabre comme un calice de vie

Cahier bleu « Rechnen »

Rechnen : compter en allemand   ou calculer
c'est ce qui est écrit à l'encre noire sur l'étiquette du cahier
(écriture toute germanique)
c'est ce que tu fais : tu fais le compte des mortes
tu écris leurs noms
en fait tu recopies la liste que tu avais écrite à Raïsko
en ajoutant le nom des trois femmes mortes sous un
bombardement à Mauthausen
la liste tu l'avais écrite en te servant d'un ancien art de la mémoire
les chambres de palais imaginaire où est déposé ce dont on veut
se souvenir
sauf que le fort de Romainville n'était pas un palais
les chambres n'étaient pas des boudoirs ou des suites de luxe
tu as rajouté après avoir tracé un trait les huit noms des femmes
juives assassinées que tu avais notés sur la *laliste*

dont ta chère amie Jacqueline Weill-Dreyfus
et c'est tout

non ce n'est pas tout : des comptes tu en fais
au crayon, tu comptes les mortes par chambrées

plus tard à l'encre indélébile tu calculeras et écriras

230 – 178 = 52 – 3 = 49

49 sur-vivantes

tu ajouteras au stylo Bic quatre petites croix qui sont un renvoi
à *Block 25* que tu écris encore en allemand, soulignant le nom
d'Annette Epaud dont il vous souvient à toutes qu'elle a voulu
porter secours aux femmes assoiffées et qu'un SS l'y a envoyée
partager leur sort (le gaz)

ton premier geste de femme libre : écrire ! faire trace

as-tu écrit avec ce crayon rescapé ?

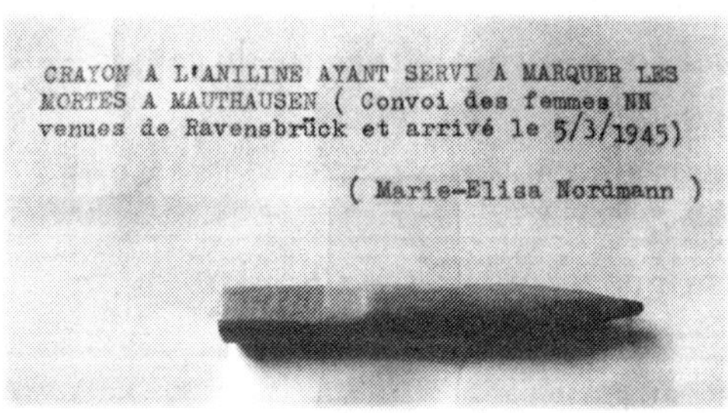

Saint-Gall je ne me souviens pas en avoir entendu parler
après votre fuite en camion votre peur d'être reprises
vous êtes entrées en Suisse par Saint-Gall
ville touristique très ancienne bibliothèque d'après
Alberto Manguel
vous n'avez pas fait que passer

tu t'es procuré ces deux cahiers bleus
Schulen der Stadt St. Gallen

tu as écrit ces dates ces veilleuses du temps
Charlotte y a laissé sa trace raccommodant par son livre
le temps passé là-bas
Charlotte s'est appuyée sur tes cahiers bleus ces archives
dormantes
pour dire le Dit de vos vingt-sept mois là-bas

•

Caoutchouc

« bon alors ça y est ! »
voilà ce que tu m'aurais dit au téléphone
tu ne disais jamais « bonjour » ou « comment ça va »
toujours droit au but ou bien *j'ai trois choses à te dire*
la dernière année de ta vie tu ne téléphonais plus
parfois je comptais et quand tu n'arrivais qu'à deux
ça me faisait rire
« qu'est-ce qui y est ? t'aurais-je alors demandé
— le kok-saghyz, ils ont trouvé ! »

cher *Taraxacum kok-saghyz*...
ce grand pissenlit dont la racine contient du latex
que les nazis avaient fait pousser en quantité dans les plaines
marécageuses d'Auschwitz
et étudiaient dans le laboratoire de Raïsko
où tu as a passé quasiment toute ta captivité *là-bas*

mais est-ce que ça t'intéresse encore dans ta barque
j'espère bien que non !

est-ce que ça t'a intéressée APRÈS
après Raïsko ?   bah je n'en sais rien
tu avais gardé un article de journal
un article du 2 août 1945 des *Nouvelles littéraires*
« Caoutchouc d'hier et de demain » qui ne disait rien sur
les recherches à Raïsko mais beaucoup sur les recherches des
Soviétiques qui ont été à l'origine de l'intérêt des nazis – privés
de la ressource de l'hévéa – pour cette plante, un pissenlit du
Kazakhstan ou Turkménistan du « Pamir », écrit Charlotte
qu'ils avaient découverte dans les plaines d'Ukraine et en
Biélorussie lors de leur percée en URSS
cet article fait remonter les premières observations de plantes
élastiques à l'an 1525
observations tombées dans l'oubli jusqu'en 1736, où
La Condamine et d'autres redécouvrent le *caotchu* au Pérou,
en Équateur et en Guyane   la suite aux exploiteurs coloniaux
et profiteurs de l'Eldorado

Rajsko ou Raïsko ? je vais m'en tenir à ce qu'écrivent Charlotte
et quelques autres   toi par exemple
c'est un choix délibéré : Rajsko ne m'évoque pas Raïsko
je ne peux pas *aller* à Raïsko si je dois aller à Rajsko
Rajsko est vidé de ses affects, de toutes ces femmes que j'ai
particulièrement connues dans mon enfance, du *Malade
imaginaire* qu'elles avaient joué, que moi aussi j'ai appris
par cœur
Rajsko n'est pas « un lieu d'avant la géographie », comme
l'écrit Charlotte pour Auschwitz, Raïsko l'est

en cherchant sur la Toile on trouve quelques arachnides mais
seulement à partir de 2010 : deux articles dans *Le Figaro,* oui
parce que le caoutchouc synthétique c'est bien joli, mais pour
la résistance des pneus, la bonne élasticité, il faut y ajouter du
caoutchouc naturel
– « Caoutchouc en crise » en août : « La pérennité de l'industrie
du pneumatique est menacée par un champignon brésilien

qui détruit les plantations d'hévéas. Sans latex, impossible de produire des pneus de bonne qualité. »

– précédé de « Le pissenlit, nouvel avenir du caoutchouc ? » fin juillet : « Des chercheurs allemands travaillent à la fabrication de pissenlits génétiquement modifiés, capables de produire du caoutchouc en grande quantité. Objectif : trouver une alternative à l'arbre à caoutchouc, menacé par un champignon. »

cet article mentionne la guerre : « À cette époque, les Allemands importaient ces racines de Russie et les plantaient dans les camps de concentration d'Auschwitz où les détenus les entretenaient. »

il mentionne la culture mais pas les recherches en laboratoire
qui ont donc repris en Allemagne soixante-cinq ans après,
toujours pour les pneus
moi-même j'avais gardé un article de *Libération* du 21 septembre 2014 – rien sur Raïsko : « Le cauchemar des jardiniers pourrait devenir une alternative écologique au latex. »

si on en croit les plus récents arachnides, Continental
(entreprise allemande) a mis au point des pneus… en 2019
des pneus pour vélocipèdes d'abord, puis plus gros

dans les articles que l'on trouve sur ces pneus :
les mots Auschwitz – Raïsko – Buna – nazis sont inconnus

c'est écolo (ben oui quoi ça pousse dans des champs… pour l'instant)
oui mais, c'est transgénique… le but : faire des racines grosses comme des… betteraves
qu'en aurais-tu pensé, toi, la chimiste ?
à Raïsko, le jeu était de ne rien trouver, de faire semblant,
vous, vous aviez les résultats des Soviétiques – les nazis ayant
saisi livres et savants – vous vous en inspiriez, pas question
d'aller plus loin et de trouver vraiment à extraire du latex
pour la guerre

peut-être aurais-tu apprécié, toi la sociale, la progressiste, car
enfin l'enfumage du latex est très toxique pour les récoltants
qui deviennent rapidement aveugles
tu connaissais peut-être la brutalité de Michelin dans les
plantations d'hévéas au Vietnam, l'exploitation éhontée,
la violence, l'extrême férocité de l'exploitation au Congo

toi tu devais faire l'analyse des composants minéraux du latex
vous étiez extrêmement mal équipées mais vous avez obtenu
une machine à calculer, parce que pour retrouver les résultats
des Soviétiques – que vous passaient les traductrices – il fallait
faire les calculs « à l'envers » et c'était très compliqué

donc la quasi-totalité des arachnides ne mentionnent pas le
camp sauf Jean-François Prevéraud en 2014 dans un article de
L'Usine nouvelle « Le caoutchouc de pissenlit refait surface »
qui évoque la Buna, Auschwitz, IG Farben et nous apprend
que les nazis avaient confié des graines au muséum d'Histoire
naturelle de Paris pour évaluer leur potentiel
il pointe la grande nouveauté : les recherches à l'université
de Münster ont permis de désactiver l'enzyme à l'origine
de la coagulation naturelle rapide du latex
ainsi le latex peut-il s'écouler librement de la plante et être récolté,
en vue d'être transformé en caoutchouc par coagulation, broyage,
chauffage et calandrage

un arachnide canadien évoque la production de caoutchouc
naturel par les Soviétiques avant guerre
il y est écrit que « dans les années 1930, la Russie produisait
environ 30 % de son caoutchouc domestique à partir
de 67 000 hectares de culture du kok-saghyz »
j'en ai fait tomber ma pipette
quelques arachnides russes confirment la chose et l'existence
d'usines dédiées
l'une au Kazakhstan est arrivée à produire 9 tonnes
de caoutchouc par mois pendant la guerre

toute la production a été stoppée en 1950
pourquoi ? peu rentable ?
si j'avais lu correctement l'article que tu avais gardé de 1945
– qui évoque Auguste Chevalier du Muséum – j'aurais lu
qu'il faisait l'hypothèse de la réalité de cette production

les racines de pissenlit russe contiennent aussi un montant
considérable d'amidon inuline, qui peut être fermenté pour
produire de l'éthanol carburant
ah l'alcool ! il me revient qu'une de vos hantises à Raïsko
était que les Polonaises volent – *organisent* – l'alcool utile au
laboratoire et le boivent cet alcool, ce qui aurait fichu votre petit
confort relatif en l'air
vous faites partie d'un immense système économique
concentrationnaire, vous en êtes une parcelle, vous ne le savez
pas, un immense système esclavagiste, un territoire immense,
modèle de la colonisation à l'Est – la ville d'Auschwitz étant
centrale – c'est le *Lebensraum* en actes, où l'aménagement
agricole et le centre de recherches – celui où vous travaillez –
ont une très grande importance parce que dépendant
directement de Himmler

vous ne savez pas non plus que 400 entreprises allemandes
s'installèrent à Auschwitz
tu nous as parlé d'IG Farben qui était directement impliquée
dans le caoutchouc de Raïsko
il y avait aussi Agfa, Basf, Bayer (filiale d'IG Farben), Siemens,
Degesch, l'Union-Werke, Daw, Krupp et bien d'autres
IG Farben avait décidé d'implanter à Monowitz, une énorme
usine de caoutchouc synthétique – la *Buna* – travaillant pour
l'armée allemande et a adopté les tortures du rythme de travail
nazi pour sa construction et après : main-d'œuvre illimitée
et jusqu'à l'épuisement des forces, *la mort dans le béton* pour
cette production, IG Farben exploite aussi les mines de charbon
alentour avec de la main-d'œuvre concentrationnaire

IG Farben fournisseur du Zyklon B

au moment de la fusion entre Bayer et Monsanto – entre autres producteur de l'*agent orange* défoliant répandu par avion au Vietnam par l'armée américaine pendant une dizaine d'années – autorisée par la Commission européenne en 2018 – est venu au net l'échange de lettres glaçant entre Bayer et le commandant du camp d'Auschwitz en avril-mai 1943 qui révèle que Bayer achetait – en marchandant le prix – des détenues pour des expériences médicales : voici la dernière :

> « Les expériences n'ont pas été concluantes. Les sujets sont morts. Nous vous écrirons prochainement pour vous demander de préparer un autre lot. »

à Raïsko vous aviez tiré le gros lot, la chance inouïe de l'existence de ce laboratoire et de ces plantations vous a protégées
Eva Tichauer a écrit qu'elle aimait tout du kok-saghyz qui lui avait sauvé la vie à Raïsko
Claudette – dans l'interview à la BBC – évoque « *a good life* »
toi tu parlais ironiquement de ton *petit camp très chouette*
Marceline Loridan, elle, vous appelait « les planquées »
ce qui m'a toujours peinée, considérant l'admiration que j'ai pour Marceline
il n'aurait pas fallu que vous alliez dans ce labo, alors ?
les premières arrivées à Raïsko en ont fait venir beaucoup d'autres, les ont protégées ainsi avant la fameuse quarantaine du reste du convoi
elles étaient privilégiées, certes, mais non planquées, elles avaient fait ce qu'elles avaient pu, ne portaient ombrage à personne, au contraire essayaient de faire passer des légumes et des fruits par les hommes jardiniers qui rentraient tous les soirs au grand camp ou par celles qui s'y rendaient pour une raison quelconque
il était bien plus facile pour aider les autres d'être dans de meilleures conditions, moins démunies de tout

•

Carnet rouge

tu allais très souvent rencontrer les élèves dans les lycées et plus tard aussi dans les collèges
tu étais invitée à Paris et en province, la plupart du temps par des professeurs d'histoire, dans le cadre de la préparation au concours national de la Résistance et de la Déportation, créé en 1961 tu as fait longtemps partie du jury

je n'arrive pas à écrire ce texte
je voudrais dire à quel point il était important pour toi
de rencontrer les jeunes
ton besoin de transmettre
d'expliquer
non pas le camp
mais pourquoi le camp
les racines du camp
la résistance au nazisme
les mettre en garde
leur montrer
les dangers du négationnisme
que les néonazis n'ont rien de néo

rencontrer les jeunes et répondre à leurs questions
il existe – mais où ? – un film de Frank Cassenti *Et le soleil se levait* où on te voit dialoguer avec les lycéens

rencontrer les jeunes et répondre à leurs questions
il y a dans tes archives un petit carnet à spirales couverture rouge en plastique désagréable au toucher genre qui vient d'un « pays de l'Est » dans lequel tu as consigné

certaines de ces questions rassemblé quelques feuillets avec le contenu de ces rencontres et parfois un petit topo ou des notes préparatoires

tu ne veux pas émouvoir, tu ne veux pas désespérer
tu veux montrer et démontrer que les atrocités nazies
sont le fruit voulu d'un État raciste

tu travailles tes topos
souvent tu interviens après la projection d'un film
Holocauste – Nuit et Brouillard – Le Franciscain de Bourges – Shoah je ne sais pas, c'est long, des extraits peut-être ?

tu ne penses pas seulement le pourquoi mais aussi le comment

ce qui t'intéresse en somme plus encore que le passé c'est le présent les risques dus à l'antisémitisme contemporain
tu es restée une combattante

il faut enseigner l'histoire, ce qui s'est passé, en donnant des éléments de compréhension : comment cela a pu être rendu possible
quels sont les responsables ?
seulement les nazis ou aussi ceux qui ont relayé leur idéologie, leur police, leur armée en France même
ceux qui ont devancé leurs désirs
ceux qui n'ont rien dit, qui ont laissé faire les collaborateurs
et avant cela, ceux qui – au pouvoir – n'ont pas voulu comprendre

évidemment les échos de cette position sont forts aujourd'hui
la haine des Juifs aujourd'hui n'a rien de nouveau
les thèmes sont les mêmes
ces mêmes refrains malsains qui ont fait florès en France bien avant la guerre

Drumont n'est jamais loin « La France aux Français »
les profanations de cimetières juifs et autres attaques antisémites augmentent tous les jours
on peut dire ça, à l'échelle de la planète et en France :
tous les jours

alors oui, tu répondais aussi bien à « raconter une journée au camp » qu'à « que disait la population ? », « pourquoi contre les Juifs ? », « quelle est l'origine de la croix gammée ? », « est-ce qu'on s'est vengé à la Libération ? », « les femmes ont-elles été jugées aussi durement que les hommes ? »

tiens, là, en pleine page, il y a écrit : « néonazis = nazis »
et là, entouré : « Vichy a dénaturé le sens du civisme »

ces rencontres sont innombrables

l'une est exceptionnelle : tu as rencontré en 1985 des réfugiés politiques latino-américains, turcs et iraniens, très préoccupés des problèmes des résistances antifascistes
ils te demandent comment était constituée la Résistance française
ils t'interrogent sur les maquis, sur Pétain, et que faisaient les syndicats ? le PC a-t-il fait des erreurs pendant la Résistance ?

à Nanterre, le 9 juin 1970, les lycéens te disent : « Puisqu'on devait mourir, pourquoi ne pas se révolter ? refuser de monter dans les camions ? »

le 18 janvier 1979 ceux de Mantes-la-Jolie t'interrogent sur *Mein Kampf*, sur le STO, sur l'armistice de juin 1940 et bien sûr la déportation

ceux de Paul-Bert, le 8 mars 1979, sur les racines de l'antisémitisme
N'oubliez jamais : le peuple a voté pour Hitler leur dis-tu

la veille, le 7 mars, tu étais ailleurs et vous avez discuté de l'assistance aux enfants juifs cachés, du nombre de déportés résistants, de la collaboration de l'État français, des prisons, et d'un certain nombre de salauds : Pétain, Laval, Darquier, Leguay, Bousquet
une autre fois, tu as expliqué les mesures d'exclusion des Juifs prises de la propre initiative de Pétain et du régime de Vichy très tôt, dès octobre 1940, et les rafles, la police française qui les exécute, les quelques policiers récalcitrants, la population qui assistait aux rafles, Travail Famille Patrie au lieu de Liberté Égalité Fraternité, culte de Pétain, dictature, répression, plus aucune élection d'aucune sorte, mainmise de l'État sur les moyens d'expression et de pensée

la Résistance intéresse fortement les jeunes
comment s'y engage-t-on ? que fait-on ? les armes, comment se les procurait-on ? quand la Résistance française a-t-elle commencé ? y avait-il la Résistance partout ?
tu insistes sur la multiplicité de ses terrains : politique, économique, juridique, intellectuel, enseignant, religieux, tu parles des journaux tracts brochures qui dénoncent Vichy et les nazis, tu parles et n'écris rien, entoures parfois une phrase : « La Résistance a été le creuset dans lequel se reforgèrent les droits de l'homme. »

selon les années tu parles plus ou moins de la déportation
que disais-tu ? que décrivais-tu ?
l'horreur, l'humiliation, la dégradation de l'être humain, l'exploitation, oui tout cela sans doute mais aussi la solidarité entre vous, la sollicitude envers les unes et les autres, l'amitié, la chance aussi qui vous a fait tenir en dépit des horreurs vues et subies
ne comptez pas sur moi pour décrire ce que tu as vécu les premiers mois à Auschwitz, cela m'est impossible   prière de le lire ailleurs, Charlotte par exemple

selon les années tu parles plus ou moins de l'extermination
que disais-tu ? que décrivais-tu ?
tu disais les chambres à gaz, la fumée, l'odeur, vous saviez toutes ce qui se passait, vous saviez l'extermination de deux peuples, les Juifs et les Tziganes, juste accusés d'exister

nous rappellerons ces crimes
tant qu'il nous restera un souffle de vie

parfois le débat s'élargit : l'invasion de Budapest par les Soviétiques
je ne vois pas mention des camps soviétiques   ah que j'aurais aimé être une petite souris pour t'écouter   l'actualité s'invite : le Chili, l'Iran, l'expulsion des Juifs de Pologne

nous déportés, insistes-tu, *sommes contre l'atteinte*
à la dignité de l'homme
l'homme du seul fait qu'il est un homme
possède un droit personnel et inaliénable à la dignité

l'univers concentrationnaire, un monde à part, inhumain, terrifiant et horrible…
le but : avilir – abaisser l'homme – but économique : faire travailler une main-d'œuvre gratuitement sans la nourrir, les morts ne comptent pas

pourquoi j'ai envie de vivre ?
parce que j'étais résistante et que j'ai continué
parce que je suis revenue
et si je suis revenue
cela concerne tout le monde
vigilance

je suis ton entourage   je suis fille de tes entourés

•

Carrés

tu as gardé deux badges en carton de deux manifestations
des manifestations ou des journées de protestation
avant ma naissance
ces petits cartons étaient dans un tiroir
de ton bureau
celui de la journée du 4 juin 1950
contre la bombe atomique
une colombe de la paix dessinée
avec des photos de visages d'enfants

ce badge ? mais disait-on ainsi ? tout d'un coup ce mot me semble anachronique
en ces années-là disait-on cela ? pourtant il y a bien un trou dans chacun de ces carrés de carton – on les épinglait au revers d'une veste ou veston – tiens d'ailleurs, ne disait-on pas macaron ?
donc les trous y sont   je suppose que tu étais à
ces manifestations
celle de la Journée internationale
de l'enfance
celle de protestation contre l'exécution
des Rosenberg

19 juin 1953 : les époux Rosenberg
sont exécutés

je n'ai pas retrouvé ce petit carton avec le poème de Nâzim Hikmet
dont je me souviens de presque toute la teneur

C'est moi qui gratte à la porte,
à toutes les portes, à toutes les portes.
Vous ne pouvez pas me voir.
Les morts sont invisibles
Il y a dix ans je suis morte à Hiroshima,
je reste une petite fille de sept ans.
Les enfants morts ne grandissent pas

Nâzim Hikmet a retrouvé sa nationalité en 2009
quarante-cinq ans après sa mort
il a pu enfin être enterré sous un platane sur le sol
turc   comme il le souhaitait
dur métier que l'exil même quand on est mort

tu avais ce poème   un genre de petite carte postale
en plusieurs exemplaires dans un tiroir de ton bureau
je crois qu'on devait signer et envoyer cette carte quelque part
as-tu démarché pour cela qui et comment ?
je ne vois que la moitié de l'image d'une carte coupée : une
moitié de visage de femme   ses mains tenant un bébé nu
ces images de maternité heureuse étaient souvent utilisées
par l'UFF pour des campagnes de sensibilisation

tes tiroirs je connaissais leur contenu je les ouvrais souvent
en ton absence   on faisait son éducation comme cela
dans l'encombrement des tiroirs fermés
mais je ne me souviens plus de rien
tu as gardé plein de secrets et c'est aussi bien ainsi
parfois quand un éclat me parvient cela me blesse ou obture ma
vue   fragilise ma vision de toi

ainsi Dominique Serre-Floersheim, la fille de Simone de Raïsko
qui me raconte ton cadeau de mariage : un livre de cuisine
avec cette injonction écrite : « Et maintenant applique-toi ! »

cela veut-il dire : fini la littérature ? se demande Dominique
qui est professeur de français

je ne peux pas tout éclairer mon esprit étriqué n'arrive pas
à percevoir plus large que carré

je voudrais bien refermer certains tiroirs

•

Carte de déporté résistant

ce titre   tu le nommes parfois *déportée de la Résistance*
inventant un féminin inconnu dans le langage administratif

tu l'avais cette carte   obtenue en 1956
comme Charlotte dont la carte est datée de décembre 1957
Charlotte si belle si juvénile sur sa photo poinçonnée
soulagée peut-être de toutes les démarches accomplies pour
la reconnaissance de Georges, son mari fusillé, et d'elle-même
comme résistants... douze ans après

combien de lettres et de démarches ignominieuses pour avoir
enfin cette carte
cinq années de procédure   des dizaines de lettres échangées
70 feuilles de papier rémanentes sans compter celles échappées
de cette enveloppe percée

ces démarches effectuées, refus, pourvois, s'étendent de 1950
à 1956 alors que tu as un, puis deux enfants en bas âge puis
une troisième tout à fait bébée et ton aîné lycéen
alors que tu galérais pour tes boulots depuis décembre 1952,
date de ta *mise à la porte du CEA*   tiens ! voilà qu'on retrouve

une signature commune : monsieur René Pleven
(ah on le connaissait ce nom-là nous, il était l'objet d'invectives récurrentes de ta part, ce qui était si rare !)

c'est incroyable : les arguments qui te sont opposés c'est que tu n'étais pas résistante mais communiste et le ministère s'appuie sur l'audit de la préfecture ! (ils ne nient pas tes faits de résistance mais le lien de ceux-ci avec ton arrestation parce que rien n'a été trouvé chez toi !   ben voyons ! tu allais montrer aux flics ton matériel, les journaux clandestins, etc.)

mêmes démarches pénibles pour obtenir la carte de combattant volontaire de la Résistance
du 23 mars 1951 au 25 juin 1954 : tu n'obtiens aucune réponse à ta demande   le 20 octobre 1954 on te demande de « faire parvenir quelques exemplaires des tracts et journaux clandestins à la rédaction desquels vous avez participé »
« La Commission souhaiterait être informée sur l'importance et la fréquence de la diffusion de ces derniers »
elle ne sait pas déjà cela la Commission ?
tu n'as pas gardé de numéros sous le lit de ta mère   tu n'as plus ta mère   as-tu gardé le lit ?

finalement cette carte t'est délivrée le 18 février 1955
demi-délivrance puisque les démarches pour l'autre carte, la DR, continuent

la FNDIRP avait réclamé la création d'un statut unique des anciens déportés, ouvrant droit à pensions et indemnisations
deux lois créent en 1948 une carte nationale d'ancien déporté
cependant, ce statut n'est pas unique
les déportés résistants (qui peuvent attester de leur participation à la Résistance) obtiennent davantage de droits que les déportés politiques (arrêtés en raison des lois antisémites, ou de leurs opinions politiques)

ce combat pour un statut unique pour la nécessaire égalité
de droits et de pensions entre déportés politiques et déportés
résistants en application du mot d'ordre « à égalité de préjudice,
égalité de réparation » ne sera victorieux qu'en 1970

revenons à ton parcours
ta déportation aurait des causes « politiques » et ne serait pas
liée à tes faits de Résistance
les officiels se basent sur l'audit et la perquisition de la police
en 42 !!! ils ne font que répéter l'écrit policier, par exemple
que « des poèmes à tendance communiste » avaient été
trouvés chez toi

tu dépasses les délais légaux de recours… tu produis un certificat
du docteur Velay, ton accoucheur, dis-tu, comme quoi tu ne
pouvais pas – étant alitée – répondre dans les délais
tu demandes qu'on reconsidère

tu recours   ta requête est encore et encore rejetée
« il semblerait donc que Mme Cohen ait été appréhendée
fortuitement » et non « en raison des actes de résistance
accomplis par elle » et qu'elle relève de l'article machin qui
coffrait les communistes puisque les seules pièces à conviction
qui ont été trouvées sont ces fameux tendancieux poèmes au
nombre de douze
(les flics auraient pu regarder les livres de ta bibliothèque, ils y
auraient trouvé beaucoup d'autres tendancieux poèmes)

on comprend mieux quand, à la fin du mémoire du ministère,
daté de 1955, on lit la signature d'un des officiels : « Rapporteur
René Pleven, conseiller » (sans autre précision !)
celui qui a *foutu à la porte les communistes du CEA* selon ta
formule maintes fois répétée a – en plus – fait obstacle à
l'obtention du titre de résistante

cela dure donc de 1951 à 1956 : ça se débloquerait-il après que
les communistes ont voté les pouvoirs spéciaux à Guy Mollet
dans l'espoir de revenir au pouvoir ? c'est l'hypothèse d'un
de mes frères
la guerre froide tiédit en France
corollaire la guerre en Algérie s'intensifie
j'ai mal à mes aïeux

je trouvais le ton de ces missives, recours gracieux et autres,
très courtois trop poli trop affable jusqu'à ce que je trouve ces
quelques lignes dans un « recours additionnel » (non daté mais
postérieur à celui du 3 novembre 1955)
enfin quelqu'un s'insurge… Renée Mirande sans doute, avocate
pour les recours (ce papier n'est pas signé)

Le motif du refus de la carte de déporté résistant a été qu'il n'y aurait pas de lien de cause à effet entre l'activité résistante de Mme COHEN qui ne peut être niée et son arrestation. Il n'a pas été tenu compte du certificat de lien de cause à effet qui lui a été donné par le Liquidateur du Front National, et l'argument apporté à l'appui de la position de la Commission est le rapport de la Préfecture de Police de cette époque qui, n'ayant pu établir la participation de Mme COHEN à la Résistance (cela aurait été tout autrement sans doute si Mme COHEN avait "donné" tous les noms de ceux avec lesquels elle travaillait et avait exposé à la Police tout au long son activité), a justifié son arrestation par des motifs "politiques". En réalité, l'arrestation de Mme COHEN a

quand même, se fonder sur l'audit de la préfecture de mai 1942 :
c'est ahurissant !
tout était caché dans la chambre de ma grand-mère sous son lit,
chambre où les flics ne sont pas allés

il n'y a qu'un mot pour ces atermoiements : anticommunisme
d'ailleurs le parcours pour France Bloch est très similaire, en pire
sa mère a commencé les démarches en 1952 pour l'obtention
du titre de « déporté résistant »   en juillet 1953, « à défaut
caractérisé de résistance démontrée », France est considérée
comme victime civile (soit : arrêtée par mesure raciale)
France qui fabriquait des explosifs ! qui s'était mise au service

des Bataillons de la jeunesse dès 1940 en installant un petit
laboratoire dans lequel elle réparait aussi les armes trouvées !
qui à l'occasion faisait le coup de main ! qui arpentait les rues
de Paris pendant le couvre-feu ! tractait, collait des affichettes !
France qui a été jugée et condamnée à mort par un tribunal
allemand et exécutée à Hambourg !
qu'est-ce qui est à l'œuvre dans ce déni de justice ?
l'anticommunisme à n'en pas douter
et quand est obtenu pour France ce titre posthume en 1956, ce
sera pour la période du 27 novembre 1942 au 12 février 1943 ! soit
une partie de sa détention et non pour son action dans les FTP !

en regardant ailleurs, on s'aperçoit que c'est pareil pour d'autres
– d'autres communistes
Le dossier de Marcel Paul ferait 278 pages   tu ne les atteins pas
il obtient sa carte de DR en 55
femme ? homme ? on dirait bien que là le critère politique
surpasse le genre
maints hommes du convoi des 45 000 – le jumeau du vôtre : ces
politiques déportés à Auschwitz en juillet 1942 – ont eu un mal
de chien à obtenir cette carte

le dernier papier de cette enveloppe te donne le droit de porter
la croix du combattant volontaire

tu te battais pour des médailles de principe
tu ne revendiquais pas que pour toi
tu n'en as porté qu'en représentation
tardivement le ruban rouge de la Légion d'honneur sur certains
tailleurs

ta carte de déporté résistant obtenue
tu continues les démarches administratives pour ta mère
pour qu'elle soit reconnue morte à Auschwitz
mais ceci est un autre chapitre

•

Dates

27 janvier
je n'aime pas cette date
dès que j'entends « 27 janvier » je me recroqueville
pourtant je ne devrais pas
c'est la date de la libération d'Auschwitz n'est-ce pas ?
mais vous n'y étiez plus mes oiselles mes chéries
vous étiez dans une autre étendue glacée
une autre petite Sibérie bien allemande celle-là
c'est le 24 janvier   le jour de votre départ qui devrait me glacer
me sibériser
mais non   faut croire que ça vient de plus loin
peut-être du léger abandon qui te venait à ce moment-là
ta complète attention tournée vers tes copines
l'assemblée générale de l'Amicale
l'amitié qui te détournait de tes enfants un moment
peut-être

toi c'est le 24 janvier ta date
ce matin-là   très tôt   le ciel était bas   la brume flottait
sur le camp de Compiègne
le 24 janvier 1943
la date du départ de votre convoi de 230 femmes en wagons
à bestiaux pour une destination inconnue
dans ces wagons vous étiez entassées vous aviez froid et faim
et surtout soif
vous ne saviez comment vous installer pour dormir un peu
vous avez traversé des étendues neigeuses   ah qu'il faisait froid
même ton écharpe en fourrure ne servait à rien contre ce froid
polaire

Vous ne connaissiez rien de votre sort mais il y avait des gardes
qui vous accompagnaient   vous avez demandé où vous alliez
une fois que vous étiez en Allemagne
on voyait les noms des gares à travers une fente
un garde a dit : « *Nach Himmel* » (au ciel)
C'était très clair as-tu dit à mon frère

Je n'affectionne pas non plus le 27 mars
ma date anniversaire cependant

27 mars 1921
naissance d'Hélène Berr   son père était chimiste
ma mère était chimiste !

27 mars 1944
déportation d'Hélène Berr vers Auschwitz
le jour de ses vingt-trois ans
elle ne reviendra pas de Bergen-Belsen
mon oncle Philippe aussi est resté là-bas
Ania Posner, pilier de l'Amicale, était de ce convoi

27 mars 1942
premier convoi de Juifs au départ de la France pour Auschwitz
le mari de Claudette est mort à Auschwitz avant qu'elle n'y arrive
Pierre Bloch était l'un des savants, artistes, intellectuels
juifs arrêtés le 12 décembre 1941 déportés de Compiègne
le 27 mars 1942   la fameuse « rafle des notables »

le 27 mars est le septième jour du mois de germinal
et précisément le jour du bouleau
les bouleaux ces « témoins muets » de l'extermination des Juifs

le 27 mars 1968 : mort dans un accident d'avion de Youri
Gagarine cosmonaute soviétique   premier homme dans l'espace

24 27 24 27 24 27   dès que je rencontre ces nombres
un léger blanc m'efface

il y a aussi le 18 septembre   date anniversaire de mon amie
Judith   mon amie Judith soigne c'est une guérisseuse
sous ses mains la douleur s'apaise   le corps reprend ses droits

18 septembre 1937
date de la mort de mon grand-père Bernard Emmanuel
Nordmann   ton père

18 septembre 1942
c'est le départ de Drancy du convoi n° 34 pour Auschwitz
dans lequel se perdait Bonne-Maman   ta mère

mais tu n'en parlais jamais   trop de douleur

dans ce convoi, à cette date, sont partis aussi Dora Bruder
son père Ernest et Déborah Lifchitz

j'ai étouffé en 2016   le 20 juillet j'ai été hospitalisée
j'ai réalisé que mon étouffement s'était produit à quelques
jours près à l'âge exact : soixante-deux ans et trois mois
qu'avait ma grand-mère – dont je porte le prénom – quand
elle a été gazée
du coup j'ai arrêté de travailler sur ta biographie de manière
linéaire et académique
pas ça du tout, me dit une amie   ça vient de plus loin
des étoiles
oui   des étoiles à six branches
c'est là que le « je » du récit m'étouffe

29 mars 2007
naissance d'une petite fille
ma petite-fille

son père a vingt ans sa mère vingt et un son frère quatre
le petit garçon est couché en bas chez nous
son papa est remonté dans sa maison
a juste eu le temps de faire un bon feu dans le poêle
le souffle de l'ange est passé sur nous
quand la petite est venue au monde
qu'aurais-tu dit toi qui ne voulais pas
que je fasse un deuxième enfant
cet enfant-là précisément
cet enfant qui m'a instituée grand-mère
toi qui rêvais tant de l'être avant de l'avoir été

aujourd'hui je réalise enfin ce qui me troublait tant
le 27 janvier ce n'est pas la date de votre libération
vous étiez – toutes sauf une – à Ravensbrück
mais la date de votre entrée dans le camp

Charlotte le dit dans le numéro 167 de *La Nouvelle Critique*,
« pour les déportés, c'est l'anniversaire tous les jours »

•

Dépôt

nous avons toujours su ce qu'était le *Dépôt*
ma chérie, je te laisse la parole :

> *Avec une certaine stupeur, j'ai lu dans la presse l'hiver dernier que des soirées mondaines avaient pour cadre la grande salle des Templiers au Palais de Justice. Les invités de ces réceptions connaissent-ils l'histoire si récente de cette salle qui faisait partie du Dépôt de la préfecture de police pendant l'Occupation ? Sans*

doute croient-ils que, seule, Marie-Antoinette a été emprisonnée à la Conciergerie ?
Ils auraient peut-être été étonnés et espérons-le gênés, si on leur avait dit que des hommes sont partis de là le 10 août 1942 pour être fusillés le lendemain au Mont-Valérien [...] *et que les femmes n'ont pas connu un destin beaucoup meilleur.*

tu as écrit cela en 1971 dans *Le Patriote résistant*
tu écris dans la lettre qui l'accompagne que tu as tu certaines choses, par exemple cette évasion des hommes emprisonnés que vous prépariez
soudain je comprends : ce n'est pas que cela fût *raté* qui te clôt la bouche c'est qu'il est bien trop douloureux d'en parler : ces hommes ont été conduits au poteau d'exécution

quand nous prenions le bus 21 et que nous traversions la Seine, immanquablement tu nous montrais le Dépôt, la Conciergerie
ce que tu nous racontais toujours en riant c'était les bonnes sœurs qui vous gardaient et qui disaient « ce qu'elles sont sales, elles se lavent toutes nues »

après ton arrestation, il y a eu l'interrogatoire « poli » à la préfecture de police. Ensuite tu as été envoyée au Dépôt
il y avait toutes sortes de femmes, des prostituées, des voleuses, des résistantes

la journée vous étiez entassées à presque vingt dans une cellule faite pour deux. Sortes de caves où vous ne voyiez pas bien et où vous grelottiez l'été
la nuit dans un dortoir gardé par des religieuses qui, en général, dormaient
ta salle – une moitié de la grande salle des Templiers – ne donnait pas sur la Seine mais sur la place Dauphine

tu croises des amies encabanées comme toi : Claudette
par exemple, tu aperçois ton amie France
tu as toujours le moral
tu penses t'en sortir
que les Allemands n'ont rien contre toi, qu'il y aura un procès
la journée, vous lisez à voix haute, vous vous donnez des cours,
vous partagez tout ce qui vous arrive par colis : la nourriture,
les cigarettes, le savon
on ne vous oublie pas
vous écrivez   tu écris à ta nièce Françoise, des copines dessinent
pour elle ces lettres « pleines d'humour et de gentillesse »,
elle s'en souviendra toute sa vie
tu écris à ton fils Francis, à ta mère
vous recevez du courrier aussi, par la voie postale et par l'autre
voie, celle des plats cuisinés
ta mère t'écrit sur du papier fin qu'elle plie dans des tubes
d'aspirine plats
tu lui réponds par la même voie, ou bien dans des boîtes
de pastilles pour la toux : *Mets* [ton mot] *de préférence dans un*
tube d'aspirine car les boîtes de Gonacrine ne sont pas
hermétiques et les lettres arrivent détrempées de jus
de légumes ! écris-tu à ta mère

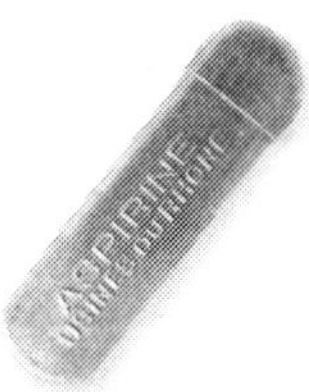

la nuit vous êtes peu surveillées
les hommes arrivent à vous parler, vous leur donnez des
produits alimentaires, parfois même des petites scies cachées
dans les plats cuisinés envoyés par vos familles qui n'étaient
pas fouillés

vous arrivez aussi à parler à ces hommes lors de la *promenade*
pour la plupart ce sont des dirigeants des jeunesses communistes
qui se sentaient très menacés et, en effet, ils ont tous été fusillés
comme otages
la nuit ils sortaient de leurs cellules avec de fausses clés et vous,
les femmes, restiez éveillées et surveilliez les préparatifs de
leur évasion
tout était scié, tout était presque prêt, quand le 7 août
les Allemands sont venus les chercher
ils devaient s'en aller la nuit suivante
la poisse ! ils ont été fusillés le 11 et parmi eux il y avait le cousin
de France, ton ami Jean-Louis Wolkowitch

il y avait une chiotte dans les cellules qui se vidait périodiquement,
ça a été très utile quand Lise Ricol est arrivée, arrêtée quelques
jours après avoir harangué des femmes rue Daguerre, elle a pu
jeter les papiers qu'elle avait dans son sac à double fond

après ton retour, tu racontes pour le journal de l'UFF et en vue
du 14 Juillet 45 :

> *Comment manifester pour le 14 Juillet ? Conciliabules, échanges de billets clandestins entre les hommes et les femmes. Comité élu pour la circonstance ! À deux heures de l'après-midi lors de la promenade éclate* La Marseillaise. *Puis une minute de silence pour les Morts. Au corsage ou à la boutonnière une cocarde tricolore confectionnée avec du ruban tricolore entré en fraude dans les colis. Le soir, dans les décors moyenâgeux de la grande salle, les femmes ont organisé une représentation par tableaux vivants.*

il nous reste dans tes archives quelques lettres à ta nièce :

> *Ma petite Françoise, il y a bien longtemps que je n'ai eu des nouvelles de ton Babar et de ta poupée Marie ; sont-ils*

contents d'être à la campagne ou as-tu laissé Marie à la maison pour qu'elle fasse la cuisine et le ménage de ton papa ?
J'attends avec impatience les nouvelles photos dont me parle ta maman, j'espère qu'on y voit bien Hélène, ce doit être une bien grande fille maintenant ; a-t-elle beaucoup grossi aussi ? et toi, as-tu pris une livre comme ton cousin ? Je rêve quelquefois que je me promène avec vous dans la forêt et que nous y ramassons de beaux cèpes ; cela viendra peut-être bientôt. Je t'embrasse ainsi qu'Hélène.

Nania

et une très longue lettre à ta mère, pliée façon tube d'aspirine, datée du 31 juillet 1942. La dernière puisque Bonne-Maman sera arrêtée le 7 août
tu remercies pour les cigarettes, tu parles de linge, tu noies le poisson car ce qui t'importe le plus ce sont les nouvelles de Frédo le mari de France, de vos amis communs, ceux qui ont failli être arrêtés avec toi, et que ton fils soit bien à l'abri

J'espère que son père a compris les dangers de très grave contagion qu'il aurait pu courir et sera plein de discernement – le temps d'incubation doit être fini d'ailleurs maintenant mais j'ai eu chaud quand j'ai compris qu'il aurait pu tomber malade, lui aussi, et gravement.

tu veux dire que Francis aurait pu être arrêté pour faire pression sur toi
ce qui avait été dit par les nazis à ton amie France pendant ses interrogatoires affreux
tu te trompais, non pas pour lui mais pour ta mère puisque les familles des personnes en prison étaient des otages potentiels et que c'est pour cela que ta mère a été arrêtée, en représailles d'un attentat contre les nazis au stade Jean-Bouin qui avait fait des morts et des blessés parmi des militaires allemands

Je suis contente que les L[eriche] aillent bien – car je m'étais fait beaucoup de bile à leur sujet – j'espère bien qu'ils ont déménagé – que lui ne retravaillera plus s'il y a une rentrée des classes et que si elle travaille à l'école qu'ils n'habiteront plus ensemble – dis-leur bien que c'est indispensable – que les réapparitions de toux bacillaires peuvent avoir lieu très longtemps après une attaque

tu uses de métaphores de maladies pour mettre en garde
tes bons amis

C'est Freddy qui a eu de la méningite à la suite de ses oreillons – écris-leur, ils doivent passer par Paris en allant en vacances en zone non occupée, vacances ordonnées par le corps médical

Freddy, c'est Frédo, le mari de France qui a été repris et
réemprisonné après une évasion

tu as noté les noms de tes codétenues de la cellule 14 sur la page
de garde d'un exemplaire des *Châtiments* de Victor Hugo, livre
de chez Nelson que tu nous montrais parfois
tu as rendu ce livre à ta mère avant ton départ pour la Santé
et il est resté chez toi te donnant la clé de tes souvenirs
merveilleux symbole qu'un livre satirique écrit pour abattre un
dictateur t'ait permis de te souvenir des noms des suppliciées du
nazisme   fabuleuse idée que tu as eue   les murs des cellules
ont été repeints   ils ne parleront plus   ils ne donneront plus
les noms qu'avaient inscrits celles et ceux qui ont vécu là, traces
d'ongles, de clous, d'épingles ou fourchettes, ni les poèmes qui
les aidaient à vivre

sur dix-huit femmes ayant passé le mois de juillet dans
cette cellule
quatorze ont été déportées à Auschwitz-Birkenau,

dix par le convoi du 24 janvier et six d'entre elles sont rentrées, quatre par le convoi suivant parti de Drancy et aucune d'elles n'est rentrée

elles avaient joué de tout leur cœur le *serment du Jeu de paume* et la *nuit du 4 Août* en costumes faits de bric et de broc dans un décor constitué de paillasses et de couvertures

elles avaient rejoué devant un public passionné le défilé de 1939 donnant idée des divers métiers et organisations et d'autres saynètes plus iconoclastes devant des bonnes sœurs médusées par l'art au service de la Résistance

•

Détours

encore des détours   nécessaires détours
qui détourent mon propos
avant de lire le livre de Ghislaine
Charlotte Delbo, la vie retrouvée

j'ai plongé avec effroi et admiration dans le *Journal*
d'Hélène Berr
non lu à parution (période de rejet de ÇA)
tant de beauté me coupe le souffle
tant de beauté dont on a coupé le souffle
l'ineffable parfum   lecture en apnée
j'y ai croisé tes cousins Roger et Léon-Maurice
ton amie d'enfance Simone Loewe
dont on a si peu de traces   elle qui fut médecin au Vél' d'Hiv
faut-il ajouter *au moment de la rafle*
comme si on ne savait pas qu'il s'agissait de ça

ce que mon petit-fils a rencontré au détour d'une BD
Simone notre pédiatre des quartiers chics
on lisait *Babar* dans sa salle d'attente aux plafonds si hauts
Hélène déportée vers Auschwitz à notre date anniversaire
Hélène qui savait tant qui se doutait de tant
qui connaissait la *Haute-Silésie*
la destination sans le nom même de cette *gare sans nom*
qui avait entendu parler de *gaz*

ensuite j'ai lu de Boris Cyrulnik *Sauve-toi, la vie t'appelle*
magnifique tricotage de souvenirs et de réflexions sur eux
que de références à des livres inlus

tu ne lisais pas que des livres sur la déportation
tu lisais beaucoup de romans aussi
tes dernières années plutôt des livres de poche
légers légers tes mains ne pouvaient plus rien tenir
je te vois avec Faulkner dans la cour de ta maison en Ardèche
mais pas que des romans
je retrouve dans *Le Poète assassiné* d'Apollinaire
un mot surprise quelques lignes de ta main
des recommandations pour l'entretien de la voiture !
toi qui étais interdite de conduire
mais cette liste était sans doute de toi pour moi

tu lisais Annie Ernaux
et me cachais *Le Rempart des béguines* de Françoise Mallet-Joris
L'Amant de Lady Chatterley tu m'as défendu de le lire
je les ai lus tous les deux en cachette avec passion

tu ne cachais pas les livres sur la déportation
ils prenaient un grand pan de ta bibliothèque
certains étaient isolés des autres pourquoi ?
celui de Bettelheim par exemple
l'un était en évidence sur la table du salon :

L'Album d'Auschwitz édité au Seuil en 1983
contrairement à certains autres livres comme *L'Impossible Oubli*
la frénésie de tout lire m'a prise j'avais onze ou douze ans

maintenant je lis de Chimamanda Ngozi Adichie
Chère Ijeawele, ou un manifeste pour une éducation féministe
revient cette question : étais-tu féministe ?
tu as mené une vie de femme dite complète : études – travail – engagement – enfants
mariage aussi bien entendu
et même un divorce et une période où tu élevas seule ton fils
cela t'institue-t-il féministe pour autant ? te posais-tu cette question ?
tu étais allée à l'école des camps nazis où il n'y avait aucune différence dans les traitements cruels entre les hommes et les femmes
tu faisais des distinctions entre mes frères et moi surtout concernant les études mais c'est tout de même toi qui m'as offert *Une chambre à soi* de Virginia Woolf
toi qui aimais Camille Claudel et Frida Kahlo
c'est toi qui as écrit un article sur les femmes et la Révolution française dans *Le Patriote résistant* en 1989 cherchant des analogies avec la Résistance
tu n'as pas que le livre de Charlotte dans la collection « *f*emme » de chez Gonthier, mais plusieurs autres

mon rayon de livres sur la déportation s'est de beaucoup allongé au fil des ans
Jacques Lusseyran Ceija Stojka Boris Pahor Ruth Klüger Anne-Lise Stern Jean Améry Zoran Mušić
plus récemment Edith Bruck
je poursuis ton mur de livres mur murmurant mur hurlant mur pour comprendre
comme toi je n'ai pas tout rassemblé au même endroit

danse devant le buffet de la médiathèque
un Louise Erdrich est là   tentateur   je ne le prends pas
à quoi bon
aujourd'hui j'ai enfin ouvert le livre
m'étais retrouvée à la gare   départ arrivée
une première page lentement savourée
Breteau   tu y allais toi de temps en temps
oui mais à quoi bon
au courrier ce même jour   le cadeau d'une amie
le livre de Sasha Zanko   un gitan   les récits de son grand-père
Charlotte attends-moi je reviens !

j'y retrouve les étoiles
livre étonnant que cette *Bible des Roms*
certains contes font penser – par leur symbolisme concernant la
manifestation de la divinité – à Rabbi Nahman de Braslav avec
des sens imbriqués à découvrir, certains très secrets

en triant les journaux je découvre l'histoire de la passeuse
des Aubrais
si surprise de voir qu'on peut apprendre de nouvelles choses
sur les filles du convoi du 24 janvier   incroyable
si tard   en 2010   de si belles choses
sur l'une dont la notice dans *Le Convoi du 24 janvier*
était d'une notable brièveté et si énigmatique
comment ses camarades de déportation pouvaient savoir si peu
de choses sur elle alors qu'elle faisait partie des 49 rescapées
alors qu'elles avaient vécu ensemble la déportation ?
le silence du passé qui ne passe pas de la passeuse et du passé
non encore trépassé
la félonie des faux passeurs collaborateurs
mise au ban de la société des déportées ? elle qui avait conduit
deux enfants juifs en zone libre et s'était fait dénoncer puis
arrêter pour cela ? elle qui avait pris tant de risques ?
ah il me faudrait voir le film

il y a eu réparation sur le site de Mémoire vive
le film, je l'ai vu maintenant
il n'est pas décisif sur l'avant du sauvetage de ces deux enfants
mais celui-ci est indéniable
reste ce silence auprès des autres (j'allais écrire des « siennes »
– illusion semble-t-il)
pendant et après la déportation   incompréhensible
mais que peut-on comprendre ?
cette femme si âgée quand elle évoque ÇA on la comprend
on comprend que C'était épouvantable
l'épouvante passe dans le film à travers son corps son visage
ses dires
merci Michaël Prazan

plus tard dans tes papiers, des listes des 31 000 pour préparer
les rencontres annuelles chez toi, l'une d'elles comporte le sien :

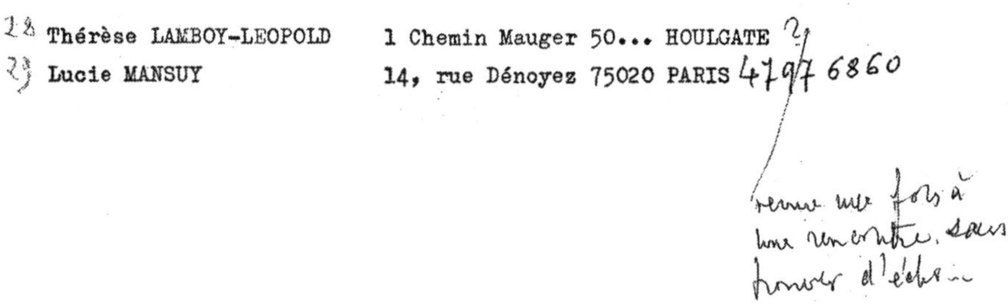
28 Thérèse LAMBOY-LEOPOLD   1 Chemin Mauger 50... HOULGATE ?
29 Lucie MANSUY   14, rue Dénoyez 75020 PARIS 47 97 68 60

venue une fois à une rencontre, sans trouver d'écho...

« venue une fois à
une rencontre, sans
trouver d'écho... »

mais quelle idiote de ne pas avoir lu plus tôt le magnifique livre
de Ghislaine sur Charlotte !
fallait-il se sentir complètement en forme pour le lire et l'accueillir ?
cela n'arrive jamais !
pourtant en aurais-je eu la même joie ineffable, la même passion
avec un corps souffrant ?
la première page si belle, si elle   les larmes me viennent vite

ce premier chapitre si dense et si léger si tendu vers Charlotte
j'évite la panne à la gare *sans nom* car les mots me portent
ce début de livre qu'on lit comme une montée en puissance
de l'être-écrivant Charlotte, qui se confond avec sa vie
je pense la nuit à la rencontre que je vais faire avec Charlotte
le lendemain
une grande nostalgie m'habite
page 182 : j'attends de savoir ce qu'il y a dans *Un métro nommé Lénine,* j'ai hâte de savoir, même si je le sais déjà, j'ai hâte de le lire   et voilà Moscou comme si on y était   Ghislaine arrive à faire comme Charlotte : nous donner à voir sans introduire le jeu du je
et je comprends à ce moment-là – parce que Moscou est pour moi une image visible – ce fait que Charlotte donne à voir (ce que je ne veux pas voir)

livre magnifique bouleversant qui me fait prendre conscience tout en douceur que je dois à Charlotte beaucoup plus que ce que je pensais   plus que ses rires et son attention aux enfants, sa faculté de faire comprendre avec les mots justes, peu de mots
elle nous a redonné nos mères nos sœurs, notre histoire
ceci je le comprends avec ce livre
tant d'amour dans le texte de Ghislaine, cette insistance sur l'amour dans le regard de Charlotte est une bénédiction

ce livre d'une richesse inouïe est léger n'appuie pas sur mes plaies pour les faire saigner   bien au contraire une sorte de cicatrisation plutôt   j'éprouve une gratitude immense
tu es là (toi Marie-Élisa) toi qui avais la confiance de Charlotte

j'ai largement dépassé Moscou maintenant – je suis revenue à Auschwitz, j'essaie d'en croire mes yeux   il y a tellement de douceur dans ce livre   celle de Charlotte magnifiée

celle de l'auteur aussi   c'est une ouverture pour ouvrir ses yeux
comparer Charlotte à la Magnani ! je suis d'accord : flamboyante comme Charlotte une flamme qui nous chauffe nous éclaire et nous embellit
je n'ai pas envie de finir le livre   je n'ai pas envie de vous quitter si vite

je suis reconnaissante à Ghislaine de ses analyses de ses associations d'idées qui donnent une immense fluidité à son livre une liquidité dans laquelle on n'a plus qu'à se laisser aller
elle historicise et fait comprendre, quel travail !
il est tellement énorme que tout coule de source un fleuve qui arrose et bonifie ses rives qui charrie des pépites
ses réflexions j'ai toutes envie de les noter et de m'en souvenir

que l'on case Charlotte dans la « littérature de témoignage » m'a toujours hérissée
même à la médiathèque, alors que nous avons fait une soirée formidable sur Charlotte en 2013 avec Violaine Gelly, le bibliothécaire a classé la trilogie au rayon histoire
le rayon littérature l'attend

•

Écran noir

ta photo anthropo   rectangle trois fois rayé
        dans le rectangle de mes jours
à droite de l'écran   minuscule rectangle bien aligné
souligné d'un autre rectangle dans lequel est inscrit « 31687.jpg »
sur fond bleuté
icône verticale et horizontale

abscisse croisant   l'ordonnée
mon or
mon origine

la source de mon occupation
la souche démon qui a pris possession   de mon triangle rouge
celui qui bat toc toc   toc toc   toc toc   toc toc
toqué étouffé par la fourrure dont tu as toujours rêvé après ces années de froid
ce lignage de gel sur lequel je souffle du chaud depuis si longtemps

je te reconnais même minuscule ton port de tête je le reconnais
je vois tes yeux se lever vers moi
un sourire ? aujourd'hui   un sourire ?

toujours aussi pénible à regarder par-delà les années de ta vie et de ta mort
ce triptyque innommable

les nazis ont voulu détruire les traces de l'extermination des Juifs avant de quitter Auschwitz en janvier 1945
ils avaient déjà fait sauter les chambres à gaz et les fours crématoires
ils ont détruit et déménagé le plus d'archives possible Charlotte a écrit que ces photos des 31 000 avaient été retrouvées enterrées
il semblerait plutôt que les détenus chargés de tout brûler aient trouvé des stratagèmes ingénieux pour que tout ne brûle pas, pour que le feu s'étouffe sur vos images, pour que les flammes des incinérateurs ne brûlent pas vos visages

ces photos ont été prises juste après votre arrivée, au camp d'Auschwitz I, le 3 février, où vous êtes allées *zu fünf,* en rang par cinq, écrit Eva
tu as encore de relativement bonnes joues, mais c'est aussi parce que – c'est ce que racontait Marie-Claude qui a deux numéros juste avant le tien – vous aviez gonflé vos joues au cas où vous vous seriez évadées pour vous donner une chance de ne pas être reconnues

s'évader ! vous avez vite compris que c'était presque impossible
même si certains ont réussi, la plupart étaient repris
et pendus devant tout le monde

profil, face, trois quarts face avec un calot pour les hommes, un foulard pour les femmes
le 3 février, une femme de votre convoi était déjà morte,
vous avez déjà à peu près compris où vous étiez
tu savais ta mère morte en ce lieu et par quels moyens

•

Enfance

tes parents s'étaient mariés l'année d'avant ta naissance
ta mère avait trente ans ton père quarante et un
ce n'était pas un mariage d'amour

de cette toute petite enfance
il te restait une trace sur ton ventre
tu avais été une des premières opérées de l'appendicite
à l'époque les cicatrices étaient très visibles
cela faisait un gribouillis de traits dans tous les sens

une enfance *sans histoires*   sans histoires qui surnagent
en nos souvenirs plutôt
avec des petites joies   des petits chagrins   la famille
pas de grands-mères   une vieille tante en tenait lieu
un grand-père maternel gentil qui te donnait des bonbons
mort en 1915
sa tombe – ironie de l'Histoire – en 1945
tu en as payé l'entretien pendant la guerre

d'autres vieilles tantes ennuyeuses
tu nous as emmenés nous ennuyer chez elles et manger des petits gâteaux rassis
elles nous faisaient peur avec leurs yeux injectés de sang et leurs poils au menton

des jeux avec tes cousines les amies   l'école pas vraiment
une école : un cours pour enfants de bonne famille

des villégiatures l'été pas très éloignées de Paris comme à L'Étang-la-Ville

tu n'as pas quatre ans quand éclate la guerre de 14
à un moment vous allez en Normandie chez votre cuisinière
tu écris à ton père resté à Paris :

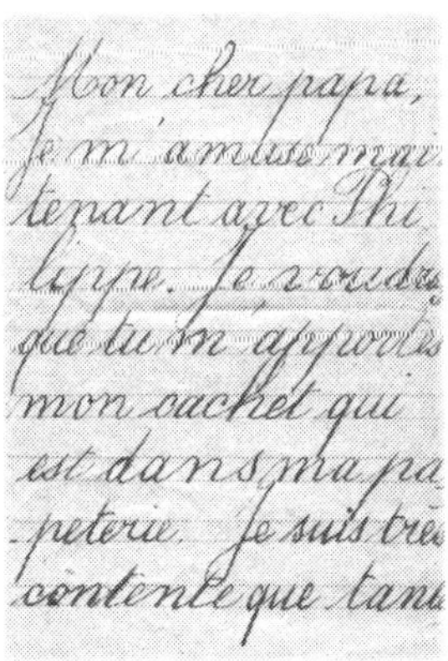
Mon cher papa,
Je m'amuse main-
tenant avec Phi-
lippe. Je voudrais
que tu m'apportes
mon cachet qui
est dans ma pa-
peterie. Je suis très
contente que tante

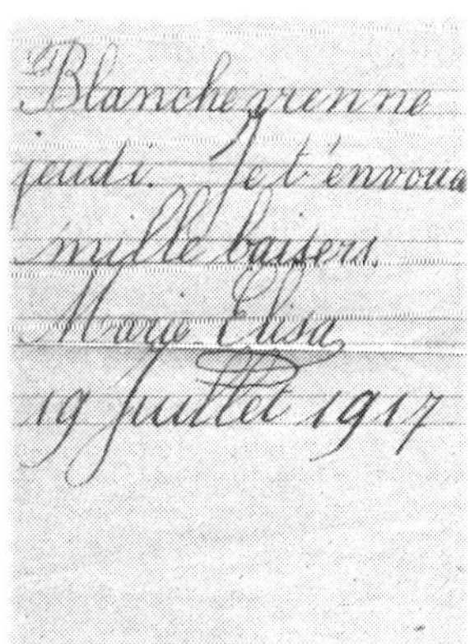
Blanche vienne
jeudi. Je t'envoie
mille baisers.
Marie Elisa
19 juillet 1917

plus tard, en août 1919, petite fille de huit ans que
les bombardements ont traumatisée :

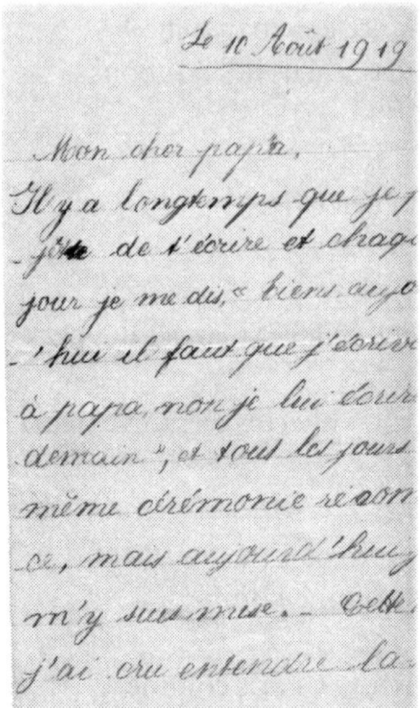
Le 10 Août 1919

Mon cher papa,
Il y a longtemps que je
[illegible] de t'écrire et chaque
jour je me dis « bien aujo
-urd'hui il faut que j'écrive
à papa, non je lui écrirai
demain », et tous les jours
même cérémonie se recom-
-ce, mais aujourd'hui
m'y suis mise. – Cette
j'ai cru entendre la

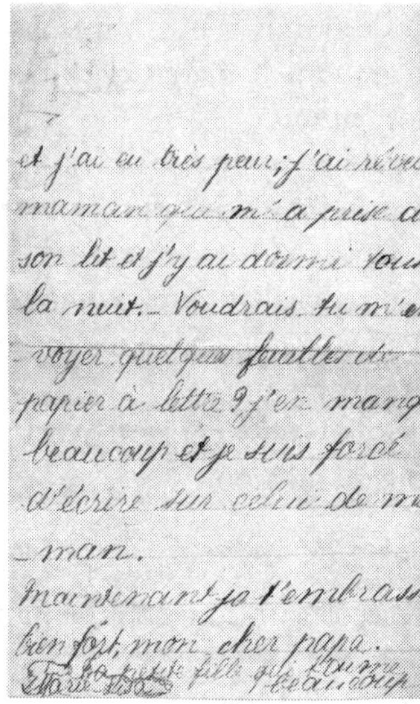
et j'ai eu très peur ; j'ai réveillé
maman qui m'a prise dans
son lit et j'y ai dormi toute
la nuit. – Voudrais-tu m'en-
voyer quelques feuilles de
papier à lettre ? j'en manque
beaucoup et je suis forcée
d'écrire sur celui de ma-
-man.
Maintenant je t'embrasse
bien fort, mon cher papa.
Ta petite fille qui t'aime beaucoup
[illegible]

ton père a perdu sa « situation »
à cause de la révolution d'octobre 1917 ;
il était directeur d'une banque qui
vivait de l'emprunt russe, vous avez
perdu un peu de confort et surtout
souvent déménagé au gré de ses
différents métiers, vous avez
même passé deux ans à Nice

tu n'aimais pas déménager, à
chaque fois tu perdais tes amies
et pleurais toutes les larmes de
mon corps
tu étais bonne élève   jouais-tu
du piano ou d'un autre instrument ?

voici ton bulletin scolaire de la classe de première :

Français : excellente élève – esprit vif et souple.
Remarquable puissance de travail. De l'entrain en classe
et des progrès de plus en plus accentués.
Latin : travail autonome ; aime le latin dont elle sait bien
la grammaire et le vocabulaire. Très méritante.
Histoire : par son intelligence et son travail, cette élève
a conquis le premier rang dans la classe.
Langue vivante : très bonne élève.
Mathématiques : excellente élève, très bien douée. Très bon
travail. Excellents résultats.
Sciences physiques : bonne élève. Esprit assez vif et fin
travaille avec goût. Bons résultats.

tu étais très bonne élève et tu lisais beaucoup
voici ce que donnait le mélange des deux
un jour tu as mis le nez dans *Le Comte de Monte-Cristo*
d'Alexandre Dumas, et tu n'as pas pu le lever avant d'avoir fini
le livre   du coup, au lieu d'être première à la compo de maths,
tu as été cinquième   et cela a fait un drame   ta mère a voulu
aller voir les professeurs pour leur demander ce qui se passait
et toi tu ne savais plus où te mettre

tu lisais beaucoup
l'affaire Dreyfus avait ébranlé tes parents et ton père était
abonné à la revue de la Ligue des droits de l'homme
tu l'as toujours lue, ce qui te rendait sensible à l'injustice
que certaines personnes subissaient

tu as passé deux baccalauréats :
bac latin-sciences 1926 : mention *bien* à Nice
bac latin-sciences-mathématiques 1927 : mention *assez bien* à
Paris

ton premier bac à moins de seize ans, donc tu écris à ton père le 7 juillet 1926 :

> *C'est fini, enfin... au fond, sauf l'écrit, ce n'est pas terrible, le bachot. Pour l'écrit, on n'est pas soi-même évidemment et puis, tu sais, il y avait alors quatre nuits que je n'avais pas dormi ! (pourtant je ne faisais rien depuis cinq jours et me couchais à 8 h 30).*

tu racontes les épreuves de l'oral par le menu. En français tu arrives à choisir ton sujet : *Naturellement j'ai rupiné*
En latin tu as un monsieur charmant comme examinateur

> *En physique-chimie, une rosse, ça a ronflé au début (bien que je n'aie revu... ni pour l'écrit ni pour l'oral) – il m'a fait barboter à la fin. En chimie, j'ai séché pour une partie de l'interrogation. En math, c'était délicieusement facile comme en anglais, en histoire et en géo où il faut ajouter que j'ai complètement inventé. Voilà ce qu'est le bachot ! Quelle blague !!!*

anxieuse, ma chère maman est-ce pour cela : seulement mention *assez bien* au bac scientifique ?

tu as continué à lire toute ta-ma vie, je t'ai vue lire

je suppose que ton enfance s'est finie avec le *bachot* comme tu dis nous en savons si peu
ensuite à la faculté des sciences, tu étais moins dans l'orbite de tes parents
pour en sortir complètement tu t'es mariée à vingt et un ans

Enveloppes du premier jour

ces enveloppes je ne sais pas si la poste en sort encore
qui n'était pas la poste à l'époque mais les PTT
postes, télégraphes et téléphones
premier jour   expression qui fait rêver
tout peut arriver un premier jour
on pense à un rendez-vous amoureux
un premier jour d'école
le premier jour d'un cours de danse
le premier jour d'une guerre qui sera vite finie

je cherche à me documenter sur ces fameuses enveloppes
ne tombe que sur des sites commerciaux   chute en effet
ce sont les timbres qui sont émis par les PTT
pas les enveloppes voyons   il s'en produit encore

tiens il y a aussi des « derniers jours » autres cendres
que celles-là   retrait de vente   Marianne du
bicentenaire   Marianne du 14 Juillet   avec les valeurs
faciales en francs
adieu la Révolution

les PTT ont disparu avant toi
de nos jours on peut imprimer les timbres officiels
mais aussi se fabriquer des timbres
tu te rends compte… prendre ton image ton visage en faire
un timbre
que dis-je toute une plaque de timbres
rajouter un cœur prendre une photo où tu souris

dommage que comme Einstein tu ne tires pas la langue
quelle année choisirais-je ?
tu aurais des coups de tampon sur la figure   grotesque tout ça

toi qui aimais regarder d'où venaient les lettres
c'est fini tout ça ma chérie
les lettres n'ont plus sur leur cachet le nom du lieu de leur envoi
un genre d'anonymat
l'administration extirpe nos provenances

tes premiers jours :

12 DÉCEMBRE 1981 – *Hommage aux martyrs de Châteaubriant*
l'enveloppe est éditée par l'Amicale
mais le timbre est bien celui de la République française

étais-tu allée à Châteaubriant ou cela s'était-il passé à Paris ?
tu as un fils qui fait collection de ces enveloppes
toi-même tu en as gardé par-devers toi on peut croire que tu
y tenais   le timbre a été retiré de la vente le 2 juillet 1982
ses couleurs : violet, blanc, bleu, émis à 8 millions d'exemplaires

c'est bien, la philatélie : sur un site Internet on trouve
la mémoire de ce timbre
assortie de la liste de tous les fusillés et de leur photo
et cette phrase qui fait mouche : « Les fusils étaient tenus
        par des Allemands mais c'est un Français (le ministre
        de l'Intérieur Pierre Pucheu) qui a désigné les otages
        à fusiller, majoritairement des cadres et militants
        de la CGT et du PCF. »
ce jour-là, le 21 octobre 1940 et le 22 aussi ton amie
France et toi   toute sa famille tous ses amis tremblaient
mais comment aviez-vous su mes pauvres pauvres ?
Frédo   son mari   était otage à Châteaubriant
        Frédo n'était pas sur la liste ce jour-là

je regarde ces noms   ces visages   constate avec horreur que les seuls noms dont je me souvienne   sont ceux des stations de métro ou de rues

trois noms sur les vingt-sept

un quatrième celui de Huynh Khuong An me saute aux yeux
personne ne m'a jamais dit qu'un professeur vietnamien avait été exécuté à Châteaubriant   un communiste français résistant   père d'un enfant
soixante-treize ans plus tard une plaque sera apposée sur un immeuble de Paris
cela me rappelle le nombre affolant d'ouvriers chinois   plus de cent mille qui sont arrivés en France en 1916 pour « participer à l'effort de guerre »
vingt mille sont morts   peu sont restés

et lors de la seconde
Annamites prêts à sauter avec de la dynamite

13 NOVEMBRE 1992 – *Marcel Paul*
sur l'enveloppe portrait couleur sur fond de barbelés
quand je dis barbelés ce ne sont pas ceux de la prairie même s'ils font pareilles blessures au corps même si tout barbelé en tous les lieux par tous les temps est une insulte aux détenus
non ce sont deux rangées de barbelés très hautes
on ne sait pas s'ils sont électrifiés on le devine
et en arrière-fond des baraquements   encore plus loin un genre de montagne avec forêts
seuls le portrait et le liseré doré sont en couleurs
ce liséré qui entoure le montage le nom et deux dates : 1900-1982
la montagne Ettersberg chère à Goethe et la forêt
dix ans après l'enveloppe de Châteaubriant l'anglais a fait son apparition   *first day cover*
sur le tampon quatre bras enlacés rappellent sans doute le serment de Buchenwald qui s'appelait donc Ettersberg avant de se voir assigner ce nom bucolique et trompeur

« Président-fondateur de la Fédération nationale des déportés et internés résistants et patriotes » est aussi imprimé sur l'enveloppe

tu parlais souvent de Marcel Paul
ces deux prénoms accolés signent un enfant de l'Assistance
ce que je ne savais pas enfant   je le sais maintenant
la terre ardéchoise ayant fait pousser beaucoup de ces enfants
cette enveloppe est vraiment laide

tu travaillais souvent avec Marcel Paul
tu as contribu*é à créer* un prix portant son nom en 1986
ta proposition   ton projet   prix destiné à couronner un mémoire de maîtrise d'histoire
ce prix n'existe plus parce que la FNDIRP s'est fondue dans une autre entité : la Fondation pour la mémoire de la déportation
la plupart des *résistants* et *patriotes* n'étant plus de ce monde
tu en étais vraiment fière de ce prix et ça te prenait beaucoup de temps de lire tous ces travaux
En lisant le livre d'Annette *Auschwitz, soixante ans après*
je réalise que Marcel Paul est passé par Auschwitz : c'est un « tatoué » autre manière d'être de ta communauté – dans son convoi, passés par Auschwitz, il y avait aussi Robert Desnos et Jacques Couture, le père de notre amie acupunctrice

Ils avaient vue sur les chambres à gaz dit ma mère à mon frère

26 JUIN 1982 – *Frédéric et Irène Joliot-Curie*
l'enveloppe est vendue au profit de l'Association des paralysés de France   le dessinateur en est Pierre Gandon un spécialiste du dessin de timbres qui a commencé à graver des timbres sous l'Occupation

les trois enveloppes restantes
tes postes à toi : *Résistance*   *Mémoire*   *Science*
je n'en reviens pas de ce tri postal !

•

Été 1935 et quelques autres

tu as fait toute ta scolarité dans des lycées pour jeunes filles forcément de bonne famille puisqu'à l'époque il y a peu de bacheliers et encore moins de bachelières   le baccalauréat est encore réservé à une petite élite dans ces années, il ne concerne encore qu'environ 5 % d'une génération

tu étais arrivée dans le cursus secondaire juste au moment où les programmes devenaient enfin les mêmes pour les filles et les garçons   après le bac, tu voulais faire médecine mais ta mère n'a pas voulu   les études de médecine n'étaient pas pour les jeunes filles convenables à cause des plaisanteries des salles de garde !
tu t'es inclinée et es entrée à la faculté des sciences   la chimie a eu ta préférence

après ton petit cours primaire privé pour filles et tes lycées de filles, tu rejoignais un milieu masculin, celui des facultés puis de l'école d'ingénieurs, toi si timide, qui ne *dragues pas* dis-tu   ça c'est assez amusant, parce que, vu ta beauté et ton intelligence, tu devais être l'objet d'approches plus qu'à ton tour

milieu masculin qui se féminise doucement, plus en sciences qu'en lettres dans l'entre-deux-guerres, même si tu ne le sais pas que tu es entre deux guerres   le nombre de bachelières passe de une sur cinq à une sur quatre, ipso facto le nombre d'étudiantes augmente (28 % en 1930, toutes disciplines confondues) attends que je te statistique encore un peu une bachelière sur sept ou huit choisit un cursus scientifique le bac est la porte d'entrée, le diplôme, les boulots, c'est autre chose en 1928 : 8 % des diplômées en sciences sont des jeunes femmes tu en as fait partie mais combien de femmes entraient dans une école d'ingénieurs ? ça restait très rare

toi tu es entrée dans une grande école : École supérieure de physique et de chimie industrielles de la ville de Paris tu en es sortie ingénieur-chimiste en 1931, première de ta promotion un très bel étudiant est tombé amoureux de toi il était un peu plus âgé que toi, il t'a fait la cour et une demande en mariage plus tard, tu as dit OUI devant monsieur le maire le milieu religieux différent : lui protestant et toi d'origine juive, n'entrait pas en ligne de compte pour vos familles d'ailleurs tu ne te sentais pas juive mais athée

tu dis *j'ai été fiancée* (en 1931)
ensuite *j'ai été mariée* (fin du mois de juillet 1932)
tu dis cela à mon frère Yves lors de ton interview en 1989
c'est étonnant ces formes passives que tu emploies
tu t'es mariée avant tes vingt-deux ans, en étais-tu heureuse ?
nous, tes enfants d'après, on le savait que tu n'avais pas été vraiment amoureuse de Paulo

Paul Langevin – directeur de cette école – dira en 1933 devant un aréopage de personnalités scientifiques et politiques tout le bien qu'il pense de l'entrée des jeunes femmes dans son école :

> « Je suis heureux de dire que l'atmosphère de franche camaraderie, de travail et de paix qui s'est établie chez nous a été rendue plus douce encore depuis qu'en 1917 la possibilité a été accordée aux jeunes filles de se présenter à notre concours. Deux ou trois sont admises chaque année parmi les trente-cinq places dont nous

> disposons. Le fait que certaines d'entre elles se placent à la tête de leur promotion contribue à développer chez les camarades de l'autre sexe une juste conception des possibilités du cerveau féminin. »

bravo maman ! tu as contribué à la cause féministe sans t'en douter ! non les femmes ne sont pas intellectuellement inférieures aux hommes ! je savais que tu étais une pionnière aux multiples foulards dont jamais un ne fut rouge

tu voulais un enfant
ton enfant, ton petit, est arrivé plus tard, en 1936 et deux ans après tu as divorcé
tu as élevé seule Francis pendant un an puis ta mère est venue vivre près de chez toi à Paris, ton père étant mort brutalement

à la fin de l'été 1935, tu étais allée avec ton mari au Contadour suivre Jean Giono
tu n'avais jamais dormi dans des granges à foin, c'est un fameux souvenir mais bon, c'est dans le foin que Paul Rumpf a rencontré une autre femme et après t'a quittée
alors le Contadour… et puis Giono c'était quand même un drôle de type, il était très séducteur, tu t'es toujours demandé ce que voulait dire la dédicace de son livre : « À Madame Rumpf pour qu'elle me connaisse mieux. »
mieux son œuvre ou mieux l'homme ou mieux l'homme à femmes ?
mais fichtre comment avais-tu atterri là ? parce que Giono à l'époque avait adhéré à l'Association des écrivains et artistes révolutionnaires, proche des communistes ? plus vraisemblablement à cause du régisseur de votre labo, Pierre Brauman, qui est devenu par la suite photographe attitré du Contadour, ou bien, l'un n'excluant pas l'autre, à cause d'une annonce parue dans le numéro de *Vigilance,* en juillet 1935, « Visitez la Provence avec Jean Giono »

tu n'es jamais retournée au Contadour
l'été suivant Francis est né, baptisé par Giono à défaut de vrais fonts baptismaux

> « Cet enfant est aussi l'enfant du Contadour. Nous sommes tous ses parrains et tous avec toi. Bien entendu on fait des vœux pour lui. Je ne suis pas Berger hélas ma chère Marie mais je fais pour lui les vœux du Berger à l'enfant à la fin du grand Troupeau. Je les avais faits mentalement pour un de mes enfants. Ils sont pour le tien. Embrasse-le pour moi et je t'embrasse de tout mon cœur toi et Paul. »
>
> Jean Giono

l'été 36 la guerre civile en Espagne a commencé   inquiétudes

des craintes, des appréhensions, tu en avais déjà
en 1930 vous étiez allés avec ton frère en Allemagne   tu y étais retournée l'année suivante pour mieux parler cette langue utile pour la recherche en chimie   tu as vu les chemises brunes, bien plus que l'année d'avant   tu as vu les mendiants, le chômage massif, tu as vu la montée du nazisme

sortie première de cette école en 1931, tu avais été recrutée
dans le labo de Georges Urbain à la Sorbonne   boursière
un super laboratoire, plein de poussière et dans un couloir !
là tu as commencé à préparer une thèse de chimie minérale
le sujet t'en avait été donné et il ne t'amusait pas   par contre,
tu as commencé à te passionner pour l'histoire de la chimie

Georges Urbain, Paul Job, étaient des hommes de gauche
qui ont accueilli très tôt dans leurs labos des Allemands qui
fuyaient le nazisme, la plupart en instance de départ pour les
États-Unis   ceux-là t'ont beaucoup appris, ils donnaient des
conférences qui te faisaient comprendre que tu en savais peu,
que les choses n'étaient pas ce que tu avais appris
l'interprétation quantique était forclose dans l'enseignement
et tu l'as apprise par toi-même beaucoup plus tard

toi aussi tu étais de gauche   tu as commencé à militer
en 1934 après le 6 février   tu as adhéré au Comité de
vigilance des intellectuels antifascistes, qui s'est créé juste
après, nommée à la tâche qu'on réservait aux bleus, la
trésorerie, dans le Ve arrondissement qui était un vivier
d'intellectuels engagés
en octobre, tu rencontres France Bloch à la bibliothèque de
la faculté de pharmacie, le meilleur endroit où on pouvait faire
de la bibliographie en chimie à cette époque-là   tu la revois
dans le labo du professeur Marquis où travaillait également
Paul Rumpf   tu deviens vite son amie   elle est très engagée
dans la lutte antifasciste et révoltée par les injustices sociales

il y avait beaucoup de femmes dans les labos   tu parles
de nombreuses collègues dans le tien
ainsi va la société

tu étais allée par curiosité plusieurs fois assister à des cours
de Marie Curie dans l'amphi de l'Institut Curie

elle-même attirait dans son labo et accueillait beaucoup de jeunes femmes étrangères de plusieurs horizons   d'excellentes scientifiques séduites par la nouveauté des recherches sur la radioactivité

peu de temps avant sa mort, il y a eu un pot à l'Institut de biologie physico-chimique, tu l'as vue de plus près
ce qui t'a marquée à vie   elle était tellement rongée par les radioéléments que ça la démangeait perpétuellement
elle était tout le temps en train de secouer les mains
ça t'avait beaucoup frappée
elle avait un regard extraordinaire, c'était une femme très extraordinaire dis-tu à Bernadette Bensaude-Vincent

tu avais une dévotion toute particulière pour les femmes ayant ces rares postes de professeure et directrice de recherche ainsi de Pauline Ramart-Lucas dont l'histoire est racontée comme un conte de fées dans un article que tu as gardé du quotidien *Le Journal de Paris* de janvier 1938 dont le titre est :

> « LABORANTINES d'aujourd'hui, professeurs de faculté demain. Cinq jeunes femmes sont appelées à enseigner à la faculté des sciences. »

tu figures dans cet article : Mme Rumpf, chimiste

> « Deux d'entre elles sont mariées. Ce n'est donc pas le besoin de trouver un époux qui retient ces femmes devant les cornues, les squelettes, les herbiers et les coupes de basalte. »

ne nous énervons pas, c'est d'époque

vous discutiez toute la journée dans les labos : l'espoir du Front populaire, la lutte contre les ligues fascistes, les affiches qui recouvraient les murs, les bagarres sévères entre étudiants
les élections municipales de 35 ont fait élire Paul Rivet, du Comité de vigilance – candidat unique de la gauche – dans le Ve   tu te souvenais que vous l'aviez porté en triomphe

n'oublions pas que les femmes ne votaient pas alors mais elles
participaient aux luttes comme les hommes, dans une sorte
d'exaltation permanente malgré les inquiétudes, les sombres nuées

tu as adhéré à l'Union fédérale des étudiants, un genre
de syndicat étudiant proche des communistes où tu n'as jamais
mis les pieds
tu militais aussi au Comité mondial des femmes contre la
guerre et le fascisme
impossible de savoir si tu y as rencontré Irène Joliot-Curie

vous collectiez de l'argent et de la nourriture pour les ouvriers
occupant leurs usines
l'élan de solidarité était considérable, ce furent des moments
d'exaltation et de joie intense
l'Espagne   je t'imagine douce passionaria inexpérimentée
et timide haranguant les foules pour sensibiliser aux malheurs
espagnols, aux dangers de la non-intervention française
et récolter de l'argent

tu connaissais de près tous les scientifiques de gauche
de l'époque, ceux de droite les *sixfévriéristes* que tu dis, aussi,
de plus loin

tes journées étaient bien occupées !   en ces années-là,
vous viviez en accéléré
tu avais aussi été élue trésorière du Syndicat national
de l'enseignement supérieur
tu militais à Jeune science, association créée en juillet 1936
pour donner une tribune aux travailleurs scientifiques et faire
entendre leurs doléances propres   « Ce groupe diffuse
une conception de la science engagée responsable et
partie prenante du développement social que le Parti
communiste adopte sous l'influence de l'exemple
soviétique », écrit Michel Pinault

ils défendaient aussi l'idée d'un statut de chercheur permettant l'émancipation de la recherche de la tutelle des universitaires
Maurice Parat en était le secrétaire général et tu fus fort bouleversée de sa mort lors du naufrage du *Pourquoi Pas ?*
le 16 septembre 36 au large de l'Islande : trente-quatre marins y ont trouvé la mort et sept scientifiques

tu as confiance dans la vie   dans tes forces   tu fais à peu près ce que tu veux
c'est rare   tu rencontres des scientifiques de haut vol
tu es militante dans l'âme   femme d'action
qui ne recule pas devant les difficultés et les complexités de la vie
tu es femme courageuse généreuse   peu préoccupée de toi-même
et ce sera le cas ta vie entière
ta prodigieuse vitalité   ton intelligence   ta force
ta sérénité   ton pacte avec la vie
ta lucidité ta gaieté ton ouverture d'esprit ton engagement sans réserve ni limite
toutes ces qualités qui te rendront si appréciée au camp et après à l'Amicale
sont déjà là   làlà-làlà

ça devait être pareil à la maison les discussions politiques et sur l'avenir de la recherche
mais avec Paulo la vie était austère   jamais de cinéma
la visite obligatoire et rasoir à ses parents le dimanche

tu promenais ton entrain de réunion en réunion
et avec ton petit garçon tu étais l'allégresse même

tu faisais ta thèse   tu ne la trouves pas si mauvaise, un peu courte à cause des déboires de ta vie personnelle, mais pas si mauvaise   d'ailleurs, à ton ébahissement, des chercheurs ne se sont pas gênés par la suite pour utiliser tes résultats

bravo maman ! docteur ès sciences en 1937, divorcée en 1938 – rare à l'époque selon la statistique – encore faut-il trouver les bonnes statistiques et se débrouiller entre le taux de divortialité, le taux de divorce et les disparités géographiques, disons qu'on garde le chiffre trouvé de 27 nouveaux divorces pour 10 000 femmes mariées, alors oui tu es rare
rare et militante, tu sembles être une femme libre

tout ça aurait été si bien s'il n'y avait pas eu le nazisme à vos portes
ta mère aussi était membre, à Lille, du Comité mondial des femmes contre la guerre et le fascisme

> *Je suis profondément angoissée par la situation extérieure, et évidemment le nouveau ministère manquera encore d'énergie* [...], *Blum qui veut toujours ménager la chèvre et le chou, se laissera encore rouler, et nous arrivons à l'époque des beaux jours que l'on choisit généralement pour faire la guerre* t'écrit-elle le 15 mars 1938

c'était prémonitoire dans la nuit du 29 au 30 septembre 1938, les accords de Munich sont signés, le sort de la Tchécoslovaquie scellé, l'« esprit de Munich » régnait et tu te battais contre, contre le gouvernement Daladier qui avait cédé aux exigences d'Hitler

le pacte germano-soviétique ? tu étais communiste sans être adhérente et tu as été surprise, tu pensais qu'il y avait une raison que tu ne t'expliquais pas bien, tu avais du mal à discuter avec tes collègues, cela te gênait beaucoup de te dire qu'il y avait ce pacte, d'autant plus que dans ton labo il y avait beaucoup de Juifs allemands réfugiés si Staline l'a fait, c'est qu'il a ses raisons tu es pragmatique, cela peut faire reculer la catastrophe imminente

l'été 35 était bien joli en Provence
l'été 39 sera beaucoup plus pénible et angoissant sur les routes de France

•

Faculté

tu vas à la fac   l'université on ne disait pas   la faculté assez peu

ta fac
lieu mystérieux où tu m'emmenas une fois enfant
j'y ai rencontré un magicien souffleur de verre
pour moi il avait soufflé de merveilleux petits animaux
lui qui d'habitude soufflait pipette et cornues
la faculté était enchantée

tous les matins   la ligne de Sceaux
non   pas la ligne des sots   d'ailleurs ce train passait-il à Sceaux ?
il t'emmenait au Guichet   pas celui de la poste
à la station du Guichet qui desservait une partie de la fac
de là quelqu'un t'emmenait en voiture à ton labo
je me souviens d'un   Jacques Pesenti parce qu'il est mort si jeune *laissant une femme et des enfants*
cette expression qui me terrorisait
toi tu aurais bien voulu conduire une petite voiture juste une petite à Orsay
tu as eu le veto de notre père
toi ma petite maman
c'est vrai que tu avais failli nous jeter dans l'Ardèche
mais à la regarder de près cette rambarde de pont n'était pas si amochée   c'est juste que les Ponts et Chaussées ont mis sept ans pour la réparer

effet notable : tu m'as obligée à passer le permis très tôt
puis à m'acheter une voiture et à conduire
ce dont je te suis éternellement reconnaissante
tu avais passé ton permis trop tard
où se niche la reconnaissance   dans la *permission* qui fait suite
à l'interdiction

tu allais donc à la faculté d'Orsay dès sa création en 1958
le travail que tu y faisais ne suffisait pas à nourrir ta famille
mais cela t'a permis d'arrêter les petits boulots
il t'est resté une journée éreintante d'heures supplémentaires
à l'École de physique et de chimie

Tu étais chef de travaux
ton chantier à toi   apprendre la chimie aux étudiants
de propédeutique
Tu as révolutionné les travaux pratiques avec ton amie
Lise Florant
il n'y a pas de petite révolution
tu y mettais tout ton cœur j'en suis sûre
tu as aidé beaucoup d'étudiants doués à devenir assistants
à leur tour
tu devais être un bon professeur un peu autoritaire
comme disaient parfois mes copines quand c'est toi qui
répondais au téléphone
« Dis-donc, ta mère, elle est prof ? »

de plus en plus ce sont tes grandes amies de la fac
qui venaient te chercher au pied de l'immeuble
ta plus que grande amie   Lise   grosse fumeuse comme toi
qui avait comme toi le bout des doigts jaunes de nicotine
une voix rocailleuse   une classe incroyable
je l'aimais elle m'aimait j'étais un peu la petite fille qu'elle
n'avait pas
Lise m'offrait des sacs de La Bagagerie   je les ai toujours

tu avais fait avant guerre de la recherche
mais nous tes enfants on n'aurait jamais su dire en quoi
heureusement c'est écrit quelque part : « la cinétique du passage
des solutions vertes de sels de chrome au violet les complexes
de l'ion chromique avec l'acide acétique
et avec le glycocolle la recherche de réactions spécifiques
colorées commodes de cet ion »
ah bon ?

tu avais été assistante de chimie générale à la Sorbonne à
ton retour de déportation puis après ton éviction du CEA
à nouveau assistante pendant six ans
à Orsay tu as repris un peu la recherche

c'est sur ces lieux de travail que tu étais membre du Parti
communiste   en ces lieux ta cellule   à la base   avec tes
collègues

68 alors ? comment as-tu réagi ?
aucun souvenir   blanc total alors que ça devrait être rouge
tu n'étais pas du genre à rester à la maison
tu as signé « Un appel des universitaires communistes »
publié dans *L'Humanité* le 13 mai 68 – toi parmi une
cinquantaine – appelais à l'amnistie et à la reprise des cours
à l'évacuation des forces de police de la Sorbonne
la police à la Sorbonne   même durant l'Occupation tu n'avais
pas connu ça

tu as commencé à la faculté d'Orsay
continué et pris ta retraite à l'université Paris-XI
où tu es restée maître de conférences *adjointe*
pour toujours
pas une blessure narcissique pour toi   juste de l'ostracisme
politique

tu as eu du mal à la quitter ta fac
tu as trouvé une super-astuce pour faire du rab après ta retraite
en 1976   tu as inventé le journal de l'université   tu en
étais la rédactrice en chef et Jean-Pierre Kahane, président
de l'Université, en était le directeur de publication
Jean-Pierre, qui éprouvait de la vénération pour toi
un nouveau travail que tu as fait parfaitement pendant
deux ans   il fallait suivre les travaux des conseils, visiter
les différents centres, collecter les informations, les articles,
en rédiger quelques-uns

sur la pancarte du quai à la gare de Nanterre-La Folie
il y avait un genre de sous-titre « complexe universitaire »

•

France, je l'ai cherchée partout

à travers le judas de ta cellule   tu as vu passer France
ce sera ta dernière vision d'elle
elle était entourée de soldats allemands eux-mêmes encadrés
de policiers français
trois semaines après ton arrivée à la Santé – mi-septembre 42 –
tu apprends qu'elle était aussi là dans une autre division
vous avez essayé de communiquer sans succès
elle a été transférée à la prison de Fresnes et toi au camp
de Romainville
tu n'as jamais eu ce message donné par France à Cylo Lignel
lors d'une rencontre furtive   une minute volée à la surveillance

> « Vite un message, rappelle-toi : Marie-Élisa, de la part
> de Marianne, je suis jugée, j'ai bon moral, je lui envoie
> mon meilleur souvenir. »

tu es la première des « amies et amis » dans la lettre à Frédo
lettre écrite avec son sang avant son exécution à Hambourg

tu aimais son enthousiasme sa gaieté sa droiture son ardeur
tu absorbais ses rayons
elle avait vingt et un ans quand tu l'as connue – tu en avais
vingt-quatre   tu étais mariée
tu as été tout de suite embarquée dans son tourbillon solaire
tu l'as suivie dans ses engagements politiques
tu as fait tiens ses goûts culturels et artistiques

tu aimais sa passion de la science et de la recherche
son don total à la chimie
son goût des expériences inédites
son extrême sensibilité aux êtres

amies à la ville   amies à la fac   amies dans le combat
antifasciste

c'était le temps du 1er mai 36 : « Pour le pain, pour la paix
et la liberté » puis la victoire du Front populaire
peu après annonce du coup d'État fasciste en Espagne :
18 juillet 1936
vous vous dites *vous* encore
France est pleine de sollicitude pour toi que ton mari vient
d'abandonner avec ton tout petit bébé
la guerre d'Espagne dure vous collectez pour les familles et
les combattants
vous étiez membres du Comité mondial des femmes contre
la guerre et le fascisme
vous preniez aussi des cours d'allemand
étiez-vous du cortège funèbre de Gerda Taro le 1er août 1937 ?

à Bordeaux c'est chez toi que France atterrit avec Roland
à la fin de l'exode   vous vivrez encore quelques jours

douloureusement heureux à Pâques 1942 dans la maison
de ses parents   La Mérigote   à Poitiers

tu continuais à voir France parce que c'était ta meilleure amie
c'était déjà assez dur comme ça
si on ne pouvait jamais voir ses meilleures amies
son mari était emprisonné   tu ne pouvais l'abandonner

tu savais qu'elle avait fabriqué des petits drapeaux bleu blanc
rouge coloriés au crayon   sillonné son arrondissement avec en
les lançant dans les arbres
tu savais qu'elle avait dans sa cave une ronéo
tu savais qu'elle vivait dangereusement   passionnément
tu connaissais ses activités, non pas l'adresse exacte
de l'appartement où elle préparait ses explosifs   tu savais
que c'était loin de chez elle
tu lui procurais ce que tu pouvais que tu piquais dans ton labo :
du mercure, beaucoup de mercure, et d'autres produits qui ont
servi à empoisonner des chevaux des Allemands

jusqu'au 16 mai 1942
arrêtées   stoppées   emprisonnées France   toi
et soixante-dix autres

juste quand France avait enfin décidé de quitter Paris pour
se mettre à l'abri
juste quand vous aviez un plan d'évasion pour son mari Frédo
tout était prêt
France avait vu Frédo le 13 mai au camp de Voves
toi tu avais vu France le 15 (c'était dans le rapport de la filature
des brigades spéciales)
et le lendemain de ce fameux samedi vous deviez, avec un ami
de France, responsable de la Résistance dans le XIVe, Fernand
Leriche, aller rendre visite à Frédo lui donner de faux papiers,

Fernand devait rester, prendre la place de Frédo et toi tu devais repartir avec Frédo et l'emmener dans une planque

vous aviez les papiers   vous aviez les billets de train
vous aviez tout
mais rien n'a pu se faire
au lieu de cela tu es sortie de chez toi les menottes aux poignets et la peur au ventre   peur que Fernand avec qui tu avais rendez-vous se pointe et soit arrêté aussi mais ça ne s'est pas produit, ta mère a réussi à le voir et le prévenir

ça t'est resté longtemps après   la peur du bruit de l'ascenseur au petit matin

cette histoire tragique a tétanisé toute ma vie
comme tu as dû avoir de peine   horrible d'y penser
ton amie frappée   sauvagement
torturée   menottée   exécutée

France, je l'ai cherchée partout voilà ce que tu as dit à Ania Francos quand elle t'interviewait pour son livre *Il était des femmes dans la Résistance...*
À Auschwitz, à Ravensbrück. Partout j'ai cru reconnaître sa silhouette
tu posais des questions à toutes   c'est ainsi que tu es devenue très proche de Marie-Jo Chombart de Lauwe qui la cherchait aussi   elle avait été sa voisine de prison et avait *parlé* avec elle si souvent en frappant contre le mur de leur cellule, elle l'avait tant aimée elle aussi
quand tu as rencontré Mère Poule à Ravensbrück, tu as compris qu'elle avait rejoint Hambourg *pour la fin de son jugement*
la condamnation à mort
elle avait vu France quelques jours à Lübeck ce qui a scellé votre amitié pour toujours

il y eut les camps il y eut les libérations il y eut encore un peu d'attente et d'espoir
puis plus rien que cette chose affreuse

tu as gardé les lettres qui rendaient sa mort définitive
en ce temps-là   tu espères encore le retour de ton frère

ton cœur déchiré   ton cœur en miettes de lettres
tu dois garder la tête haute comme France
mais la sienne a été tranchée

•

Grise

palette des affects   dans tes archives des chemises bleues
   jaunes   vertes   et une boîte grise   énorme
c'est la Grise, celle dont l'intitulé écrit de ta main est
« Occupation – Auschwitz – liste Convoi – photos d'identité – Lettres de moi – Lettres Ruth Caesar »
parfois moi aussi je suis dans mes grises

dans la Grise : les cahiers bleus
dans la Grise : la laliste retrouvée
dans la Grise : les lettres de Ruth Caesar qui voudrait faire innocenter son *Obersturmbannführer* de mari
dans la Grise : la correspondance avec Charlotte pour *Le Convoi du 24 janvier* : une cinquantaine de lettres écrites par Charlotte pour la plupart d'entre elles, témoignage de l'aide que tu as apportée quotidiennement à Charlotte pour ce livre et de ta grande proximité émotionnelle avec elle
dans la Grise : les programmes des soirées commémoratives des 27 Janvier, date de la libération d'Auschwitz

dans la Grise : les lithographies des programmes
celle d'Édouard Pignon en 1960
celle de Marc Saint-Saëns en 1965
celle de Picasso – pour le dixième anniversaire – manque :
elle était encadrée sous verre dans ton salon (et chambre à
coucher)   figure tutélaire de notre enfance
celles de Chagall, Lorjou, Marek Rudnicki (proche de Janusz
Korczak dans le ghetto de Varsovie)

lors de ces soirées tu es souvent de parole   Cipora Gutnik
aussi, en yiddish, au nom de l'Amicale des déportés juifs

il faut imaginer des salles combles et des centaines de personnes à l'extérieur n'ayant pu rentrer à l'Alhambra (2 500 places), la salle Pleyel (3 000 places)   on y voyait et entendait certains ministres, ambassadeurs, il y avait le grand rabbin de France, le grand pasteur de l'Église réformée (mais personne d'officiellement catholique semble-t-il), tes amies venaient de l'étranger : Claudette d'Angleterre, Sonia d'URSS, Wanda de Pologne et d'autres, de multiples coins de France

tu as gardé certaines allocutions dans la Grise
les autres forment un dossier ventru

l'Amicale projette plusieurs fois *La Dernière Étape* de Wanda Jakubowska, « film tourné à Auschwitz »   à Raïsko, elle vous avait dit qu'elle ferait ce film
il y a souvent deux soirées consécutives
l'une commémorative, l'autre *du souvenir,* plus artistique

en 1956 ton allocution prononcée à Chaillot fait dix pages
ton interrogation porte sur le rapprochement entre la France et les deux Allemagnes pour poursuivre les criminels nazis
Clauberg, sordide nazi médecin qui expérimentait sur les détenues d'Auschwitz, vient d'être écroué suite à un accord avec l'URSS pour l'échange de 9 000 criminels nazis
la plupart ont été reçus par la RFA avec des discours de bienvenue, des fleurs et beaucoup de marks

> *L'opinion publique d'Allemagne fédérale a été tenue jusqu'ici dans l'ignorance des camps de concentration. Un seul exemple vécu : lorsque les deux trains spéciaux menant l'année dernière des délégations de France aux cérémonies commémoratives du dizème anniversaire de la libération d'Auschwitz ont traversé l'Allemagne de Kehl à la frontière tchèque, les douaniers, les cheminots auxquels nous nous adressions faisaient mine d'ignorer ou ignoraient même réellement ce qu'était Auschwitz.*

mais, maman, n'es-tu pas arrivée en avion ?
qu'importe, si ce n'était toi, c'était ta sœur, ta fratrie des gens du camp, c'était dur, dix ans après, de comprendre que les crimes seraient impunis pour la plupart des criminels, que l'oubli guettait les Allemands... mais tu es pleine d'espoir en certains signes que donnent les journaux, que donnent les juges, tu veux y croire
cependant dans le même paragraphe tu t'insurges contre la liberté retrouvée des *hommes de confiance du trust de produits*
chimiques IG Farben Industrie, condamnés à Nuremberg,

qui occupent des postes honorifiques. [...] *Ils ont, comme civils, par contrats passés en bonne et due forme avec les commandants des camps, exploité jusqu'à la mort dans les usines qu'ils dirigeaient des centaines de milliers de détenus*

ce texte est extrêmement combatif, tendu, documenté
tu t'inquiètes *des nazis notoires qui occupent un poste*
important dans le gouvernement du chancelier Adenauer
comme Hans Maria Globke, un des concepteurs – très inspiré – des lois antijuives
puis tu parles de Heine : *il y a quelques jours au cimetière*
Montmartre, un hommage a été rendu au grand poète
par des Français et des représentants des deux Allemagne
ensuite tu parles d'Allemands et de Français ensemble à Verdun
tu espères
Clauberg est mort avant d'être jugé
il y aura le procès de Francfort... de fin 1963 à 1965
et ton article dans *Le Patriote résistant* : 22 prévenus
sur 1 600 actifs dans cette industrie de la mort

Pas de prescription pour les crimes nazis !

l'Amicale (ou est-ce la FNDIRP ?) a édité une carte à envoyer au président du Bundestag
la photo est celle de l'enfant les mains en l'air et le regard perdu du ghetto de Varsovie   on voit très peu d'autres civils mais très bien les soldats armés
dommage, l'année n'est pas notée sur la carte   ce que vous avez choisi de montrer comme emblème des crimes nazis est bien l'arrestation brutale de ces Juifs du ghetto qui seront envoyés dans les chambres à gaz d'Auschwitz   et non un déporté (résistant) en pyjama rayé   dans le texte cependant, les crimes nazis ne sont pas caractérisés
la carte pourrait être datée, selon l'histoire, de 1965

en effet, la prescription pouvait commencer en 1965, le délai en a été étendu jusqu'en 1969, puis en 1979 supprimé
ce qui est remarquable c'est que cette photo a été *oubliée* pendant plus de vingt ans
ce n'est qu'à partir de la fin des années 1970 que les occurrences de la photographie de cet enfant du ghetto se multiplient jusqu'à devenir dans les années 1980 une *icône du génocide*

ton écriture coule comme un fleuve
pourquoi écrirai-je A.Z ou A/Z quand toi tu écris en toutes lettres Auschwitz ou Auschwitz-Birkenau à longueur de pages
il est certains de tes brouillons d'articles   tes dactylogrammes qui n'ont pas une rature
parfois une petite précision : un « hélas », un « SS » mis avant et non après « médecin »
tu écris l'auschwitz couramment

à mesure que le temps passe

tu écris ça de ta belle écriture, ample, régulière reconnaissable entre toutes   tu écris ça en avril 1967

habitent la Grise les listes des filles du convoi et leurs adresses
qui servaient aux invitations à l'après-midi chez toi les fins
du premier mois de l'an
en 89 tu écris seulement « les 31 000, le 15 mai 1989 »
c'est épuré du nom du convoi de sa date
juste les vivantes, à peine quelques mortes, toutes en sursis
il y a parfois « non » au regard d'un nom : une perdue pour
vos rencontres
en regard de Louise Magadur tu as inscrit : « la doyenne »
la dernière liste trouvée est de 91
au dos tu as écrit « 27 vivent aujourd'hui »
et au regard de ton propre nom « stp une dédicace »
il y a quelques « décédées » quelques noms barrés ou « pas de
nouvelles depuis des années »
par-ci, par-là dans ces listes des chiffres : les vivantes
les après-midi n'avaient plus lieu depuis longtemps mais
tu gardais les listes à jour/à nuit
après 1991 tu n'avais plus de forces

le format de beaucoup de tes textes est ce bon vieux format
21 × 27 les caractères de ta machine à écrire les copies
sur papier pelure le papier carbone me sont si familiers

dans la Grise se trouve le programme de *L'Instruction* de Peter
Weiss au Théâtre de la Commune d'Aubervilliers (traduction
par André Gisselbrecht) – oratorio en onze chants – répétition
générale le 30 mars 1966 (Pierre Dac est un des magistrats)
tu aimais cette pièce qui est une évocation du procès de Francfort

des lettres, des tracts, des annonces, quelques photos, par
exemple celle d'un homme souriant juste avant d'être fusillé par
des Allemands – légende semble-t-il autographe d'Yves Farge :
il souriait *à la liberté et à la paix*
deux photos de Treblinka (Toussaint 78) un voyage que tu as
fait là-bas ?

des demandes des projets non aboutis
c'est là qu'étaient rangés la broche de Ravensbrück et le crayon de Mauthausen
c'est du vrac de chez vrac, ça laisse en vrac aussi

un texte manuscrit très gribouillé et raturé, ce qui est rare, en trois morceaux : « À propos d'un tract de 43 », ce fameux tract signé par le Comité directeur du Front national pour la libération de la France qui a été beaucoup diffusé par la presse clandestine puis lu à Radio Londres par Fernand Grenier en août qui raconte l'histoire des « cent Françaises » déportées à Auschwitz, les conditions de « vie » à Auschwitz, la déportation des Juifs de 42 et se termine par un appel à l'opinion pour qu'elle exprime son indignation

dans la Grise habite épaisse chemise *Les Camps d'Auschwitz* deuxième frappe, ton tapuscrit corrigé par toi-même et Vladimir Pozner

dans la Grise s'éparpillent des petits bouts de papier
des notules non estampillées qui montrent que jusqu'à la fin de ta vie tu as cherché à connaître le sort – en général la date à laquelle ils ont été fusillés – de tes compagnons d'infortune de « l'affaire Claudia », l'affaire de France, ces personnes filées par les brigades spéciales, ces combattants presque anonymes, arrêtés le même jour que toi
il y a cette lettre adressée aux services allemands :
tu veux connaître le nom des 17 fusillés du 21 octobre 42
il te sera répondu qu'il n'y a pas de réponse c'était en 1985
tu as semble-t-il eu plus de chance avec la préfecture
un quidam t'a recopié une liste – presque complète et par ordre alphabétique s'il vous plaît – des personnes arrêtées
tu y figures : « Marie »
avant cette liste macabre – si peu de survivants – il y a
une autre liste : celle des inspecteurs en charge des filatures

neuf inspecteurs
sur ton audit il est écrit que c'est la Brigade spéciale 2, semble-t-il spécialisée dans la traque des communistes, qui t'a filée et arrêtée
en face des noms tu marques parfois une date
tu as marqué par quatre fois la date du 10 octobre 42
aujourd'hui tu aurais le secours du *Maitron des fusillés*
à côté de Lacazette Camille tu as écrit « évadé puis arrêté de nouveau »
son histoire est racontée dans *Régine,* le livre du poète Paul-Louis Rossi   c'était son mari – pour la sauver elle, à Nantes, il s'est laissé attraper par les Allemands
il a été fusillé   Maurice est son nom
Maurice qui a écrit à Régine des lettres bouleversantes
c'est un de ceux que Victoria Thérame évoque dans *La Dame au bidule*
au détour d'une page, dans ce patchwork d'impressions si bouillonnant de l'auteur enfant, grâce à un hasard matrimonial – Régine s'étant remariée avec Fernand Leriche – je trouve ma grand-mère sur un quai de métro à Paris le 16 mai 42 après l'arrestation de ma mère attendant Fernand « cette grande femme tout habillée de noir qui lui dit : mais fichez le camp, fichez le camp, vous n'avez rien compris... Marie-Élisa et France sont arrêtées »

dans la Grise demeurent   LES LETTRES D'AUSCHWITZ

« Pour moi les lettres sont le format littéraire du vingtième siècle, le plus grand siècle carcéral qui soit », Erri De Luca, entretien dans *Libération,* 25 septembre 2020

vous, Gilets jaunes et autres manifestants en prison, en plus des SMS évanescents, écrivez des lettres et faites-vous-en envoyer, c'est bon pour le moral et pour l'Histoire

en juillet 1943 vous avez eu le droit d'écrire à vos proches en
allemand   sur des formulaires dédiés   une fois par mois
et de recevoir des colis qui arrivaient à moitié vidés   pillés
toutefois très bienvenus
vous receviez aussi des lettres   à peu près une par mois
ce qui était considérable pour votre moral

cela et la quarantaine pour les survivantes   un grand
pourquoi ? et aucun parce que définitif   une hypothèse est
que la quarantaine est faite pour vous remettre un peu sur
pied avant de vous expédier à Ravensbrück   vous étiez des
« politiques » (à faire travailler) et non des Juives à exterminer

étaient-ce les avis de décès que l'administration du camp
envoyait aux familles ? trente-deux d'après Charlotte
certaines régions reçoivent des actes de décès en rafale
Auschwitz existe pour certaines familles   lieu de la mort
d'une des leurs
les termes sont mensonges   « ulcère à l'estomac » est le motif
récurrent

vos familles se demandent ce qui se passe là-bas
la Croix est Rouge et impotente

Danielle a donné de vos noms à la Résistance du camp
les noms sont parvenus à destination
Danielle a fait savoir où vous étiez
en mai 1943 un tract du Front national de lutte pour la
libération parle de vous   des conditions de détention
épouvantables dans ce camp   Louis Aragon vous mettra en
poème ce sont les « Marie de France » dans *Le Musée Grévin*

est-ce ceci est-ce cela ? les dates ne concordent pas
jamais aucun document ne nous éclairera
la trentaine de femmes restant de votre groupe est mise

en quarantaine   exemptée de travail   de marche d'appel
général   pouvant se laver
celles de Raïsko restent à Raïsko
aucune de vous ne serait revenue sans cela

ces lettres ne sont pas semblables aux lettres retrouvées
et éditées chez Tallandier par Karen Taieb en 2021
ni écrites sous la contrainte ni dictées   ni clandestines ni
fausses-semblantes   bien sûr soumises à la censure   vous ne
pouviez qu'écrire des pensées anodines
mais vous vous arrangiez pour transmettre des informations
codées   codes perdus pour la plupart mais connus de vos
proches car déjà utilisés dans la Résistance

tant qu'elles ne rejoignent pas un musée auquel tu les destinais
des quatre lettres originales émane une aura maléfique
est-ce le timbre rouge à l'effigie de Hitler   le cachet du camp
le papier du camp
le règlement en allemand ces lettres sont traces vivantes de ton
enfermement *là-bas*
le malaise ne vient pas de ton écriture
les nouvelles que tu donnais étaient bienvenues pour les tiens
mais la matière de ce papier est infâme à toucher

Jeanne Mariette Josée Hélène
Gabrielle Jeanne Antoinette
Rosette Yvonne Emma Josée
Yvonne Leona Yvonne Alice
Hélène Sophie Georgette Simone
Marcelle Alice Germaine Yvonne
Danielle Hélène Yvonne Camille
Marie Renée Jeanne Yvonne Olga
Madeleine Viva Simone Suzanne
Rachel Charlotte Marie Henriette
Marie-Louise Charlotte Noémie

Simone Yvonne Annette Gabrielle
Henriette Rachel Lucienne Yvette
Marie-Thérèse Rosie Marcelle
Marie Madeleine Elisabeth
Yvonne Suzanne Raymonde
Sophie Aurore Andrée Laure
Renée Germaine Paulette Cica
Claire Claudine Aminthe Yvette
Jeanne Adrienne Hélène Violette
Lucette Jeanne Jeanne Marguerite
Jeanne Anna Germaine Marie-Louise
Suzanne Irina Léa Karolina
Anna Eugénie Marguerite
Lina Georgette Gisèle Léa
Fabienne Berthe Charlotte
Josette Marcelle Louise Élisabeth
Danièle Lucienne Marguerite Marie
Sophie Yvonne Alice Louise
Yvonne Suzanne Yvette Luz
Germaine Angèle Georgette
Suzanne Renée Simone Gisèle
Suzanne Denise Madeleine Lisette
Marie-Louise Madeleine Nine
Anne-Marie Lucienne Yvonne
Lucie Yvonne Juliette
Maï Pauline Delphine Line
Marie-Thérèse Jacqueline Paula
Constance Germaine Marguerite
Odette Armande Anne France
Georgette Felicia Denise Suzanne
Esterina Mounette Léonie Anna Berthe
Alphonsine Léone Yvonne Jeanne Marguerite
Andrée Jeanne Joséphine Theodora
Reyna Jacoba Alice Margot
Alice Madeleine Joséphine

vous n'avez pas pu écrire à vos proches
vous étiez déjà mortes
vous à jamais ineffacées

quatre lettres originales   quelques extraits   trois recopiées
ces lettres circulaient d'abord traduites puis recopiées et recopiées
c'est notre butin   notre prise de guerre
il y a même une lettre de ton petit garçon à toi adressée
en allemand datée du 6 juillet 1944
il raconte ses lectures (en allemand) et une chute de vélo

voici quelques extraits traduits de ces lettres et la première retrouvée in extenso :

Auschwitz, le 3 octobre 1943

Mes chéris, jusqu'à maintenant j'ai reçu la lettre de Lili du 11 août et celle de Pierre du 1er septembre. Ma joie de recevoir des nouvelles de vous a été assombrie par la tristesse de la mort de ma petite-nièce ; je pense de tout mon cœur à toi, ma chère Lili et j'aurais bien voulu t'entourer de mon amour et soulager ta peine.
J'espère que Francis et sa cousine ont fait tout ce qu'ils pouvaient pour vous distraire. Je suis au regret d'apprendre que la plupart des amies de Nania des Lilas ont si mal passé l'hiver, mais je suis très heureuse d'apprendre que mon petit et Claudette sont en bonne santé et travaillent très bien ; cela ne m'enchante pas que Jacqueline vive maintenant avec sa belle-mère. Je me réjouis beaucoup que mon Francis soit un si robuste gaillard et qu'il étudie si bien ; bien sûr que c'est beaucoup plus sain pour lui de vivre à la campagne ; il avait déjà passé des vacances avec sa grande cousine et maintenant va vivre aussi avec les plus petits ; est-ce que ses dents ont poussé correctement ? Je vous suis très reconnaissante pour tout ce que vous faites pour lui. Les colis postaux de diverses origines arrivent régulièrement et environ trois semaines après qu'ils

aient été envoyés ; tout est bon et bien choisi ; mais je vous prie de ne pas priver les enfants pour nous ; les vitamines m'ont fait beaucoup de bien. Je peux aussi recevoir des paquets de la zone non occupée et de la Croix-Rouge. J'attends toujours avec impatience vos lettres, donnez-moi des nouvelles de M. et Mme Touville, leurs enfants et leur nièce et du petit Étienne. Je vous serre dans mes bras ardemment et vous embrasse tous et particulièrement toi, mon petit Francis chéri.
P-S. Je n'ai pas encore reçu la lettre de Francis du 16 sans doute parce qu'elle a été écrite en français.

Marie-Élisa

« Nania », c'est toi, « Les Lilas », c'est Romainville
la plupart de tes amies « ont si mal passé l'hiver » qu'elles sont mortes, c'est ce que tu veux dire
en mêlant prénoms et pensées anodines, tu fais savoir à sa famille que Claudette est avec toi et en bonne santé   Claudette n'a pas le droit d'écrire, elle   sa famille n'a eu aucune nouvelle d'elle depuis son départ de la prison des Tourelles le 18 juin 1942
tu annonces aussi la mort de Jacqueline
tu demandes si quelqu'un a des nouvelles de ta meilleure amie, France Bloch, en noyant le poisson avec son oncle et sa tante « Touville » qui te donnent du souci ainsi que leurs enfants
plus surprenant, tu demandes des nouvelles du petit Étienne, ce qui veut dire a-t-il été arrêté ? Le « petit Étienne », c'est notre père, Francis, qui est très grand   tu es amoureuse

il y a cette phrase-ci, glissée entre des nouvelles des derniers colis reçus et une adresse à son petit garçon, cette phrase qui nous déchire à chaque lecture, du 4 juin 1944 :

Félicitez Leroy pour l'anniversaire de son oncle ; je suis très attristée que ses parents au lieu d'aller chez Nania vont directement chez Janette Domrémy.

ses parents, au lieu de rentrer dans le camp ont été immédiatement précipités dans les flammes

et cette phrase-là : *Je suis désespérée que Pierre ait la grippe.*
et voilà, elle sait que son frère Philippe a été arrêté

il y a celle-ci, du 2 juillet 1944 :
Je suis toujours anxieuse au sujet de la santé de Pierre,
habite-t-il maintenant à la campagne ou rue Jean-Dolent ?
est-il toujours à la Santé ou bien est-il parti de Compiègne pour un camp ?
« campagne » est sans doute mis pour Compiègne la « rue Jean-Dolent » est mise pour la prison de la Santé située en partie le long de cette rue

et celle-là, dans la même lettre :
mais je suis très heureuse d'entendre que Nania reçoit
très régulièrement des nouvelles de Geo et que Geo passe
maintenant ses vacances avec vous
hypothèse : « Geo » pour Oncle Jo Jo en lieu et place de Sam Marie-Élisa explique qu'elle a des nouvelles de l'avancée des armées américaines et qu'elle est au courant du débarquement

•

Hologramme

je t'ai rencontrée à Auschwitz
pas là-bas où je ne suis jamais allée
où je n'irai jamais ni fontaine ni eau
je t'ai rencontrée dans tes notes de « voyage »
tu n'écris pas cela « voyage »
dans ce petit carnet à spirales papier quadrillé
sept centimètres et demi de large treize de hauteur
tu écris « Pologne 12/4/1955 – 20/4/1955 »
Pologne et ça suffit pour toi cela est suffisant

à l'encre bleue de cette écriture si familière
de la vraie encre qui s'est à peine délavée depuis tout ce temps
tu n'as pas passé tous ces jours au camp
tu as fait les boutiques d'objets folkloriques   des librairies
à Varsovie   à Cracovie
tu as rencontré des amies   des copines du camp
c'est Wanda qui t'avait accueillie à l'aéroport avec des fleurs
Wanda Jakubowska ta copine de Raïsko
tu as retravaillé ton discours   dans le train de nuit de Varsovie
à Cracovie
toi qui devais parler en troisième
dans la nuit ferroviaire de Pologne tu écris jusqu'à deux heures
tu reprends le train pour Auschwitz douze ans après
tu le reprends

Ce train me rappelle avec ses arrêts, ses cahots, ses lenteurs,
celui qui nous a amenées – c'est désagréable – je suis mal.

c'est une de tes rares évocations de sentiments personnels
voilà tu y es   tu passes le portail *Arbeit macht frei*   *avec le Block*
bordel à gauche
tu n'as pas écrit « portail » mais *porte*   tu es chez toi ici
commence la visite du musée   tu ne mets aucun guillemet
à musée
tu te plains   *on va trop vite*
quelques phrases plus loin   *il faudrait revenir*

la maquette du crématoire, extraordinaire, avec photos
de David Szmulewski agrandies, prises sur les lieux

tu dessines même un petit croquis

Block 25 : je raconte

pudique « je raconte »

tu visiteras Nowa Huta la nouvelle ville et le complexe
sidérurgique   en écriras des tartines mais ce carnet est sans
doute à destination de notre père   ceci explique cela

ce petit ours qui se tenait à quatre pattes

peluche adorée blanc sale très sali
je savais qu'il venait de Pologne
que tu me l'avais ramené quand j'avais un an
un jour tu l'as jeté
il était trop sale as-tu dit face à mes pleurs
sans doute face à ma colère aussi   j'avais huit ans
je t'ai reproché de ne pas aimer mon ours
je ne pouvais savoir que tu avais détourné tes yeux de la vitrine
des jouets   butin immonde amassé à Auschwitz
je ne savais pas que sans doute les tas de jouets quels qu'ils
soient t'étaient insupportables
ce petit ours je l'aimais beaucoup   puisque tu m'avais
abandonnée huit jours pour aller à Auschwitz   j'avais dû
reporter sur lui un peu de ma possessivité à ton égard
mille fois tu m'as raconté cela
mille fois tu m'as raconté que quand tu es rentrée de là-bas
le savais-je que c'était là-bas ?
tu m'as tendu les bras   je me suis détournée et ai tendu les bras
à Renée
foutu dixième anniversaire pour toi !

•

Je comme personne

À Chantal Akerman

je lis ton livre
à la lumière du soleil noir de ton suicide
le livre sur ta mère
tu ne dis pas son prénom
tu parles peu de tes films

tu ne parles que de ça

« ressassement » dis-tu   toujours étonnée que tes films
au bout du compte s'ils payent leur solde ne soldent rien
le camp l'extermination ta mère y sont   toujours
moi aussi le crayon que je tiens ressasse
je n'écris que de ça

en ce moment à la radio une émission sur les dames pipi
Françoise raconte ce métier qu'elle aime
femme admirable laissée sur le carreau sans statut
elle la statue des pissotières pour touristes
2 000 par jour en certains coins (grands coins)
payeront 2 euros maintenant les gens
les sans-domicile ne pourront plus aller se rhabiller
ces femmes qui essuient notre merde
sont virées par du papier toilette parfumé à 9 euros le rouleau

et tu dis ne pas aimer le mot « normal » ?

ça se passe dans la ville où tu as beaucoup vécu
où tu t'es donné la mort
peut-être le seul don véritable que tu t'es accordé
en dehors d'une bonne cigarette de temps en temps
toi « ma fille de Ménilmontant » disait ta mère
ma fille d'Ardèche disait la mienne

parfois je souris de certains traits semblables
ta mère n'aimait pas que tu sois mal peignée
        jusqu'à sa mort la mienne me dira que je suis mal coiffée
que tes vêtements soient sales
ou mal ajustées tes chaussures
        jamais assez bien habillée
tu étais anorexique et moi boulimique
tu refusais son lait
        moi aussi on a mis du temps à trouver un lait artificiel
        que je ne recrachais pas
tu étouffais chez elle

loin loin d'elle tu partais
j'ai mis sept cents kilomètres entre elle et moi
tu n'es pas ma semblable cependant tu es ma semblable
c'est que ta mère avait été jeune à Auschwitz
bien plus jeune que la mienne déjà maman
après sa mort à elle j'ai encore donné la vie
elle m'a donné ce don cette grâce
elle savait que je le ferai elle avait compris

toi aussi enfin toi ma mère tu étais devenue toute menue
toute petite
les derniers temps de ta vie tu avais le bras cassé
il s'était ressoudé tu avais deux coudes
tu étais à l'hôpital
les hommes t'énervaient tu disais qu'ils prenaient de l'air
tu ne mangeais rien tu acceptais seulement de boire
des boissons protéinées synthétiques
briquettes de nourriture
cela faisait longtemps que tu ne t'étais pas cassé quelque chose
après huit fractures réparées prothésées
cette ultime que les médecins n'ont pas touchée
trop tard pas nécessaire (= elle va mourir bientôt)
ce signe j'aurais dû le comprendre

j'ai ri du maquillage aussi en te lisant
comme on détestait qu'elle notre mère se maquille
bien sûr que ça la vieillissait
j'ai essayé tous ses produits ma peau n'en a jamais voulu

tu dis « assez de penser à toutes ces histoires de survivants »
moi c'est pareil cycliquement j'essaie de ne pas y penser
et puis – comme toi – des mots m'y ramènent *cycliquement*
la fumée comme toi bien entendu toutes les fumées

je me morigène pourquoi tu ne veux plus penser
à l'horreur la plus inouïe inventée par des humains

pour vivre enfin vivre accepter de vivre

ton amie te dit de sortir de l'enfance enfin
un rêve me l'a enjoint aussi
un maître d'aïkido japonais me demandait
« quand en aurez-vous fini avec la guerre ? »

ta mère a les mains déformées   la mienne aussi

ta mère te parlait peu de là-bas   ne te disait que les « choses formidables »   les amies qui l'avaient aidée
la mienne parlait beaucoup à ses amies au téléphone
elle aussi des amies l'avaient aidée qu'elle chérissait toujours
de réunion en réunion elle s'activait
c'était devenu semble-t-il sa raison de vivre
mais elle parlait peu du camp
seulement tout d'un coup il faisait irruption à table
elle ne supportait pas que nous fassions du gâchis avec le pain
que nous laissions des croûtes de fromage
au camp on ne faisait pas ça

une fois ta mère a dit que son cœur était mort là-bas
tu ne le crois pas

tu écris « corps décharné »

tu écris les jours « qui restent à mourir »
        quand je pense « maigrir » je dis « mourir »

comme tu parles bien du malaise d'« appartenir »

les soixante-cinq ans tu les as à peine dépassés
tu te sentais dépassée
tu ne voulais pas hiérarchiser le monde
tu aurais aimé que les gens *voient*
voient les spectres qui hantent nos vies

la *disparition* du sens de vivre

je lis ton livre c'est *Shantala* le chant des bébés qui hante
mon esprit
bien après j'ai lu le premier *Une famille à Bruxelles*
la mort du père
ce livre où tu brouilles les pistes entre ta mère et toi
la fusion due au camp agissant en vous deux est dans ton écriture
tu écris « je » et c'est ta mère qui pense
parfois tu écris « je » et c'est toi qui penses
j'ai écrit un texte sur ma mère à cette première personne
du singulier il est délaissé à ce jour
elle racontait sa vie à ma première personne
cela ne donnait personne chez toi cela donne toi c'est beau

•

Konzentrationslager

In memoriam Noor Inayat Khan,
torturée et exécutée à Dachau à trente ans,
probablement le 12 septembre 1944

tu étais née dans le froid princesse orientale
quelques mois avant le début de la première grande boucherie
du siècle

« lumière de toutes les femmes »
la révolution te chassa des palais
tu ne verras pas la fin de la deuxième
celle à laquelle tu t'es opposée   tu avais troqué ton luth
pour les émetteurs   un pistolet   du poison
tes habits blancs   tes voiles diaphanes pour l'uniforme
tes falbalas   ta couronne   pour un terne képi
coupé ta belle chevelure   quitté la mollesse des coussins
pour la dureté des galetas
tu avais aussi abandonné la non-violence soufie de ton enfance
elle s'est détachée de toi   lambeau par lambeau
opérateur radio de talent   ta vitesse ton endurance
étonnaient
ils ont trouvé ton autre nom   Madeleine   ils te pistent
maintenant
toi la plus importante   la plus dangereuse
          la plus recherchée
ton nom n'a pas suffi à te protéger   toi la musulmane
la bien-nommée
pour toi déjà les quartiers de haute sécurité   l'isolement
pieds et mains liés et reliés
qu'elle pourrisse en enfer celle qui t'a vendue
faisant de toi la première sainte occidentale reconnue par
l'ordre soufi   sainte sous les coups de tortures indicibles

onze mois d'une géhenne atroce
onze mois où tu t'es tue avant qu'on ne te tue

dérision   soixante-dix ans plus tard   ta statue à Londres
à cela nous préférerions la transmission   entendre ta musique
écouter encore les contes que tu racontais aux enfants

L'autre chapitre

une enveloppe très mince
fardeau de lenteurs administratives affolantes

l'histoire des démarches que tu as dû entreprendre pour faire
reconnaître *légalement* le décès de ta mère à Auschwitz

dix-sept années de paperasserie

c'était simple pourtant :
Je savais que ma mère avait été gazée à Auschwitz avant qu'on arrive
dit ma mère à mon frère

en 1946, il est concédé une décision de présomption de décès
c'est un certificat
en 1957, il est concédé un acte de disparition
en mai 1962, il est attribué par le tribunal de grande instance de
Paris un acte de décès

il y a ce papier très mauvaise copie d'une page de registre
mais lequel ? Drancy ? Auschwitz ?
il est question d'une enquête personnelle au camp d'Auschwitz
dans la requête du 11 juin 1957 ce papier est le même
au toucher que celui reçu d'Auschwitz en 1961
la même couleur aussi
ce qui laisse supposer que les convois partant de Drancy étaient
pourvus d'une liste à destination de l'administration du camp
d'Auschwitz
papier venant de Drancy via Auschwitz ?
la tête me tourne : je rédige une demande à Annette Wieviorka

– surtout depuis que j'ai réalisé en fouillant dans mon ordinateur que ce même document figurait sur la fiche de Bonne-Maman dans la base du mémorial de la Shoah en 2013 – remplacé depuis par le scan de la photo que j'avais apportée ma question : quel est ce document ? d'où provient-il ? à quoi était-il destiné ? à qui ? où était-il conservé ? pourquoi des noms sont-ils barrés de rouge ?
sont-ce ces papiers qui ont entre autres servi à Serge Klarsfeld ?
Annette me renvoie à Karen Taieb, responsable de la documentation au Mémorial de la Shoah, qui répondra très vite ainsi : « Le document joint est une page de la liste

> originale du convoi de déportation. Ces documents sont observés dans les archives du CDJC (Centre de documentation juive contemporaine créé sous l'Occupation – maintenant Centre de documentation du Mémorial de la Shoah) depuis l'immédiat après-guerre. Les listes étaient établies avant le départ de chacun des convois de déportation des Juifs de France.
> C'est en partie grâce à ces documents que Serge Klarsfeld a publié le livre *Mémorial* en 1978.
> Les listes de certains convois n'ont pu être retrouvées.
> Les noms barrés sont en principe les noms des personnes qui, au dernier moment, ne seraient pas déportées par ce convoi mais nous savons aujourd'hui d'expérience que cette information n'est pas fiable. Des personnes dont les noms sont barrés sont effectivement déportées. Parfois on retrouve leur nom sur la liste d'un convoi ultérieur. »

je ne sais toujours pas si ces documents accompagnaient physiquement les convois pour Auschwitz, je ne le sais pas *formellement* mais je pense que oui, sinon quel usage ?
et puis *là-bas* ils avaient le nom des déportés
Serge Klarsfeld a la clef, il a expliqué tout ça dans son *Mémorial* : « Au départ d'un convoi, la liste des déportés était

> tapée en quatre exemplaires. La plupart des télex de la section anti-juive de la Gestapo en France annonçant

à Berlin et à Auschwitz les départs des convois indiquent que le chef de transport emporte en double exemplaire la liste des partants. »

il ajoute : « Précisons que ces deux exemplaires pour chaque convoi ont été détruits par les nazis à Auschwitz. »

il doit bien en rester quelques-uns puisque le musée d'Auschwitz envoie à ma mère la liste où figure sa mère

l'enveloppe est légère, il manque des papiers, entre 1946 et 1957

tes démarches reprennent – semble-t-il – après le décret n° 53-103 du 14 février 1953 attribuant un pécule aux déportés et internés politiques (DIP : c'est en objet dans tes lettres). En tant qu'« enfant légitime » tu peux y prétendre et avec quatre enfants à charge, un mari qui gagne très peu et toi-même assez précaire, un peu d'argent peut être utile

de plus, cela devait être une réparation symbolique pour toi

le 31 mai 1957, tu écris une lettre au ministère des Anciens Combattants et Victimes de guerre (service financier) pour obtenir ce pécule – « mes démarches sont en cours maintenant que je connais les dates de naissance de mes grands-parents qui m'étaient demandées »

car oui, parmi les démarches pour recevoir le pécule il faut faire la preuve que ta mère était française, donc retrouver les actes de naissance de ses parents (les déportés non français n'étaient pas exclus pour autant)

oui, mais le ministère un jour réclame un « bulletin de décès », la « présomption » n'est pas suffisante, un autre jour cela suffit

il faut aussi prouver, pour recevoir ce pécule, que la personne n'a reçu aucun salaire pendant sa déportation !

cela me paraît surréaliste et pourtant il me revient que ma mère a continué à être payée par le CNRS pendant sa déportation

mais ma grand-mère, âgée, et de fait non pas déportée mais exterminée en deux jours chrono, je m'étouffe un peu
tu avais déjà envoyé un papier – en septembre 1955 – après établissement de la carte DIP (qui était un préalable et qui a dû nécessiter certaines démarches aussi je suppose)
tu demandes « de ne pas classer ma demande » comme vous me l'annoncez
tu signes de tout ton pedigree : « Assistante à la faculté des sciences – déportée résistante – sous-lieutenant RIF »

le 11 juin 1957 tu rédiges une requête au tribunal civil de la Seine afin de constatation de décès :

> « Aucun acte de décès n'a été dressé il importe que ce décès soit déclaré constant. Pourquoi l'exposante requiert qu'il plaise au tribunal de déclarer le décès de la susnommée. [...] a été déportée au camp d'Auschwitz [...] ainsi qu'il résulte des documents produits et de l'enquête personnelle qu'a pu mener la demanderesse au camp d'Auschwitz où elle-même a été déportée quelques mois plus tard. »

c'était simple pourtant :
Je savais que ma mère avait été gazée à Auschwitz avant qu'on arrive
dit ma mère à mon frère

deux mois plus tard tu reçois l'acte de disparition

> « Le ministère [...] déclare : la disparition de Nordmann Athénaïse Jeannine dans les conditions suivantes :
> – internée à Drancy puis déportée à Auschwitz (Pologne) par le convoi parti de Drancy le 18 septembre 1942.
> Cet acte de disparition n'est pas un acte de décès, il ne doit pas être transcrit sur le registre des actes de décès de la mairie. »

daté du 19 janvier 1961, tu reçois provenant du musée d'Auschwitz et adressé à Odette Élina, original ou copie d'un « papier » (en polonais) :

« *Nordmann Athénaïse z domu Nattan, ur. 19.6.1890*
r. w. Boulogne (Abschlössliste 31 – Transport 18.9.1942) »
ce qui semble vouloir dire « liste clôturée », voire « définitive »
comme la *solution* du même qualificatif
écrire « nom » là, alors que c'est innommable, je n'y arrive pas
il y a de plus un numéro, Bonne-Maman est la 186 sur cette liste,
c'est le même numéro que sur le papier venant de Drancy

enfin le 26 mai 1962, en ses minutes, le tribunal de grande
instance de la Seine « dit et déclare que le vingt septembre
mille neuf cent quarante-deux, est décédée à Auschwitz
(Pologne) Athénaïse Jeannine Nattan »
« Le présent jugement tiendra lieu d'acte de décès
de la susnommée. »

donc premier acte officiel de décès : 26 mai 1962 *vingt ans*
après la mort par le gaz

le 18 octobre 1962 une lettre du ministère des Anciens
Combattants t'enjoint d'écrire la mention « Mort pour la
France » sur l'acte de décès
Et c'est ainsi tu l'as écrite au féminin cette apostille

en même temps que ces démarches, tu as été au début engluée
dans la procédure pour l'obtention du titre de déporté
résistant
à la fin, tu ne démarches plus, tu dé-marches
en 1963, la polyarthrite aiguë chronique évolutive va se
mettre en travers de ton chemin et t'empêchera de marcher
normalement jusqu'à ta fin

mais ce n'est pas fini : sur Internet je découvre un arrêté
du *Journal officiel* du 18 août 1995 : par arrêté du MACVG
en date du 3 juillet 1995, la mention « Mort en déportation »
est apposée sur les actes et jugements déclaratifs de décès de…

suit une liste de presque 700 noms comme une portion d'alphabet macabre

tout procède d'une loi de 1985

je me rends compte qu'en 2019 il y a encore des arrêtés de ce genre *Légifrance* rajoute « morts en déportation » 149 noms le 18 juillet parfois simple rectification orthographique mort à Ohrdruf (Allemagne) et non Ordrof
en fait quasiment tous à Auschwitz
sur le site *www.lesmortsdanslescamps.com* je découvre un Ardéchois : Eugène Louis Viterbi né le 7 février 1916 à Privas et dans une mise à jour du 25 mars 2020 une demi-douzaine de personnes nées en Ardèche l'une nous est connue : Léonce Vieljeux : « décédé le 1er septembre 1944 au Struthof (Allemagne) »
le Struthof, en Allemagne ? il était en Alsace occupée, un peu en France, non ? en tout cas maintenant il est dans le Bas-Rhin et Léonce Vieljeux, résistant membre du réseau Alliance, a été exécuté le 1er septembre 1944 exécuté
Le collège des Vans d'où il était natif porte son nom

certains de ces morts ne sont pas morts à Auschwitz (Pologne) ou à « Birkenau-Auschwitz » (Pologne) ou « Birkenau » (Pologne) mais à Dora (Allemagne), Mauthausen (Autriche), Buchenwald (Allemagne), Dachau (Allemagne), Gusen (Autriche), Ellrich (Allemagne), Schirmeck (Bas-Rhin), Melk (Autriche), Vernitz-Hanovre (Allemagne), Ravensbrück (Allemagne), Flossenburg (Allemagne), Vaihingen (Allemagne), en Allemagne, à Cologne, sans autre renseignement, à Pilsen (Tchécoslovaquie), Rechlin (Allemagne), Hersbruck (Allemagne), Kaunas-Reval (Lituanie-Estonie). Wittenberge (Allemagne). Lublin-Maïdanek (Pologne), *und so weiter*

il y a aussi une petite fille de quatre ans ! Jeannette Vogelhut « née le 13 août 1940 à Villeneuve-de-Berg, décédée le 5 juillet 1944 à Auschwitz (Pologne) »
une petite fille !
je cherche : rien de spécial au Service historique de la Défense, ce sont les mêmes renseignements

en continuant la recherche sur son nom, on la retrouve dans l'arrêté du 24 septembre 2015 du *JO* portant apposition de la mention « Mort en déportation » sur les actes et jugements déclaratifs de décès
cette petite fille de quatre ans gazée ou peut-être jetée vivante dans les flammes, vu la date, est dans le *Mémorial des enfants juifs déportés de France* de Serge Klarsfeld

quelque part Patrick Modiano écrit qu'après la parution du *Mémorial* il s'est dit qu'il n'y avait plus rien à écrire

il y a le numéro du convoi qui l'a emportée : le 76 parti le 30 juin 1944
elle n'a pas été raflée en Ardèche, mais à Sournia dans les Pyrénées-Orientales
j'ai envie de comprendre pourquoi elle est née en Ardèche puis a atterri dans les P.-O., qui sont ses parents, que sont-ils devenus, eux ?
sur le site des AJPN, il y a deux Vogelhut, Charles et Marcel, fusillés, et un petit Robert, sauvé par un couple de Justes
sur le site du Mémorial de la Shoah, beaucoup d'autres Vogelhut   beaucoup
il faudrait connaître aussi le nom de ses parents
ce que me donne en deux minutes chrono Sandrine, employée de la mairie de Villeneuve-de-Berg : Élias pour le père et Bajla pour la mère
Sandrine me donne leur date de naissance : 1881 pour le père, 1899 pour la mère, leur profession : tailleur d'habits pour le père, sans pour la mère

elle ajoute leur lieu de naissance : deux villes de Pologne
Wiśnicz et Łódź et me dit ceci : « Ils étaient domiciliés à Anvers
en Belgique, des réfugiés sans doute. »
Sandrine a apposé la mention « décédée à Auschwitz, Pologne,
le 5 juillet 1944 » en 2015
je me rends compte que la Belgique le 10 mai 1940 a arrêté et
déporté nombre de Juifs qui ont été parqués dans les camps
de France, notamment à Saint-Cyprien dans les Pyrénées-
Orientales des milliers de réfugiés sans bagages
mais peut-être ne faisaient-ils pas partie de cette rafle du 10 mai
en Belgique, peut-être étaient-ils partis d'eux-mêmes, peut-être
avaient-ils une filière ?
demander si au musée de la Résistance et de la Déportation
du Teil, ils ont des renseignements sur les itinéraires des
réfugiés juifs
sur cette famille, pas de réponse
la route passait-elle en Ardèche ? le train, les camions, non
Bajla était enceinte, il devait y avoir une maternité à Villeneuve-
de-Berg oui, il y en avait une, et c'est là que Jeannette est née
« rue de l'Hôpital »
rappeler Sandrine pour savoir si le père était présent
à la naissance
si c'est lui qui a déclaré l'enfant oui, c'est bien lui
et ensuite ?
parce qu'on retrouve Bajla en partance pour Auschwitz dans
le même convoi que Jeannette, mais pas le père
était-il déjà mort de maladie, malnutrition ? il n'est qu'à
se reporter aux descriptions apocalyptiques des camps de
regroupement et il avait déjà soixante ans
on mettait les hommes et les femmes dans des camps différents
hypothèse forte : la famille a été raflée le 26 août 42 lors de
la rafle des « Israélites d'origine étrangère »
dans le *fichier* des personnes passées au camp de Rivesaltes,
il y a la fiche du père, noté arrivé le 5 septembre 1942, venant
d'Argelès

sur le site du Mémorial de la Shoah, on retrouve la mère notée à Drancy comme vivant à Prades « place de la République » – la petite fille à Sournia
il y a aussi le « carnet de fouilles » de Bajla, elle a laissé 530 francs, une bonne affaire pour les fouilleurs…
c'est un « reçu » daté du 22 juin 1944
Sournia a l'air d'un tranquille petit village Sournia n'est pas un camp Sournia est à vingt-cinq kilomètres de Prades, c'était peut-être une cachette pour la petite fille ? ont-elles été dénoncées ? ou bien la maman n'a-t-elle pas voulu partir sans sa fille ?
en effet M. et E. Boulle dans l'article paru dans *La Revue de la Société des enfants et amis de Villeneuve-de-Berg* expliquent que le préfet a dit qu'« il peut être indiqué aux étrangers israélites qu'ils sont envoyés en Pologne (Lublin) où est créé un État juif et que l'Allemagne a donné l'assurance au gouvernement français qu'ils ne seront pas maltraités »
le préfet de l'époque, Jean Esquirol, apprécié de Bousquet, fut ensuite nommé directeur de l'Administration pénitentiaire puis suspendu en août 1944 sans doute pour avoir refusé à Joseph Darnand, nouveau secrétaire général au Maintien de l'ordre, l'envoi en bloc des détenus politiques au travail civil dans le Reich
mais cette formule odieusement mensongère – il n'y croyait tout de même pas ? ou bien si ?
je ne la retrouve nulle part ailleurs

dans ce convoi de juin 1944, je retrouve un vieil ami, Jean-Louis Steinberg et une nouvelle amie de papier, Henriette Cohen, découverte en lisant *La Provence* dans un bistrot sur la route d'Apt, il y avait un article sur ses cent ans
le convoi le plus « français » parti de Drancy : deux tiers des déportés

les 91 enfants de moins de treize ans du convoi sont tous gazés à leur arrivée
c'est le mot qu'utilise *Wikipédia*
sur *ajpn.org* : la formule c'est « déporté sans retour »
sur *yadvashem.org* « assassiné »
sur *lesmortsdanslescamps* « décédé »
sur *stevemorse.org* « n'a pas survécu » « *not a survivor* »

votre arrêté du *Journal officiel,* mes chéris, était bien plein
ceux de nos jours sont plus maigres
dans le vôtre il y a des personnes qui portent votre nom
Chaja, Céline, Jules, Pierre, Jules (un autre), Renée et vous deux Athénaïse et Philippe
un autre est placé plus loin dans cette liste :

> « Nordmann (Louis, Joseph), né le 1er mars 1905 à Paris (XVIIe) (Seine), décédé le 5 août 1943 à Auschwitz (Pologne) et non le 31 juillet 1943 à Drancy (Seine). »

Céline et les deux Jules avaient presque quatre-vingts ans
gazés à quatre-vingts ans !
mais il n'y a écrit ni « gazé » ni « exterminé » ni « génocidé »
seulement « décédé »
ce mot qui réduit la mort à quelques lettres   si sec
si administratif   tel un choc à chacune des presque 700 lignes
où il s'inscrit en termes juridiques
en 1995, plus de cinquante ans après, cet arrêté arrête qu'il est licite d'apposer sur vos actes de décès « mort en déportation »
« morte en déportation » ne va pas pour Bonne-Maman pourtant
d'ailleurs ce féminin n'est pas mentionné
« morte par extermination » serait plus juste
mais il faut attendre encore un an : « sous réserve qu'aucune opposition n'ait été formulée par un ayant cause devant un tribunal de grande instance »
pour cette « apposition en marge »

vos morts horribles, en marge de votre naissance
Morte pour la France ou Morte par la France ?

•

La laliste

un bout de papier jauni avec ton écriture bien reconnaissable
c'était la liste des filles du convoi
tu nous la montrais parfois avec *Les Châtiments* de Victor Hugo

c'est ce que je croyais que c'était la liste des filles du convoi
c'était en fait la liste des mortes
des « partantes » écrira Charlotte en exergue du *Convoi du 24 janvier*
130 noms avec le prénom ou une initiale ou un Mme au recto
de ce papier de 17 cm de haut et 11 cm de large
48 noms au verso

sans le savoir tu réalises la tradition
la mémoire des noms des martyrs si importante dans la
tradition juive   tu écris un Memorbuch au nez et à la barbe
de vos tortionnaires assassins
Zakhor

tu réalises aussi l'art antique de la mémoire
tu ne déposes pas les noms dans les chambres d'un palais
tu les extrais d'un lieu de détention   le fort de Romainville
tu écris les noms de ces femmes par rapport à leur dernier lieu
de vie : les différentes salles de ce sale endroit
Germaine Tillion, dans les premières pages de *Ravensbrück*
parle du moment de sa libération par la Croix-Rouge suédoise
qui garde les survivantes quelques semaines dans un centre

de repos : « J'étais en deuil, et j'ai alors profité de
cette vaste réunion de mémoires intactes pour
recueillir ce qu'elles conservaient sur toutes celles
que nous avions perdues. Au moins leurs noms,
seules sépultures... »
tu nous as transmis ta volonté farouche de te souvenir
ta volonté de ne pas laisser ces femmes sombrer dans l'oubli
ramener d'elles au moins leur nom et quelque souvenir
comme j'admirais que tu aies réussi à garder un bout de papier
pendant plus de deux ans dans les camps malgré les fouilles
malgré la trouille
tu risquais la mort si tu étais découverte

cette liste tu l'as écrite à Raïsko dans ce laboratoire d'Auschwitz
où tu disposais de meilleures conditions de vie et surtout de
papier et de crayon
tu l'as écrite de mémoire, en t'aidant des copines présentes, et de
ce procédé mnémotechnique des chambrées de Romainville
Poupette l'a écrit dans son livre *L'Exercice de vivre,* vous
vous répétiez encore et encore la liste des partantes du convoi,
avec leur adresse aussi, pour prévenir les familles au cas où vous
rentreriez
tu n'as pas été la seule à te remémorer

bien sûr certains noms ont été écrits de travers – bien sûr
il restait quelques inconnues parmi les toutes dernières
arrivées avant le grand voyage

cette liste à un moment nous l'avions égarée, elle n'était pas
dans tes archives
j'ai écrit au musée de la Citadelle à Besançon, t'ayant si souvent
entendue dire que c'est là que tu voulais la donner   elle n'y
était pas
elle n'était pas non plus au musée de la Résistance nationale
à Champigny

sueurs froides, très froides de l'été 2015 à l'été 2018 où nous
la retrouvâmes enfin

le soir de l'enterrement de ma belle-sœur j'ai dormi chez mes
cousins   lui, Lucien, le fils de ton frère mort à Bergen-Belsen
après la libération du camp   nous parlions des archives
je lui proposais des scans de lettres de ma mère à la sienne qui
attendait le retour de son mari   lui expliquais qu'on avait
perdu la liste que maman avait écrite à Raïsko
« Une liste mise sous verre ? » me demande-t-il
il se lève et revient avec… la fameuse liste mise sous verre et
me dit que mon frère Yves la lui avait donnée !
la liste a réintégré les archives

oui
oui mais je découvre dans tes archives deux cahiers bleus
ton premier geste de femme libre   de femme de-hors
hors de la nasse nazie
en Suisse à Saint-Gall là où vous êtes enfin hors d'atteinte
ton premier geste fut de te procurer des cahiers
et avec un crayon – celui de Mauthausen peut-être –
de recopier cette liste telle quelle sur un cahier
encore une fois cette liste des femmes mortes
ne jamais oublier leurs noms

oui
oui mais
en regardant   en regardant vraiment on VOIT
on voit à la fin sous un trait tiré d'autres noms
sous le trait un titre   puis les noms   dix noms
des noms que nous n'avons jamais vus
qui nous sautent aux yeux maintenant
ainsi que ce titre : *Venues des transports juifs*
et se dire que si ces noms sont là c'est que les personnes
sont mortes

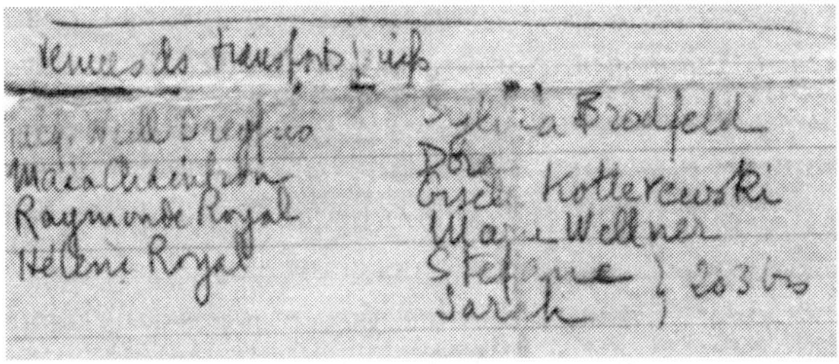

le premier nom est celui de Jacqueline Weill-Dreyfus
en lisant et relisant les entretiens avec Yves – je me rends compte que tu avais une autre grande amie : elle était bibliothécaire, c'était une amie de France également et elle a été prise dans les rets de sa filature, arrêtée en même temps que toi le 16 mai 1942
en même temps que toi au Dépôt puis à la Santé et à Romainville
mais elle n'est pas partie à Auschwitz avec toi
elle avait été triée, déclarée, ségréguée, classée, sélectionnée juive séparée de vous
elle est partie par le convoi n° 47 de Drancy le 11 février 1943
un convoi de 998 personnes dont 182 enfants   10 survivants
dans ce convoi il y avait aussi Cyrla Szulewicz, la mère de Georges Perec, Cécile Bruder, la mère de Dora Bruder, Isaac Krasucki, le père d'Henri Krasucki

tant d'inconnus tant d'inconnues

et les autres femmes dont tu as écrit le nom

vous vous étiez débrouillées pour aller à leur arrivée à Auschwitz, pas sur les quais ce qui aurait été impossible, mais au bâtiment où celles qui étaient entrées allaient être tatouées, tondues, etc.
à la Sauna   tu n'as pas vu Jacqueline
tu as demandé où elle était à une *petite*   elle t'a dit que Jacqueline était fatiguée et qu'on avait proposé d'emmener en camion les gens fatigués

la mère de cette *petite* était partie ainsi, directement à la chambre à gaz   cette *petite* pourrait être Raymonde Royal
ainsi tu as connu le sort de Jacqueline : la chambre à gaz
Jacqueline diffusait *L'Université libre* par courrier comme toi et elle en envoyait toujours à la Bibliothèque nationale et à Sainte-Geneviève pour que ça reste   quel cran !
au Dépôt, dans les cellules où vous étiez entassées dans la journée, Jacqueline et toi lisiez à haute voix pour toutes
tu parles beaucoup de Jacqueline dans les lettres à ta mère
Jacqueline et son espoir que le mari de France s'évade
Jacqueline était communiste et résistante
j'ai vu son audit à la préfecture : la petite différence avec le tien – hormis la radio trouvée et beaucoup de brochures communistes, des numéros de *L'Humanité* et autres, ce qui est si attendrissant par la candeur que cela suppose – la petite différence donc tient à ceci : il est écrit noir sur blanc que sa mère est de nationalité française et de religion juive, sur ton audit il est écrit « ary »

je vois enfin son beau visage et elle était conteuse !
elle a participé à l'aventure de L'Heure joyeuse, cette bibliothèque pour enfants qui leur proposait des contes à voix nue ou des lectures de pièces de théâtre depuis le début des années vingt
je comprends enfin ton amour pour les histoires de Miss Sara Cone Bryant que tu offrais à chaque naissance de petit-enfant

tu parles encore d'elle dans un article que tu écris en 45 : au Dépôt elle a été la cheville ouvrière du spectacle que vous vous êtes donné pour le 14 Juillet 42 (costumes, chants, *Marseillaise* pour finir)

tu t'inquiètes de sa fille Dominique dans tes lettres

tu aurais pu être dans cette partie de la liste   morte à l'arrivée

le directeur du Dépôt, une fois, est venu te chercher, il t'a emmenée dans son bureau et il t'a dit : « Vous êtes juive, n'est-ce pas ? » tu as répondu : « Mais jamais de la vie, je suis protestante » et il n'a pas insisté
c'étaient les Allemands qui lui avaient demandé de donner les Juifs   il a obéi aux Allemands tout de même et donné Jacqueline et d'autres personnes de ta cellule 14

huit de ce convoi en fait   Maïa Chaintron était deuxième nom de ta liste
il y a si peu de choses dans le *Maitron* sur celle qui était l'épouse de Jean Chaintron
il y en a plus sous son nom de jeune fille Malamant
elle était communiste, membre du Secours rouge international, elle était activiste ayant déjà tâté de la prison
elle a suivi son mari en Algérie, y était militante
en rentrant en 40 en France elle a participé aux activités clandestines des communistes
arrêtée le 15 décembre 42, elle est passée par la Santé puis par Romainville où tu as dû la rencontrer mais le mystère est qu'elle n'est pas partie avec Jacqueline mais plus tard – le 2 mars 43 – après un séjour au Val-de-Grâce et à l'infirmerie de Drancy
les nazis avaient l'art et la manière de récupérer des femmes qui venaient d'accoucher avec leur bébé, des vieilles femmes malades aussi, tous les malades juifs des hôpitaux – qui étaient sous bonne garde – pour les mettre dans leurs wagons à bestiaux
elle aussi tu as noté son nom   tu l'as donc croisée à Auschwitz ?   c'est possible – vous étiez à l'affût des Françaises qui entraient dans le camp   et son biographe du *Maitron* dit qu'elle est morte du typhus

Raymonde et Hélène Royal étaient bien dans ce convoi n° 47
au lieu d'Hélène, c'est Mina qui est inscrit, elle serait née en 1892, c'était donc une femme de cinquante et un ans née en Pologne en un lieu inconnu   elle est montée dans les camions qui menaient directement de la rampe d'Auschwitz

à la chambre à gaz de Birkenau   on ne sait quand est morte
Raymonde très vite après   il y a une plaque à son nom à Paris
sur laquelle sa mère ne figure pas
Mme Royal et sa fille Raymonde étaient dans ta cellule au
Dépôt : arrêtées pour faits de Résistance ?
oui, Raymonde aurait été membre de la MOI et communiste,
oui, et peut-être même bien responsable de la propagande pour
le Xe arrondissement

il y avait une autre *petite*, elle a vingt ans, c'est Gisèle dont tu as
noté le nom de famille Kotlerewski
tu la connaissais de Romainville elle était avec sa mère
Marguerite, dénoncée – elle était la femme d'un Juif – comme
communiste et agent russe
sur la liste de ce convoi il y a aussi Judex, le frère de Gisèle qu'on
appelait Léon
ces deux pauvres enfants se sont présentés comme tant d'autres,
après l'arrestation de leur mère, avenue Foch, au siège de la
Gestapo – lequel ? la Gestapo a colonisé toute cette avenue
du XVIe arrondissement – et n'en sont sortis que pour être
déportés   comme Claudette qui cherchait des nouvelles de
son mari
la pauvre Marguerite n'a pas survécu à la mort de sa fille,
sauvagement frappée alors qu'elle sortait de son *Block* pour aller
voir sa mère
c'est à propos de Marguerite que Charlotte évoque la figure
de la Pietà

Sylvia aussi était dans ta cellule au Dépôt, Sylvia Brodfeld, la
douce amie de Maurice Feld fusillé si jeune pour avoir attaqué
à la grenade un hôtel réservé à la Wehrmacht dans Paris, franc-
tireur et partisan, qui aimait d'amour Sylvia, il avait déjà,
selon le *Maitron,* attaqué un cinéma qui projetait *Le Juif Süss,*
attaqué un officier allemand, récupéré des explosifs
elle, Sylvia, est notée – comme étrangère – dans la liste
de Drancy et venant de Romainville

toi, tu as écrit qu'elle était « morte bloc 25 » sans son *k* allemand, *Block*
ce lieu effarant, le *mouroir* de Birkenau, l'antichambre de la chambre à gaz, où étaient jetées les « punies », celles qui avaient fait un pas de travers au regard des SS du camp, celles qui ne pouvaient plus marcher, toutes les mortes en sursis

Marie Wellner n'était pas dans ta cellule au Dépôt
d'après le *Maitron,* elle a été arrêtée le 10 octobre 42
d'où la connais-tu cette si belle jeune femme de vingt et un ans ?
sans doute de Romainville
elle est donc entrée dans le camp mais on n'y connaît pas son destin
à son nom sur le site du mémorial de la Shoah : la liste de départ pour Auschwitz est intitulée « ROMAINVILLE (ÉTRANGERS) », c'est la fin de l'alphabet et avant elle il y a Jacqueline Weill (pourtant née en France)

qui sont ces autres femmes dont tu n'as noté que le prénom ?
Dora puis Sarah et Stéfane de la chambrée 203 *bis* (dans cette chambrée il y en a tant d'autres dont tu as consigné la mort et qui venaient d'un peu partout en France)

j'ai regardé toute la liste de ce convoi n° 47 parti de Drancy le 11 février 1943, j'y ai cherché toutes les Sarah, les Dora, les Stéfane, j'y ai trouvé des familles entières, des bébés, des petits-enfants, des grands-pères, des grands-mères, j'y ai trouvé l'innommable   la nausée devant ces noms de personnes arrachées à leur vie
je n'ai pas trouvé Stéfane mais une Stéphanie, une seule, oui Stéphanie Silberholz, dont on sait juste qu'elle était née à Varsovie, qu'elle a trente-sept ans et était décoratrice sur cuir

Dora, il y a une Dora dans ta cellule au Dépôt, tu ne précises rien d'autre

il y avait quatre femmes portant ce prénom dans le convoi n° 47
l'une a douze ans, bien trop jeune
la seule Dora que l'on peut connaître un tant soit peu est
Dora Buchband
Dora qui était résistante comme toute sa famille a été arrêtée
le 13 novembre 1942 par la police française de Vichy dans la rue,
parce qu'elle ne portait pas l'étoile jaune est-il écrit sur le site de
Frankfurt am Main, sa ville natale
elle s'était mariée en 1937   ses deux enfants ont été sauvés son
frère, Peter Gingold, sa sœur, son autre frère Léo participaient
activement à la Résistance française
ce n'est sans doute pas elle, tu es partie du Dépôt fin août 1942,
à moins que tu l'aies rencontrée à Romainville

Dora et Léo ont chacun leur *Stolperstein* à Francfort

et Sarah ?
il y a beaucoup de Sarah, je n'ai pas trouvé la tienne, celle de la
salle 203 *bis* de Romainville   Sarah, quel beau prénom !

•

Léon-Maurice

ton cousin Léon-Maurice a été fusillé au Mont-Valérien
le 23 février 1942
deux ans presque jour pour jour avant ceux de l'Affiche rouge
il était avocat
dès le mois d'août 1940, il avait participé à la constitution
d'un des premiers groupes de résistance active à Paris,
appelé par la suite le réseau du musée de l'Homme : tracts,
publications et diffusion d'un journal intitulé *Résistance*
il faut écrire maintenant « groupe Hauet-Vildé » relié au réseau
du musée de l'Homme

quelqu'un t'a raconté – quand ? – qu'il chantait *Le Fiacre*
d'Yvette Guilbert devant le peloton d'exécution – qui ? je ne
sais pas... nous l'as-tu dit un jour ? le savais-tu toi-même ?
il t'avait agacé Léon-Maurice à vouloir te recruter dans
son réseau et toi tu ne voulais/pouvais pas lui dire exactement
ce que tu faisais
c'était une de ses tâches principales à lui que de recruter des
sympathisants à son réseau de résistance   et une de tes tâches
à toi de te taire
tu as dit que tu étais engagée ailleurs, sans préciser quoi

fusillé en chantant *Le Fiacre,* quel mythe extraordinaire !
depuis des années je cherche qui a pu te dire ça   qui a pu en
écrire
au moment même où je me dis que c'est son frère Roger
paraît traduit en français le livre de l'aumônier du Mont-
Valérien Franz Stock

j'internetise... *Google Books*... oui !
« Léon-Maurice Nordmann est mort en chantant »

enfin je vais savoir

« Certaines pages ne font pas partie de la section consultable du
livre. »

le suspense reste entier   il me faut consulter le livre lui-même

Quand enfin le jour arrive de tenir en mains le livre de Franz
Stock je me précipite pages 67-68 : non rien... c'est dans une
note à la fin du livre... je vais enfin savoir...

Léon-Maurice Nordmann est mort « en chantant
La Marseillaise » écrit Franz Stock
peut-être que c'est vrai après tout

peut-être qu'il a parcouru quelques mètres en chantant
Le Fiacre puis *La Marseillaise*
ou bien c'est dans la voiture cellulaire qui l'emmenait de Fresnes au fort qu'il a chanté *Le Fiacre*
peut-être qu'il n'a jamais chanté *La Marseillaise* et qu'il a bien chanté *Le Fiacre* mais bon, c'est une histoire d'adultère pas très morale, peut-être que ça ne faisait pas politiquement correct de dire que Léon-Maurice a chanté *Le Fiacre* devant le peloton d'exécution

si on allait voir du côté de Roger son frère
lui provoqué par Tixier-Vignancour en duel après la guerre, furieux d'avoir été mis dans la catégorie des « délateurs » par Roger au procès du délateur de son frère en novembre 1949 : un des derniers duels en France
ton cousin donc oui mais ton cousin tu ne le voyais jamais nous ne l'avons jamais rencontré franchement ma chère maman tu étais snob « une bourgeoise, votre mère vous savez », me dit un jour Nadine Heftler (qui la rangeait ainsi dans sa caste à elle)
je ne savais même pas que la femme de Roger était la nièce de Léon Blum ! (j'ai compris cela récemment à la lecture du *Journal* d'Hélène Berr)

et si ce n'était pas cela ? si j'étais complètement à côté ?
que sais-je des sentiments de ton toi enfant, de ce qui t'est arrivé alors que tu étais une enfant ? rien de rien et je regrette tout

un rigolo, ce Roger, ça lui a certainement plu l'histoire du fiacre
j'aurais pu le rencontrer quand il jouait de la scie musicale dans le métro après sa retraite

je retrouve la référence nette : « il tombe en chantant *la*... »
je n'avais pas vu « *la* » sinon l'espoir de trouver « *le* » *Fiacre* se serait tout de suite évanoui

quelques jours après, je réalise que c'est dans la note qu'il est indiqué que Léon-Maurice avait chanté *La Marseillaise* et non dans le *Journal de guerre*   note rédigée de nos jours

hum… savoir lire…
le brave aumônier, cet homme admirable qui apportait tant de réconfort aux futurs exécutés qui avait trouvé Léon-Maurice « sympathique » n'a rien écrit du tout de ce que chantait Léon-Maurice

quelques jours de lecture plus tard… je pense à écrire au rédacteur des notes : Jean-Pierre Guérend, ce que je fais en le contactant sur le site *franz-stock.org*   aucune réponse

puis je me rends compte que ce dernier a pris ses informations dans le *Maitron* des fusillés qui est en ligne
voilà, dans le *Maitron* : « Il a été fusillé au Mont-Valérien le
23 février 1942, après avoir entonné *La Marseillaise…* »
c'est toujours mystère, comment sait-il cela le rédacteur
de la notice ?
écrire au rédacteur : Éric Nadaud
je lui ai écrit le 13 novembre 2017
sans être trop précise sur le fiacre

je lis dans la notice de Léon-Maurice que son unité s'est repliée à Bordeaux en 40 (pas plus de précisions) mais en même temps que sa cousine, ma mère
aucune trace de lui dans les papiers de ma mère cependant, ni dans ses dires   si peu de paroles sur son cousin Léon-Maurice, aucune pour ainsi dire
il a constitué son groupe de Résistance dès août 1940 au Palais de Justice, et ralliait de nombreux sympathisants
à l'initiative – avec André Weil-Curiel avec qui il avait fondé son groupe – de la manifestation du 11 novembre 40 (tiens, lui aussi ?)

ce qu'ils ont fait est grandiose : déposer devant la statue de Georges Clemenceau en bas des Champs-Élysées à cinq heures du matin une gerbe « en témoignage d'admiration envers

> l'homme qui ne voulut jamais capituler et ne désespéra pas de la Patrie »

la gerbe entourée d'un ruban tricolore, avec une « carte de visite » d'un mètre signée « Le général de Gaulle à l'organisateur de la victoire »

c'est fin 40 que son groupe s'associe à celui du musée de l'Homme
il forme l'équipe qui fabrique et distribue dès décembre le journal *Résistance*

il est arrêté le 13 janvier 1941 si tôt, si tôt

donc il a passé onze mois incarcéré avant d'être jugé en février 1942 puis fusillé
que faisait Marie-Élisa ? que pouvait-elle faire plutôt ?
aucune idée
je n'arrive pas à savoir s'il était *au secret,* c'est fort probable

février 1942 : c'est son deuxième procès ! « Il avait été

> condamné à deux ans de prison par un tribunal militaire allemand pour la distribution de *Résistance.* Mais une cour martiale allemande siégeant à la prison de Fresnes le jugea une seconde fois dans le procès des dix-neuf membres du réseau du musée de l'Homme, sous le chef d'inculpation d'intelligence avec l'ennemi au sein d'un complot gaulliste. Particulièrement malmené par le procureur allemand en tant que seul accusé juif, il revendiqua hautement la pleine responsabilité de tous les actes qui lui étaient reprochés. »

ce qu'il a dit à son procès est magnifique :

bien que parlant l'allemand, Léon-Maurice déclara à l'interprète :

« Veuillez expliquer au Tribunal que je vais conclure mes explications ; ce que je vais dire serait incompatible avec l'usage de l'allemand et je m'exprimerai donc en français. »

il conclut donc en disant : « Vous me demandez si j'ai commis les actes de détention et de distribution de tracts antiallemands ? Je réponds, oui ! Vous me demandez si je regrette ? Je réponds, non ! Vous me demandez si j'ignorais la gravité de mon geste ? Je réponds encore : non ! Je suis Français, je suis patriote. J'ai considéré que la France avait perdu une bataille et non une guerre ; que c'était le devoir de ses enfants, de continuer la lutte par les moyens restant à leur disposition. C'est ce que j'ai fait délibérément. »

il y a une thèse et des livres qui parlent de lui
il y a la commémoration annuelle au Palais
il y a son journal (1938-1941) que je n'ai pas lu

et finalement la réponse d'Éric Nadaud le 1er février 2018 :

« Je suis désolé de n'avoir pu vous répondre plus tôt. Le temps manque pour tout. [...] Ma principale source est le discours prononcé par Édouard Depreux en ouverture du congrès national réuni par la SFIO en novembre 1944. Depreux évoque la mort de LMN en ces termes : "Face à ses bourreaux, en présence du peloton d'exécution, il a fait entendre une suprême et déchirante *Marseillaise,* dont jamais le rythme, à la fois patriotique, républicain et révolutionnaire, n'a dû paraître plus émouvant" (Congrès national extraordinaire des cadres des fédérations socialistes reconstituées dans la Résistance, p. 6-7). D'anciens résistants ont écrit par la suite qu'il est allé à la mort en chantant *Le Fiacre* de Xanrof, qu'Yvette Guilbert avait enregistré en 1930. Je pense que l'un n'empêche pas l'autre. On peut raisonnablement imaginer *Le Fiacre* sur le trajet, et *La Marseillaise* devant le peloton. L'inverse serait étrange. »

habitant le XIIIe moi-même j'ai toujours connu la rue à son nom
puis plus tard la station d'autobus de la ligne 21
cette étrange sensation dans le corps quand quelqu'un vous bouscule, « Excusez-moi, je descends à Léon-Maurice-Nordmann »
je ne sais même pas s'il avait une femme et des enfants
mais il avait sa chanson

c'est un « homme manquant » dans ma chaîne généalogique, je l'aurais aimé
il me fait penser à mon oncle Philippe manquant lui aussi, qui met mon cœur en appel
tous les deux résistants et juifs

•

Les chansons que ma mère m'a apprises

tu n'étais pas très mélomane
je ne pense pas t'avoir jamais vue mettre un disque sur le phonographe   un disque de musique classique vous n'écoutiez que du classique   vous étiez abonnés à une chaîne par correspondance   beaucoup de Deutsche Grammophon écrit en italique sur fond jaune
il y avait aussi ceux qui venaient des pays socialistes
moins tape-à-l'œil plus tape-à-l'oreille
plus fins ils étaient perdus au milieu des autres

tu disais que tu chantais faux ou bien disait-on ça de toi pour te faire taire ?
petite fille je ne me lassais pas de te demander

Chat vit rôt
Rôt tenta chat
Chat mit patte à rôt
Rôt brûla patte à chat
Chat quitta rôt

auquel je ne comprenais rien bien entendu   ah zut ce n'est pas une chanson   mais un vire-langue   tant pis tapis tant pis
tu aimais les chats je pense   tu as tellement insisté pour que j'aie un chat… en Ardèche
interdiction de le ramener à Paris cependant

et celui-ci :

L'un dit ce que l'autre m'a redit : Fais-tu maigre, dis ? Mais moi je dis ce que mon ventre dit, ça me dit : Dis, mange !

que j'ai retrouvé dans une blague Carambar

était-ce l'unique souvenir d'une ascendance alsacienne
que tu avais ? tu prenais un fichu accent pour le dire ce
vire-langue-là   ça viendrait de ton père alors ?
ce qui n'est pas impossible le mien m'a bien transmis *O du lieber Augustin* et aussi « *Du bist verrückt mein Kind / du musst nach Berlin...* » transmission non réalisée à la génération suivante...
pas faute de les chanter encore pourtant
mais mes enfants n'ont pas appris la langue allemande si
peu enseignée dans nos contrées que nous avons apprise par
obligation : il faut connaître la langue de l'ennemi
tout ça se passait à table lieu de réunion familiale encore que
souvent nous les enfants étions réduits à un religieux silence car
nos parents écoutaient les informations
c'est comme ça que je me souviens de la mort de Kennedy
il y avait même eu un remue-ménage sur le palier
les voisins étaient sortis en parler

tu me forçais à manger ces légumes dont je ne voulais pas
(oui je savais qu'il y avait eu les camps et plus tard vous me
disiez *Biafra*)   cela m'a développé l'imagination : comment
faire disparaître haricots et petits pois ?
par le vide-ordures – la fenêtre – dans les serviettes de table
roulées (qu'il ne faut pas oublier de vider ensuite) – dans les
saturateurs en porcelaine des radiateurs (en cas de consigne
dans la chambre avec une assiette pleine)

mais revenons à nos chansons
peu de disques de chansons pour ainsi dire aucun
Jacques Douai chantant Prévert oui
notre frère aîné nous pourvoyait en Brassens et Brel
mes frères ont acheté le premier 45 tours des Beatles
alors l'entrée de Jean Ferrat avec sa *Montagne* fut un événement
La Montagne, on adorait   ça parlait de l'Ardèche
que nous commencions à fréquenter assidûment
c'est qu'avant il y avait eu *Nuit et Brouillard*

qui passait à la radio après une période d'interdiction   l'heure étant à la réconciliation avec l'Allemagne
Nuit et Brouillard nous déchirait   te déchirait toi   maman
c'était visible à l'œil nu sans prêchi-prêcha
parce que le père de Ferrat mort à Auschwitz   tu ne nous en as jamais parlé
une trentaine d'années plus tard tu as invité Jean Ferrat et le maire d'Antraigues Jean Saussac – résistant, ami de mon père – chez toi en Ardèche
c'est là que nous avons compris que Jean Ferrat prenait depuis des années la carte de l'Amicale… pour son père
ah ce repas ! tu étais tellement angoissée que sans y avoir du tout participé je connais le clou du menu : un rosbif avec des pruneaux fourrés de foie de volaille

et puis tu avais ce disque de René-Louis Lafforgue dédicacé par lui : *Les Enfants d'Auschwitz*
tu l'écoutais souvent
nous, les enfants, on préférait *Julie la Rousse* (en fait c'était *Jean la Boulange* – Julie n'est pas sur ce disque… comme quoi les souvenirs nous roulent dans la farine)   je me suis toujours souvenue d'une partie des paroles :

En te voyant, mon gars, mon fils,
Je vois les enfants d'Auschwitz.
Lorsque tu joues, mon gars, mon fils,
Je revois les enfants d'Auschwitz.
Quand tu manges, mon gars, mon fils,
Je pleure les enfants d'Auschwitz.
En toi mon gars, par toi mon fils,
J'embrasse les enfants d'Auschwitz.

elles me font toujours venir les larmes aux yeux

tu as été triste en apprenant sa mort   il était si jeune   il avait participé à la Résistance lui aussi et sa chanson sonnait si juste
oui tu écoutais souvent cette chanson

les enfants d'Auschwitz… c'est le thème d'une conférence que tu as prononcée en avril 1970 sur le thème général « Aspects de la Résistance »   les enfants d'Auschwitz je suis sûre que tu pensais à eux en nous voyant vivre   nous tes enfants les enfants d'Auschwitz   tu écris à ta belle-sœur qui a perdu sa deuxième petite fille   tu écris cela en juin 1945 de Bretagne où tu as retrouvé ton fils :

> *J'ai moi-même, en moi-même beaucoup souffert quand j'ai compris pour maman mais je me rends encore mieux compte sans doute que le plus affreux c'est de perdre un petit enfant – à soi – qu'on a élevé – qu'on a vu grandir – dont on a vu le premier sourire. La tienne est morte dans tes bras mais pense à ces femmes (j'en connaissais une qui était mon amie à Auschwitz) à qui on a arraché leurs petits pour les jeter dans un brasier ardent – et qui se sont retrouvées pantelantes – amputées de cette façon de ce qu'elles avaient de plus cher au monde et qui ont quand même trouvé le courage de vivre (la pauvre de laquelle je te parle en se débattant pour défendre son enfant a reçu un coup de matraque sur la tête et depuis a des sortes de crises d'épilepsie).*

tu écoutais aussi en boucle une espèce d'oratorio
un disque de Schalom Katz *Prière pour les morts d'Auschwitz*
il y a dedans la litanie des noms des camps d'extermination
une très belle musique ce kaddish pour les morts
des voix à pleurer mais ça faisait du bien cette musique
des voix contre l'oubli
et le *Dies Irae* de Penderecki   souvent le *Dies Irae* de Penderecki

BERCEAU

j'ai reçu à la naissance un cadeau de fée
un réservoir de certitudes   à faire flamber   un jour
un manuel de survie   un manuel   sur la vie
qui s'assoit dessus   appuie très fort   écrabouille
la vie la rend sûre et pourrie

se méfier des gens   ne pas la ramener
se faire toute petite   couper ses sentiments   sourire de toutes ses dents
être polie   ne pas être jolie

dans le ressac de l'utérus j'ai connu les contractions de la peur
tu as vu des bébés noyés à la naissance
ne pas s'attacher à ce bébé qui émoi
la naissance une délivrance

ce jour-là   à Diên Biên Phu   fiévreux préparatifs
grève de taxis à Paris
j'avais interdiction par mon père de naître
un article urgent à finir pour *La Nouvelle Critique* ou *L'Humanité*
l'enfant-loup le procès de Marie B.
ou la conférence à cinq sur les problèmes atomiques ?

je suis née de sa critique

•

Lettres qui ne nous étaient pas destinées

comme dans ces poupées russes – un des rares jouets que tu me montrais – à force de soulever des boîtes, des enveloppes, on trouve un cœur minuscule qui est le souffle de tout

en ce temps d'été chaud si sec le cœur toquant de la boîte de lettres retrouvée est une enveloppe en papier kraft *d'origine*
on lit « Ille-et-Vilaine » sur la flamme, l'encre est marron, très lisible encore, avec un pâté sur le mot Paris

ce sont les lettres de ton petit garçon, moins de six ans lors de ton arrestation, presque neuf quand vous vous êtes retrouvés en Bretagne après ton retour
tu étais repartie à Paris le laissant finir son année scolaire
toi, tu *devais* rentrer   c'est ce que tu écris   pour te mettre à un « travail utile »   après avoir repris des forces (et du poids)

aucune lettre que je trouve dans tes papiers et lis avec avidité ne m'était destinée bien entendu   la destinée a fait que je les trouve et les lise au-delà de toi-même
elles délivrent une parcelle de toi
la pensée me traverse que je ne pille pas puisque nous allons déposer tous tes papiers dans un fonds d'archives

c'est toujours la même recherche : comment as-tu pu survivre à ça ? comment jeter mon voile de deuil aux orties ? comment m'en envelopper sans dommage ?

alors que ce fils est mort neuf mois après toi   comme faisant partie de toi

sa grand-mère morte à Auschwitz   le sait-il quand il écrit
ces lettres en juin 1945 ?

quel sens a tout ça pour un petit garçon : sa mère, sa grand-mère,
son oncle, l'amie de sa mère

son oncle qu'il attend encore

ces lettres lues alors qu'en esprit on a l'homme   son sourire
goguenard son rire tellurique   son intelligence   ses yeux vifs
    son humour   son savoir scientifique   qu'on le voit lire *Le
Monde* dans la rue et se cogner au réverbère   faire son marché
le samedi   acheter livre sur livre
alors qu'on se remémore ses appétits fabuleux de cinéma
ses voyages récurrents Martinique Mexique Brésil Inde Chine
Afghanistan Cuba Haïti tant d'autres pays
cet homme-là mari et père a tiré sa révérence un jour de mai
tchao débrouillez-vous sans moi

il t'écrit une fois par semaine environ sur un « mauvais papier »
– drôle d'expression – pour toi ce devait être le plus beau des
papiers, pour nous aussi qui aimons recycler
il dessine aussi, très occupé par ses louveteaux, il pense surtout à
ses sorties, sa première étoile, sa collection de timbres, il est content
d'être le deuxième de sa classe, il te demande des livres, plusieurs
fois, il lira beaucoup, toute sa vie, il t'envoie des charades :

mon premier est une consonne
mon deuxième est avec quoi on joue aux dames
mon tout n'est pas un patriote

il te demande quand tu reviendras
tu écris l'avoir retrouvé   très vite retrouvé malgré ces trois ans
de séparation   c'est beau de lire ça
tu le trouves gentil, prévenant, raisonnable, complaisant, enfin
tout est parfait sauf son « vocabulaire »   tu nous en parleras

encore des dizaines d'années après   tu le trouves toujours
« aussi vif comme la poudre et s'intéressant à tout »
il lit le journal et te donne les informations sur la situation
des armées américaines et soviétiques
à force de lire ses lettres, je souris, je suis tout attendrie
je ris quand il écrit à sa tante « je trouve que Jean-Claude
ressemble à son frère »
ce sont des jumeaux qui viennent de naître

le 12 juillet : *À l'école, nous sommes les maîtres. On joue des pièces. Je suis chef d'un groupe. Nous avons eu beaucoup de succès en jouant « Gendarmes collabos », « Le boche évadé » et « La momie ».*

il te fait part des demandes de recherche de personnes disparues
dans les camps qui arrivent à ton intention

il invente une nouvelle signature comme tous les gosses de son
âge et c'est son nom de famille
il signe une fois comme ça puis la fois
d'après revient à l'ancienne, son prénom,
un immense *Francis*

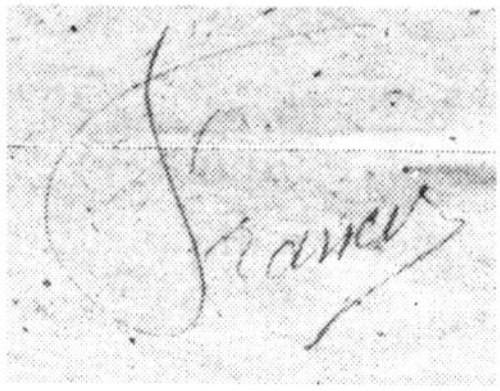

en avril il avait écrit :

J'espère que la guerre va bientôt finir et que Maman reviendra bientôt car les prisonniers et les déportés arrivent en masse.
Bons baisers à tous
Francis

P.-S. Maman est ici je suis très content.

impossible de mettre une date exacte sur ton arrivée en
Bretagne
en gare de Rennes tu as retrouvé Francis qui t'a donné un
couteau qui a élu domicile chez mon frère Yves

est-ce que tu lui as donné – comme tu nous le faisais faire – une pièce de monnaie pour ne pas couper l'amitié ?
photographie relique car depuis l'étiquette du couteau a disparu
ménage fait et bien fait

•

Litanil

« Quelques données médicales Marie-Élisa »
notre père a intitulé une chemise rouge ainsi

il est possible de lire les comptes rendus médicaux d'un œil distant voir tout ça comme des séquelles de la déportation
car oui tu étais devenue cela une vieille dame abîmée nécessitant soins radios visites médicales examens hospitalisations
mais très difficile de lire un petit compte rendu de l'écriture menue de notre père
douze dates avec les noms d'hôpitaux ou de médecins la date d'une fracture
la première étant le 6 juin 1993 consultation d'un médecin
entre-temps l'entrée et la sortie de l'hôpital Broca
la « fracture consolidée »
la dernière étant « 15.8 Fin »
papa quoi ! merde !
une petite page arrachée à un calepin en papier quadrillé

8,5 × 11,7 cm
je me demande si je ne dois pas déchirer cet affreux papier
le brûler   ce n'est pas cela qu'on m'a appris   religion du papier   du moindre gribouillis
je religionne à qui mieux mieux d'ailleurs pour chaque habitant de la maison
ce qu'on t'a appris à toi papa : admirer la photographie de Jean-Richard Bloch sur son lit de mort
photo qui me terrifiait lorsque je tombais sur elle en feuilletant les albums photo chez mes grands-parents
alors la photo de maman morte dans son fauteuil NON !
mais finalement le petit papier quadrillé oui
car ces dates dessinent un chemin de croix
douze stations comme de juste et si après la mort du Christ à la douzième   la treizième est la descente de la Croix
toi on ne t'a pas descendue de la Croix pas de Pietà pour toi
ta treizième station fut la salle de dissection
la quatorzième, le tombeau, où est-il ton tombeau ?

il reste beaucoup de blanc sur la page après le mot « Fin »
du blanc quadrillé   blanc couleur de deuil   tu as été passée au blanc
les lignes auraient été noircies si tu avais vécu plus longtemps
tu ne le souhaitais pas   tu voulais quitter cette terre

ta polyarthrite rhumatoïde (PR en abrégé sur tes ordonnances comme *Patriote résistant,* le nom du journal que tu abrèges ainsi) a commencé en 1963
cet été-là tu avais travaillé comme une folle
mon père traduisait du russe un livre de chimie de cinq cents pages et toi tu le corrigeais puis le tapais à la machine
tout l'été, pour payer le toit de ta maison de vacances
tu nourrissais aussi les ouvriers du toit, tes enfants, les amis qui passaient, curieux de voir cette maison
parfois nous étions quinze à table

tu as consulté un grand spécialiste : Beau Manitou
la première fois : le 26 décembre 1963
je partais en classe de neige en février
tu voulais me tricoter un pull
tu n'as jamais pu le terminer à cause de tes mains douloureuses

à partir de ce moment-là tu as été traitée à la cortisone sans
perspective de guérison – juste de rémission   ralentissement
alors oui on a vu pire dans les déformations des mains mais
dans la souffrance quotidienne ?   trente ans de souffrances
Beau Manitou est content de lui : malgré l'ulcère à l'estomac
induit et surtout l'ostéoporose

à partir de 1970 : tu chutes tu chutes tu chutes tu tombes et tu
te casses

en mars 1970 : fracture sous-capitale humérus droit
en septembre 1970 : entorse tibio-tarsienne gauche

sais-tu qu'en astrologie la chute est assimilée à l'exil ?
tu vas régulièrement au désert   tu t'enfermes
nous te rendons visite

en juillet 1975 : fracture olécrane gauche
ton coude, je m'en souviens, a mis du temps à revenir
tu étais tout emmaillotée dans une bande plâtrée

Beau Manitou décèle à la suite une algie cervico-brachiale
la base de ton cou te fait mal   à cette époque pas encore de
séances de kiné

en janvier 1978 : fracture humérus gauche
tout de même une certaine prédilection pour la gauche

mai 1979 : intervention pour orteils en marteau
je m'en souviens ! cette clinique du boulevard Saint-Marcel

toute cette souffrance   je sentais bien que c'était inutile
commentaire sur cette opération par Beau Manitou : « résultat médiocre »

août 1979 : fracture engrenée col fémoral gauche
je m'en souviens aussi   je crois que c'était à Poitiers
vous êtes revenus en urgence pour rejoindre l'hôpital Cochin (ce pavillon Ollier nous le connaissions bien à force – il avait un énorme buste de Léopold dans le hall, le « père de la chirurgie osseuse », un Ardéchois que nous saluions en passant) puis convalescence à Fleury-Mérogis : on se rendait à la clinique des déportés tout en sachant qu'il y avait une énorme prison pas loin ce qui nous mettait mal à l'aise
Jean-Louis est venu t'y voir avec Mathilde dans sa poche : bébés strictement interdits   Mathilde avait à peine six mois

juin 1980 : prothèse totale hanche gauche

3 novembre 1981 : fracture du bassin

24 septembre 1983 : col du fémur droit : opération en urgence à Cochin dans la soirée, clous-plaque dans le service privé
c'était l'époque où le slogan était « prêtez votre sang »
tu m'as envoyée prêter mon sang   moi qui voulais bien le donner
le slogan a fait long feu d'ailleurs   le don a gagné
tu reçois une vingtaine de lettres de tes copines et copains, à cause de ton absence à une réunion importante

entre-temps on t'avait enlevé la vésicule – tu me montras en riant les sept petits cailloux marron à petits points blancs très jolis dans leur tube à essai   je ne me souviens plus si après tu as enfin pu manger des œufs brouillés et des choux de Bruxelles

une autre prothèse de hanche un autre séjour à Fleury-Mérogis tu m'as emmenée voir Artur London dans sa chambre   il était très mal en point

la plupart de tes bilans de santé viennent *de la rue Leroux* comme tu disais en l'occurrence du centre de diagnostic et de soins de la FNDIRP

« il n'y a pas de goitre
le bilan a permis de découvrir un ulcère à l'estomac
sérologie lupique négative »
goitre et loup : on cherche une probable immunodéficience
un des procédés s'appelle « ELISA » c'est très chimique, ça t'aurait plu

avant ton ultime séjour à l'hôpital Broca : tu te casses le coude ou humérus droit
« séjour » on dit ça on ne peut tout de même pas dire « détention » mais enfin cette micro-chambre à la chaleur étouffante est bien loin d'une demeure d'un foyer d'un domicile d'un logis !
quand j'y arrive tu m'apostrophes *Ne fais pas de scandale !*

Broca, le 6.07.93 : c'est le compte rendu de ton hospitalisation : « le bilan expose… », un Doppler artériel montrant une obstruction de l'artère fémorale gauche
la FOGD (fibroscopie œso-gastroduodénale) ne montre pas de saignement, ou d'ulcère expliquant l'anorexie

anorexie ! elle était dans ta tête l'anorexie
tu as été torturée *pour ton bien* jusqu'au bout ma pauvre maman
une FOGD c'est à jeun après une anesthésie
je me souviendrai toute ma vie de ton air suppliant :
tu demandais à boire
cela t'était refusé car tu aurais peut-être une opération du coude le jour même !

le faire-part de ton décès est aussi dans ce dossier   logique de notre père

« Marie-Élisa ayant fait don de son corps
Il n'y aura pas de cérémonie d'adieu. »

le nom de tes enfants et petits-enfants   manque Joseph
manque aussi Véra qui porte Élisa en deuxième prénom
et avec bien des choses
ils n'étaient pas encore venus au monde
à l'hôpital Broca à la toute fin de ta vie, je te croyais endormie
par cette chaleur écrasante, soudain tu me dis
Comme enfant maintenant, tu voudrais quoi ?
Comment ?
Une fille ou un garçon ?
Merci pour la permission maman !

Cortancyl Plaquenil Equanil aspirine Témesta Trolovol (qui te donnait des plaques rouges sur toutes les parties du corps exposées à l'air)   certains sont toujours prescrits   certains abandonnés comme (totalement) inefficaces   avec le Plaquenil il fallait un autre médicament pour protéger l'estomac
et aussi de l'aspirine ou un   anti-inflammatoire en plus

fabuleux   un médicament qui t'a été prescrit pour tes difficultés à t'endormir... a été retiré de la vente (en France il a fallu attendre beaucoup plus longtemps qu'en Angleterre ou en Finlande et en Norvège)
tu en prenais peut-être encore car c'était en 1991
d'autres du même genre t'ont été prescrits dont le mésusage pouvait entraîner la mort
mésusais-tu ? tu étais si raisonnable   mais nous te les chipions parfois ces jolies pilules

tous les médicaments que tu as pris avaient des effets secondaires dont le moindre ne fut pas l'ostéoporose qui a induit chez toi ces multiples fractures

Quatorze infirmités répertoriées pour ta pension militaire
d'invalidité ou de victime de guerre
on en apprend des termes médicaux ! pas très plaisant comme
lecture
de ces quatorze infirmités il n'en est qu'une « originée par
preuve » :
le syndrome neuro-psychique – « maladie contractée en
déportation et constatée le 1.12.1955 »
les autres sont « d'origine par présomption »
maladies cependant constatées évidemment
il y a des calculs savants de pourcentages pour chaque maladie
ou « trouble » pour arriver à un total de 135 %
le syndrome neuropsychique compte pour 40 %
à la fin cela fera pas mal d'espèces sonnantes
au trébuchet de tes infirmités
car oui GIG tu es
grande invalide de guerre
ta polyarthrite aigüe chronique évolutive
confirmation radio confirmation biologique pour 60 %

tout nous connaissions tout nous vivions tout en termes moins
savants sauf tes « acouphènes à type bruit de moteur »
mis en quatorzième position en 1977

en 1984 : « la patiente se plaint d'une sensation de pied froid
à droite »
le pouls tibial postérieur n'est pas palpé des deux côtés
les artères pédieuses sont bien perçues
le Doppler à l'époque n'inquiétait pas les médecins

pieds froids ? ils étaient gelés glacés le froid remontait dans les
jambes
en tes dernières années pas une couverture ne les réchauffait
la mort montait des pieds

chaque fois que je touche de la neige je touche tes pieds

•

Mariage, 1948

tu as connu la famille de ton futur mari Francis, notre père,
avant de le connaître lui, grâce à ton amitié avec France
(en quelque sorte marraine de prénom de Francis ton futur
mari, né en 1914 après elle, et de Francis ton fils futur né
en 1936)
tu connaissais toute la famille Bloch et assez bien leurs amis,
leurs inclinations culturelles qui te marquaient
tu allais – rarement cependant – aux goûters de mes grands-parents à Viroflay, ils recevaient le samedi, grand-mère faisait
son célèbre gâteau au chocolat et il y avait plein d'anciens élèves,
d'actuels élèves, de professeurs qui venaient
mon père était absent à l'époque, requis par le service militaire
c'est sans doute là que tu as croisé Déborah Lifchitz, morte à
Auschwitz, ce que tu appris par Claudette et appris à ton tour
dans une lettre à tes proches : *Malheureusement Oncle Bob
ne retrouvera plus sa meilleure collaboratrice.*

ces ombres ne planaient pas sur nos goûters enchantés
de l'enfance bien heureusement
nous prenions le thé, il y avait la hache à trancher le pain
les tartines grillées   rarement ce fameux gâteau
parfois le gâteau « Vidault » du nom de l'aide de camp de mon
grand-père lors de la *der des ders.* Nous regardions la petite
étagère de livres dans cette pièce : l'œuvre romanesque de
Céline s'y trouvait

la légende raconte qu'un jour France t'avait montré notre père
rue Saint-Jacques : « Tu vois ce grand escogriffe, là-bas ? C'est
Francis, tu sais, mon ami d'enfance. »

« Vous ne vous étiez pas arrêtées ce jour-là ? demande Yves, mon frère
— Oh si, on a bien dû s'arrêter. »
alors ce serait la première rencontre ? après son service militaire près du labo de Marcel Prenant où il irait travailler par la suite
tu l'as revu, vous déjeuniez de temps en temps ensemble au Quartier latin
vous vous croisiez pendant l'Occupation, il avait été parmi les clandestins que tu avais logés au début, vous aviez déjeuné une ou deux fois ensemble, toujours au Quartier

après ton arrestation, tu t'es demandé s'il avait été lui aussi arrêté, dans le même coup de filet que toi, mais non, il était plus prudent que France et toi, enfin il avait surtout eu la chance de ne pas être chez lui et il a vite déménagé

de votre rencontre, à nous les enfants, vous n'en disiez guère

voici la photo de mariage :

tu as presque trente-huit ans, notre père presque trente-quatre
ton sourire ton collier
ta famille absente
ta famille perdue violence et arrachement s'invitent
au mariage en creux
mon père a ses parents, ses deux sœurs et le mari de l'une
tu as ta belle-sœur, la femme de ton frère
absent ton père mort avant la guerre, absents ta mère et ton
frère assassinés par les nazis effacement effectué
on pourrait le dire autrement : toutes les personnes de la photo
sont membres du Parti communiste
on pourrait le dire autrement : toutes les personnes de la photo
ont été des résistants
mon grand-père frappé par les lois raciales de Vichy a dû entrer
dans la clandestinité, auprès de Jacques Solomon il écrivit dans
L'Université libre, travailla à partir de 1943 dans l'état-major
FTP de Marcel Prenant maquis à la Libération de Paris, il
appartient à l'état-major de Rol-Tanguy
mes tantes ont toutes les deux eu des missions pour les maquis
entre autres, le maire, Fernand Alby, un résistant communiste,
déporté à Mauthausen

où est le petit Francis âgé de presque douze ans ?
où sont les enfants de Paule, Lucien et Annie ?

la date on ne peut l'oublier 18 mars 1948 vous la fêtiez chaque
année au restaurant sans nous les rejetons de votre union
le lieu : la mairie du XIIIe, la vraie Mairie, mais connaissiez-vous
cette expression « se marier dans le XIIIe » ? elle date du temps
où il n'y avait pas de XIIIe et cela voulait dire être à la colle, ne
pas être mariés officiellement

c'est à peu près tout ce que je pouvais recoller comme morceaux
avant d'ajouter ce qu'avait dit notre père à sa remise de Légion
d'honneur en 1991 pour faits de Résistance… une cinquantaine
d'années plus tôt… devant toi, donc :

Merci à ma femme.
Parce qu'elle a eu la chance et le courage de revenir d'Auschwitz
Parce qu'elle a mis au monde et élevé quatre enfants, somme toute assez réussis
Parce que, par un travail d'enseignement épuisant, elle a assuré à sa famille la vie qu'elle lui souhaitait et m'a permis de me concentrer, exagérément d'ailleurs, sur les activités militantes. Mais par-dessus tout parce que je lui dois la force que peut seule donner une communauté de vue aussi totale que rare.
J'ai pris appui sur sa sûreté de jugement fondé sur son souci des êtres, ce souci qui lui vaut la confiance immédiate de qui l'approche. Et j'ai bénéficié de son aptitude à aller tranquillement à l'essentiel en politique comme dans la vie.

ça sonne officiel et pourtant c'est juste ainsi que c'était, il me semble

cette entente, nous la percevions bien entendu mais quel frémissement de plaisir à lire cette lettre de Mère Poule datant de votre retour de déportation et retrouvée à l'été 2019 :

Il faut lutter pour le bonheur, lui forcer la main quand il ne vient pas seul. Nous sommes des matérialistes, agissons donc comme tels, mettons de côté toute considération petite-bourgeoise, tout préjugé dépassé par le temps et les circonstances où nous vivons. Pourquoi n'écris-tu pas tout simplement au gd Francis pour lui dire ce qu'il en est ? Je crois qu'il faut faire cela. Si tu reçois une réponse négative, cela vaudra mieux que l'incertitude dans laquelle tu es. Tu pourras alors penser autrement et regarder ailleurs.

tu n'as pas eu à regarder ailleurs   l'as-tu écrite cette lettre ?

•

Mauthausen

le troisième
le troisième de tes camps
le troisième de la litanie
Mauthausen   en Autriche
t'y voici en 1964

cette photo me fascine et m'écrase
ta solitude
je n'ai pas l'habitude de te voir en un lieu pareil
te voir *en photo* bien entendu
sans tes copines   seule
regard caché par des lunettes noires
tes jambes frêles   figée
dans une bulle de solitude inouïe
quand on pense à la promiscuité qui régnait là
quand on pense que tu es partie de Ravensbrück
pour suivre tes copines tes compagnes
sur cette photo tu n'as pas d'ombre

tu as l'air de la déréliction qui fut la tienne là-bas
là-bas aux confins où tu es arrivée
pensant que tu ne pouvais voir pire encore
que ce que tu avais vu
mais tu ne pensais pas
si affaiblie par un troisième voyage en train de marchandises
terriblement éprouvant
ce camp balayé par des vents encore plus violents que les autres
effroyable
un camp terrible où des centaines de milliers d'hommes sont
morts   d'hommes oui   vous étiez arrivées – un millier de
femmes d'une dizaine de pays dont beaucoup de Tziganes (tu
le contestes mais Marie-Jo l'affirme) – dans un camp d'hommes

nous y sommes allés ensemble avec mon père à l'été 1969
les photos souvenirs se sont égarées s'il y en a eu
qui donc a pris cette photo de 1964 ?   on dirait qu'il a neigé
ce n'est pas impossible
dans un bulletin de l'Amicale de Mauthausen de janvier 1964,
le 112, il y a la date des « pèlerinages du mois de mai »
à l'occasion du dix-neuvième anniversaire de la libération du
camp et de ses kommandos
oui même en mai il peut neiger là-bas
tu as dû aller en pèlerinage   pour quelle indulgence
toi qu'accable toujours ton retour

nous y sommes allés tous les trois à l'été 1969
j'ai retrouvé une lettre de toi
copie carbone d'une lettre à destination de tes beaux-parents
ce que je redoutais de trouver s'étale   en bleu s'étale

> *... voyage sans complication de Vienne à Budapest ; nous avons parcouru les rues de deux petites villes hongroises très jolies sur la route. Arrivée à Budapest avant-hier...*

Mauthausen est absent   effacé de ton texte
dix lettres manquantes

que fut ton calvaire dans le train qui t'y menait ?
que fut ton supplice à monter ces sept kilomètres sous la neige
fünf bei fünf quand des coups de feu achevant celles qui n'en
pouvaient plus claquaient ?

que furent tes effrois là-bas
pensant qu'on vous menait à la mort à la liquidation ?
(femmes et enfants tziganes en seraient un indice fort,
écrit Germaine Tillion)
en fait vous étiez encore main-d'œuvre gratuite
à déblayer les voies de chemin de fer bombardées par
les Américains   à mains nues
trois des compagnes de ton convoi sont mortes là sous
ces bombes

as-tu été choisie aussi pour déblayer cette gare bombardée
d'Amstetten à trente-cinq kilomètres du camp ? je ne crois pas,
je ne sais pas
des appels interminables tu en as subie

tu travailles vite au *Revier* « infirmerie » avec Marie-Jo
Chombart de Lauwe
vous vous occupez de trente à quarante malades
Marie-Jo est chargée plus particulièrement des soins   toi des
toilettes
la vie y est un peu meilleure, pas d'appels, vous tentez de soigner
les détenues, les blessées
avec si peu de médicaments, de nourriture, de pansements, avec
la promiscuité, tu verras mourir encore tant de tes compagnes,
toi-même attraperas la dysenterie

jusqu'au dernier moment vous pensiez « on va nous liquider »
la Croix-Rouge était là
si c'était une ruse
si on allait toutes être massacrées là maintenant

si près sans doute de la fin de la guerre
ces camions étaient là pour nous liquider ou nous faire sortir ?
cette salle de douche où nous sommes bouclées c'est pour quoi ?
Ce n'était pas inspirant diras-tu

vous faisiez l'objet d'un échange mais vous ne le saviez pas
une négociation du comte de Bernadotte avec Himmler
qui sentait venir la fin du Reich
vous ne saviez pas non plus que c'étaient vos sœurs
de Ravensbrück qui vous avaient envoyé chercher

vous avez bien été rapatriées par la Croix-Rouge   le 22 avril 1945
un anniversaire que vous vous souhaitiez tous les ans entre
copines rapatriées le même jour
vous êtes arrivées en camion jusqu'à Saint-Gall, près du lac de
Constance, en Suisse
il paraît que c'est beau là-bas mais vous vous en fichiez
ce que vous vouliez c'était rentrer
vous êtes rentrées en train   un vrai train, pas des wagons à
bestiaux, une place assise, un compartiment

il y a à la bibliothèque du Mémorial de la Shoah parmi d'autres
trésors un petit opus de Renée Mirande-Thomas, son allocution
prononcée à la réception organisée pour elle à la bibliothèque de
l'Ordre des avocats le 5 mai 1945
petit fascicule d'une dizaine de pages écrit serré, cote : 2.5000
elle raconte la « randonnée éperdue sur les routes d'Allemagne,

> il fallait gagner la frontière à tout prix, aussi rapidement
> que possible, la guerre n'était pas terminée, le laissez-
> passer accordé pouvait être repris, il le fut du reste,
> mais trop tard, le 24 avril dans la nuit nous passions
> la frontière, tout était fini, nous étions vivants »

elle parle d'accueil du peuple de France   de foules à chaque
gare   jusqu'à Paris   d'heures inoubliables

Marie-Jo, elle, écrit « on a entonné *La Marseillaise* en entrant en Suisse »
tu ne nous as jamais parlé de tout ça   ces cris   ces larmes ces chants
Renée Mirande ajoute : « Mais il faut sauver ceux qui restent,

> il faut se hâter, chaque jour est meurtrier plus que jamais. Le jour de notre départ, 1 500 garçons montaient à la chambre à gaz, devant nos yeux. La joie du retour pour nous n'est pas complète, nos frères là-bas souffrent encore et meurent. »

en fait les SS avaient fui le camp le 3 mai   Mauthausen et Gusen avaient été libérés le 5 par les Américains
les républicains espagnols détenus si nombreux et morts si nombreux en ce lieu avaient empêché les SS de retraverser le fleuve

ce déchirement qu'est de quitter un lieu de torture sachant que d'autres restent aux mains des tortionnaires, une affliction, une souffrance, un tourment que nous, ses enfants, ne soupçonnions pas

•

Mémorial

salle silencieuse   cliquetis des touches d'ordinateur
grincement du monte-charge qui apporte les documents
demandés par les lecteurs   clic inopiné d'un clavier
les têtes sont penchées sur les textes
il faut se dépêcher c'est vendredi cela ferme plus tôt
un vieux monsieur consulte les listes de Klarsfeld
d'énormes registres
un autre monsieur s'adresse à l'accueil

sa mère a été déportée
il a du mal à partir après avoir obtenu les renseignements qu'il cherchait
une vieille dame se renseigne sur une amie de quelqu'un
dont la fille n'admet pas qu'elle a été déportée
alors elle cherche des gens revenus
nous sommes en 2016
je m'étonne que des gens cherchent encore

« Déconcertée de réaliser que je marche avec allégresse vers le Mémorial, que l'univers concentrationnaire et les chambres à gaz c'est mon univers », ai-je écrit sur mon premier cahier de notes de lecture en juin 2014

premier livre lu à la bibliothèque : celui de Nadine Vasseur
qui a réuni des témoignages d'enfants de déportés
inlassablement se chercher encore et encore dans les livres qu'on lit

surprise heureuse et bouleversante que cette exposition au premier étage sur le génocide de 1994 au Rwanda
c'est bien que le Mémorial de la Shoah cultive la mémoire d'autres génocides, expose les crimes qui ont maintenant un nom, partage sa mémoire du génocide, de la transformation d'humains en *Stücke* avec d'autres et d'autres avec la sienne

nous connaissions le Mémorial du Martyr juif inconnu
rue Geoffroy-l'Asnier
tu t'y rendais chaque année au gré des commémorations
tu descendais aussi dans la *crypte de la déportation* à la pointe de l'île de la Cité

tu aurais aimé cette bibliothèque
toi qui faisais tant de recherches pour écrire tes articles
une trentaine d'articles historiques dans *Le Patriote résistant*

en une quinzaine d'années   tes années de retraitée

en 1981, la commission d'histoire de la FNDIRP devient
permanente sous ta présidence, elle existait depuis 1977
le travail d'enseignement et de transmission aux collégiens
et lycéens s'intensifie et pour toi il sera intensif

tu appelles cela éveiller les consciences
tu insistes chaque année auprès de tes camarades pour qu'ils
aillent dans les établissements scolaires à la rencontre des jeunes

> *Je peux vous assurer que vous serez bien reçus par eux et que vous pourrez, partant de votre expérience personnelle, les rappeler à la vigilance*

tu dis que la *connaissance* est le premier état de la vigilance
et qu'il faut aller aussi dans les comités d'entreprise

ton Amicale continue le travail et édite de précieux *Petits Cahiers*
une association est née après ta mort : Mémoire vive des convois
des 45 000 et 31 000 d'Auschwitz-Birkenau
elle édite un précieux bulletin, organise des voyages
à Auschwitz, assure des commémorations, des journées
« Charlotte Delbo », fait vivre un site Internet, les jeunes y sont
nombreux, tu serais contente

accueils de classe, ateliers pédagogiques,
voyages à Auschwitz, rencontres avec les derniers témoins,
rencontres avec des historiens, rencontres littéraires,
comment *faire savoir*   tout ce qui t'obsédait
le Mémorial de la Shoah le propose   contre l'oubli que tu
redoutais tant

•

Mère Poule

chant d'amour entre les murs de la Santé
Mère Poule   huit jours après son arrivée est changée de division   elle cherche son aimé   Robert   par radio-toilettes
« Est-ce la Mère Poule ? — Oui ! — Bonsoir chérie ! »

chant d'amour entre les murs de la Santé
Mère Poule est revenue des interrogatoires
Robert s'inquiète pour elle   lui qui en a subi douze et ne peut plus marcher
« Allô les camarades, pouvez-vous me donner des nouvelles de la Mère Poule ? »

chant d'amour entre les murs de la Santé
Les ondes de Radio Santé émanent des fenêtres
Gaieté Courage Chants Encouragements

chant d'amour entre les murs de la Santé
Robert et Mère Poule se parlent se racontent
quand ils se parlent, tous se taisent
« Quelle belle vie j'ai eue, quelle belle fleur à la fin de ma vie ! »

maintenant c'est l'octobre du procès
Robert et Mère Poule sont côte à côte pendant huit jours
la mort annoncée pour lui, la déportation à vie pour elle
ils sont là tous les deux ils s'aiment si fort qu'à la requête de Robert de voir son aimée quelques instants par jour jusqu'à son exécution le procureur qui admirait son courage a dit « *Ja* »
cela ne s'est pas fait, même la dernière embrassade, de rigueur en général, n'a pas eu lieu

chant d'amour entre les murs de la Santé
Mère Poule est transférée à la prison de Fresnes
elle ne reverra plus jamais Robert, son aimé
nul ne sait ce qu'il est devenu pendant quatre mois avant son exécution
il a écrit à ses enfants   aux parents nourriciers
ces enfants que Mère Poule a adoptés plus tard
avec la fille qu'un camarade rencontré en prison lui avait confiée
au cas où sa femme serait arrêtée
ce qui arriva   cette femme fut gazée à Auschwitz avec son deuxième enfant   un bébé

Mère Poule   fichée Renée Hogge
qu'importent aux nazis et aux collabos les surnoms enfantins,
arrive à la prison de Lübeck le 22 décembre 42
ton amie France y est depuis le 10 décembre   elle y sera jusqu'au 10 février
à la promenade elles arrivent à se parler   l'organisation du sabotage est le sujet princeps
c'est ainsi que Mère Poule sera la première, à son arrivée
à Ravensbrück fin novembre 1944, à te donner enfin des
nouvelles de la détention de France dans le Grand Reich

or, un jour d'entre les jours est arrivé dans ma boîte mail un message dont l'intitulé était « Mère Poule »
merci, Jean Mizrahi, pour cette émotion inouïe ressentie
vous nous faisiez cadeau du texte de votre grand-mère,
ce texte que je n'avais jamais réussi à trouver : « Trois ans dans les prisons et les camps de la Gestapo. Récit d'une rescapée »
c'est un récit fait à sa mère au retour et publié dans un bulletin *Pour la France libre*
Mère Poule y raconte l'arrestation, le 2 juillet 1942, de Robert Beck son compagnon, communiste, résistant de la première heure,
son arrestation à elle   elle raconte les interrogatoires, la torture,
la faim, les prisons en Allemagne, le sabotage de la production,

l'enseignement à ses codétenues, la propagande qu'elle passait son temps à écrire, à distribuer, la maladie, les brimades, les amies, le transfert au camp de Ravensbrück   les appels   la mort partout, et enfin la libération au camp de Mauthausen, « la plus forte émotion de mon existence », écrit-elle

une personne est magnifiée célébrée glorifiée dans ce texte
c'est toi *Marie-Élisa,* toi notre mère
 le titre du paragraphe en est *Marie*
 nous ne savions pas
 nous ressentions votre amitié votre affection
 votre mutuelle tendresse
 nous ne savions rien

> « C'est à Ravensbrück que j'ai connu Marie.
> C'est grâce à elle que je suis sortie vivante du camp.
> Elle volait des médicaments contre la diarrhée qu'elle me faisait prendre. Du jour où nous avons quitté Ravensbrück, nous ne nous sommes plus séparées. Elle me soignait   me chaussait   me lavait les pieds   me trouvait de la soupe de régime.
> Parfois elle est arrivée à faire des appels de neuf heures à ma place.
> Si je ne l'avais pas eue   je serais sûrement morte.
> C'est elle qui est arrivée à Mauthausen à me faire engager comme infirmière pour m'éviter toutes les terribles corvées (déblaiement des voies sous les bombardements).
> Elle travaillait avec moi à l'infirmerie, et comme je ne tenais plus debout (j'avais parfois 40°5 en me levant le matin) faisait mon travail en plus du sien.
> Elle s'est acharnée à me sauver avec un dévouement qui n'avait pas de limite. »

j'entends encore le pas claudiquant de Mère Poule quand elle venait nous ouvrir la porte   nous avions marché de la maison

à chez elle, près du parc Montsouris   nous entrions dans un
couloir décoré des photos de « ses » enfants   ceux qu'elle
gardait

avec quels mots pouilleux, Mère Poule, dire que mon cœur
est à toi
nous percevions votre amour mutuel il éclatait en escarbilles
brillantes sur nos petites têtes
« Chérie », écrit Mère Poule au début de toutes les lettres du
retour qu'elle écrit   *Chérie*

une ritournelle de l'enfance ni horrible ni joyeuse
la marche était longue pour rejoindre Mère Poule le dimanche
Promenons-nous dans les bois nous aidait à avancer
promenons-nous dans les bois pendant que le loup fasciste
n'y est pas
promenons-nous dans les bois pendant que les lacrymos
n'y sont pas

nous avons assez de larmes vraies
si tu voyais, Mère Poule, les justes manifestations réprimées
dans notre pays aujourd'hui
le pouvoir préfère commander des gaz plutôt que des masques
sanitaires
ces larmes chimiques collent à la peau aux vêtements
des armes éborgnent les manifestants   les mutilent

Promenons-nous dans les bois
avez-vous vu la brigade des chiens à l'assaut des Gilets jaunes ?
avez-vous vu des médecins hospitaliers dénoncer les blessures
des manifestants ?
avez-vous vu les drones de la gendarmerie tournant au-dessus
des cités ?

vous n'avez rien vu encor'

•

Métro Corvisart

la station fut fermée pendant la guerre
tu devais descendre à Glacière ou à Place-d'Italie
avec tes chargements d'*Université libre* ronéotés
ça ne devait pas être de la tarte
sinon tu avais ton vélo
le fameux   avec la plaque numérotée qui a permis aux flics
de te repérer dans la filature de France

je te vois marcher si difficilement
douloureusement
jusqu'au métro
ce qu'on faisait en trois minutes tu le faisais en un quart d'heure
un quart d'heure de souffrances
et ce n'était pas fini   il fallait changer à Denfert-Rochereau
descendre et monter d'autres escaliers
rejoindre le quai de la ligne de Sceaux

métro boulot dos   ton dos courbé   tes chaussures à talons
tes pieds déformés   tes bas en quoi déjà ?
à repriser *va chez la petite mercière chercher mes bas*

sur le paquet en papier blanc toujours la même inscription
« Madame Cohaine »   cette haine qui me rendait perplexe
jusqu'au retour

je te vois du haut de mon balcon au sixième étage
on voit on entend le métro la ligne aérienne
parfois des manifs passaient sous son trajet
le conducteur donnait des coups de klaxon

en rythme (US assassins   Libérez le   VIETNAM)

un autre jour c'est le défilé pour Charléty le 27 mai 68
qui passe sous nos fenêtres
notre père se cabre – ces socialos –
je me sens attirée mais la tradition familiale m'attache
même si le temps où nous mettions le drapeau français
au balcon le 14 Juillet est fini

tu n'es pas Madame Cohaine juste une maman aux bas rapiécés

•

Nacht und Nebel

la nuit c'est *Nacht*   les nuages c'est *Nebel*
raus ça veut dire dehors
et *schnell* ça veut dire vite
ça se prononce extrêmement fort   en fait il faut crier
ça s'appelle un exorcisme et ça se pratique entre frères et sœurs
qui ont appris leurs premiers mots à la même source
c'est plutôt crié à la petite fille mais c'est pour rire
c'est un savoir inestimable dont on peut faire étalage pour
impressionner
mais ça n'impressionne personne
c'est lourd à porter une petite fille et difficile de s'en débarrasser
plus tard ils apprendront à dire
Engel ange   *Menge* foule   *Mond* lune   *Sonne* soleil
Deutschemark   *Berlin*   ou *Bertolt Brecht*   qui appartient
gehört   à la béance   de la bien-pensance familiale
insatiable   avaleuse de cubes de pensées qu'il faut d'abord
s'efforcer de créer

la petite fille a longtemps joué aux cubes

•

Nette

tout y est   je suis stupéfaite sidérée   étoile agonisante
j'ai entré dans Google « Marie-Élisa Nordmann-Cohen »
le 10 février 2017
ces mots qui consonnent avec révolution
enfin une certaine révolution voire un début de

la première page de la recherche donne
Mémoire vive
décès
L'Humanité
épouse Rumpf
ingénieur chimiste
le *Maitron*
généalogie (sur ce site, ils n'ont apparemment pas la date du décès)
images correspondantes :
– son si beau profil
– les *identités* d'Auschwitz
– la photo prise à Romainville avant son départ
– une photo de groupe devant le pavillon Nordmann d'un lycée de Lorient (son frère résistant mort à Bergen-Belsen)
– une photo de Marie-Claude qui lui ressemble étonnamment
– la couverture d'une publication en couleurs, *C'était il y a vingt ans, la libération des camps de la mort*
– une brochure qui porte son nom publié par la FNDIRP
– déportés politiques à Auschwitz
– Frédéric Joliot-Curie
– Francis Cohen, son mari, mon père
on aperçoit le PCF

le panthéon ! certes pas le monument mais l'idée
que je me fais du panthéon de ma mère
sa légende dorée son résumé son présumé résumé
sa limitation nette ses rails électroniques

pas très net tout ça !

avec la première page et même dès le premier lien : on sait tout d'elle (mais que sait-on de maman ?) c'est à cause de la brochure publiée dès après sa mort par la FNDIRP, dont le site de *Mémoire vive* a repris l'essentiel
cette brochure à l'initiative de mon père ? Je ne me souviens plus
cela aurait sans aucun doute fâché très fort maman

voyons la deuxième page se rajoutent :
Ravensbrück
Mauthausen
Bordeaux
FNU (traduction : Front national universitaire)
mais tout ça est dans sa biographie donnée par le premier lien : *Mémoire vive*
les mots : résistance – héros – héroïne
enfin en dernière ligne : racines et plants de sapins de Nordmann
son amie France arrive en page 3
ainsi que le CEA (Commissariat à l'énergie atomique)
encore les 31 000
la généalogie
mais tout était déjà inclus dans le premier lien de la page 1
« Celles qui passent sans se rallier – Berose » : là énigme !
en cherchant on trouve un texte qui évoque la figure de Déborah Lifchitz, sa mission en pays dogon avec Denise Paulme, son arrestation – parce qu'élève d'un Juif communiste (mon grand-père Marcel) – son départ pour Auschwitz, et ce que Marie-Élisa a écrit de là-bas : « Malheureusement oncle Bob ne retrouvera plus sa meilleure collaboratrice. »

page 4 : les intrus font leur apparition : un seulement

il y en a cinq en page 5 mais encore des liens (tiens des liens) intéressants dont l'un inclut un de mes frères associé à un ancien d'Action directe Jean-Marc Rouillan, un texte en anglais : mon frère y explique sa filiation

en cherchant je ne sais quoi en octobre 2017 : la révolution peut-être ? je te retrouve en bonne compagnie : celle de Jean-Richard Bloch – la père de ton amie France – à *BNF* quand on ouvre le lien, tu t'es perdue en route ! mais je retrouve mon grand-père Marcel (sans doute des lettres ou des mentions de toi ? il faudrait aller y voir)

on trouve aussi un site américain de généalogie bourré d'erreurs et de mentions « inconnu » qui produit la photo d'identité de 1941

mon premier contact avec le premier lien actif sur le Net que je trouve aujourd'hui date de 2005
mes premières recherches sur Internet
là encore : sidération !
le site depuis a été reconstruit en beaucoup mieux
foi d'internaute !

IN SITU

j'ai tapé ton numéro sur le clavier
cinq chiffres bleus
de vieilles connaissances
chiffres à peine ridés sur ton bras (gauche)
tatoués face à leurs yeux
quand ils te saisissaient pour les lire

in situ
je suis entrée par indélicatesse par ton nom de jeune fille
qui fait partie d'une liste soumise
à toutes sortes de clics
toute une liste de noms de filles

par effraction
j'ai recueilli ton image zébrée maculée
avec ou sans foulard

je t'ai saisie   je t'ai copiée
je t'ai mise en mémoire   comme si tu n'y étais pas déjà
je t'ai sauvegardée

en milliers d'exemplaires je pourrais te copier
en centaines de milliers   un giga de photos
de profil droit avec une tache   de face   de trois quarts gauche
un jour la terre d'os et de chair a recraché les photos
les images positives   les portraits   les épreuves
les cendres n'en ont pas voulu

te voilà tête en bas
retournée tes yeux brillent encore plus
je ferme j'ouvre   j'ouvre encore   puis ferme
pas besoin de chercher le bouquin où sont ces clichés
pas besoin de retourner mes caisses mes wagons de photos
où celle-ci n'est d'ailleurs pas
là tu es là sur l'écran

j'allume   je clique
je peux envoyer ta photo d'un clac dans la gueule de mes enfants
mamie regardez c'est mamy c'est maman c'est Maman
maman ! je l'ai trouvée sur la Toile
maman encore une fois prise dans la toile
maman que je peux regarder en face et de profil

ai-je un droit de regard sur ma maman

je t'ai   triple trinité   trois en une   verticale sur mon
ordinateur
je peux te zoomer te renverser   t'agrandir   te rapetisser
te garder te jeter t'imprimer   te découper   te déchirer
te réduire
je peux même te contacter
t'envoyer un message
in situ

sur les photos on voit tes cheveux   ils n'avaient
scandaleusement pas blanchi
on voit les coups de ciseaux   c'était mal fait
ah ça non ce n'était pas de la tonsure de nonne
il y a des raies   un crâne de marcassin dirait le petit
et hop je mets les images dans mon texte
je joue avec   je les enlève   je les remets
X   photos X
sélectionner (!) supprimer (!)   on peut le faire
les photos prennent toute la largeur de la page
si je veux
seulement si je veux
ou   rien du tout   ou   un tout petit espace
une respiration du texte   un blanc au noir

je peux presque voir l'intérieur des oreilles
les nazis ne donnaient pas dans le flou artistique

tu as encore tes sourcils
tes soucis que tu dessinais au crayon
après

par inadvertance je viens même de te mettre à la poubelle

les textes en rouge sont les informations qui nous manquent
l'information qui manque : la date de la mort de Gilberte
encore vivante
donnez-nous les infos qui manquent pour compléter nos fiches
supprimer nos manquements
améliorer nos classements
toutes les vivantes ont du rouge en elles
bientôt le fichier sera net

le site en 2017 est plus convivial rendant à chacune et chacun
son histoire   faisant l'histoire des deux convois de politiques
à Auschwitz, les 31 000 et les 45 000
il n'y a plus que trois entrées
nom de famille   prénom   matricule
des histoires perdues ont été retrouvées   c'est plus net

•

Oiselles

la terre a tout rongé sauf un œil et un cil   du troisième cliché
une oreille du premier à la conque exorbitée

une vague de terre a déperlé les clichés
de l'image du milieu ne reste qu'une mèche de cheveux
images à imaginer
le numéro de matricule est bien visible   la veste bien rayée
pourtant   on ne l'a pas reconnue
aux traits de ciseaux on est sûr que c'est une femme
au regard aussi
était-ce Marie-Jeanne ?   était-ce Jeanne ? ou Marie ?

ces visages étrangement familiers

la profession est celle au moment de l'arrestation
couturières   repasseuses   tapissière   confectionneuses
tricoteuses   blanchisseuse   serveuses   concierges
femmes de ménage   ouvrières   ménagères
fourreuses   maroquinière   fermières
ostréicultrice (Hélène ?)   cuisinières   coiffeuses
commerçantes   employées   employée des PTT
infirmières   peintre sur émail (Germaine ?)
sténodactylos   cantatrice   assistante sociale
professeurs   secrétaires (Charlotte !)
reporter-photographe   sage-femme   dentiste (Danielle)
médecin (Haïdi)   ingénieurs-chimistes (Maman ?)
institutrices   correctrices d'épreuves
lycéennes   écolières   sans profession
de profession inconnue
analphabètes   baccalauréats   brevets de toutes sortes
études supérieures
de niveau inconnu
    de région inconnue
        de ville inconnue
            d'âge inconnu
mariées   veuves   divorcées   maris fusillés
avec ou sans enfant avec sa mère   avec sa sœur
avec sa mère et sa sœur puis sans
soixante-quinze oisillons restés orphelins
sans compter les filles ayant vu leur mère assassinée *là-bas*

communistes gaullistes résistantes ou pas

oiselles en cage
    oiselles envolées
        oiselles crucifiées
            oiselles en cendre
                oiselles revenues avec toutes les plumes froissées

oiselles qui furent gaies

oiselles qui plus jamais ne seront gaies

oiselles aux ailes coupées
oiselles gazées
oiselles brûlées
oiselles brisées
oiselles assassinées

à *Birkenau*
en ces temps de mort industrielle
en ce lieu déserté des oiseaux

toutes vous étiez pleines de vie   vous aviez le moral

mes oiselles chères
je vous reconnais à votre chant à vos plumes   à votre port de tête

vous m'avez montré la fragilité et la force
la solidarité   l'entraide   comment voler en formation serrée
partager les miettes de pain

vous m'avez appris la vie

•

Paris en juin 2018

rentrée à la maison après quelques jours à Paris
je m'apprête à jeter le tract qu'un monsieur nous a distribué
devant l'église du Jourdain   il émane des élus communistes
du XXe arrondissement

« Rapport des élus : des crèches et une piscine »
je lui avais chanté « Tonton Charles Tonton Charles donne-nous,
donne-nous des crèches et des piscines et des sous » : nous
chantions cela dans les manifs des années soixante
mais deux mots m'arrêtent, prénom nom : Lucie Mansuy
une plaque va être posée sur sa maison : déportée – résistante
Lucie Mansuy ! une 31 000 !
je me souviens de sa petite silhouette de son long nez
de sa discrétion
une petite dame très acérée qui venait aux rendez-vous annuels
des filles du convoi à la maison
nous sommes en 2018   il n'est jamais trop tard pour bien faire
n'est-ce pas
mais la politique des plaques de la mairie de Paris est ainsi faite
très tectonique   elle semble distribuée par lots
allez les socialistes ont eu deux plaques on va bien en concéder
une aux communistes
ou bien poser des plaques est une espèce d'exercice de visibilité
politique
c'est ainsi qu'en 2010 mes frères, ma belle-sœur et moi-même
avons de justesse empêché la pose d'une plaque ! (et par la même
occasion fait gagner à la mairie de Paris la somme de
3 646 euros mais pas le prix des invitations déjà éditées !)
une délibération d'octobre 2009 annonçait la pose future
d'une plaque commémorative en hommage à notre père
sur l'immeuble du XIIIe arrondissement qu'il avait habité
cinquante ans
l'os le gros os était est et sera que c'est dans cet immeuble que
notre mère avait été arrêtée par la police française le 16 mai 1942,
puis déportée   là – entre autres – qu'elle faisait
des actions de résistance et pas notre père qui n'est arrivé
dans cet immeuble qu'en 1948 après son mariage
là aussi que notre grand-mère avait été arrêtée plus tard
comme otage, déportée et gazée à Auschwitz

il a fallu aux fonctionnaires de la mairie de Paris plus d'un an
pour trouver l'un des enfants et lui envoyer une invitation
quelques jours avant la date de la pose que nous avons bloquée
pensant que s'il devait y avoir plaque il y avait plaque pour
eux deux   puis nous avons pensé que le mieux était que le mur
reste sans plaque
elle et lui aimaient la vigne vierge qui atteignait le sixième
et dernier étage le nôtre
mur pourpre en automne   elle et lui n'auraient pas aimé
l'idée d'inscrire dans la pierre leurs actions de guerre dont
ils n'aimaient plus guère parler

revenons au prix des plaques :
3 646 euros pour l'homme grand   finalement sûrement payée
vu la date de l'invitation
535 euros pour la femme petite   plaque plus petite
moins de mots gravés moins de surface

En ce lieu habita
Lucie Mansuy
née Caccia
(1915-2007)
résistante communiste
déportée.
En sa mémoire

(85 caractères)

Francis Cohen habita cet immeuble.
Dirigeant de l'Union des étudiants et lycéens
communistes dans la clandestinité de 1940 à 1944.
Un des organisateurs de la manifestation patriotique
des étudiants et collégiens le 11 novembre 1940
à l'arc de triomphe de l'Étoile. Chevalier
de la Légion d'honneur, croix du combattant
volontaire de la Résistance

(295 caractères)

coïncidence non petite : mon frère aîné était sur les lieux mêmes d'Auschwitz au moment où il a réussi à bloquer le processus de la pose de plaque
et pourquoi Lucie n'a pas eu de médaille, elle ?
son compagnon avait été fusillé, elle était ouvrière avant la guerre, ouvrière elle est redevenue
combien de découpeuses en métallurgie ont la Légion d'honneur, la croix du combattant volontaire de la Résistance ? attribution très tectonique aussi ou alors teutonique ? qu'ont fait ses copines ?

deux semaines plus tard, en juillet 2018, nous enterrons notre belle-sœur   nous l'enterrons auprès de sa mère de son fils de son mari, mon frère   elle était notre sœur notre amie notre mère adoptive notre cousine
elle était magnifique grande fidèle vive décidée
on venait de fêter ses quatre-vingts ans dans sa chambre à la clinique avec du pommard

le soir je suis hébergée chez mes cousins
en sortant de la chambre une serviette de toilette à la main
en face à côté de la porte de la salle de bains une étagère de livres
la photo de Bonne-Maman me saute aux yeux
en déplaçant une carte postale ou un petit objet on trouve aussi « Bon-Papa »   mais est-ce ainsi qu'on le nommait ?
je ne sais
ma grand-mère est d'une grande beauté d'une grande douceur sur cette photo
je désire très fort cette photo d'elle que je n'ai pas
le soir après la table dans la nuit de l'été tous feux éteints nous devisons avec Françoise   elle me raconte sa vie en Algérie
sa famille catholique de droite voire d'extrême droite
à qui elle n'a pas fait plaisir en épousant successivement un Algérien et un Juif

« c'est avec cette photo que j'ai compris l'horreur de la Shoah
me dit-elle   comment ont-ils pu assassiner tant de sensibilité
de finesse de bonté ? »

plus tard au téléphone : « je n'ai pas oublié de te faire un tirage
de cette photo
– celle qui m'a fait comprendre les camps. »

•

Pépite

un collège pendant l'Occupation, celui d'Avon, le petit collège
des Carmes
investi le 15 janvier 1944 par la Gestapo qui arrête trois enfants
juifs qui y étaient cachés ainsi que le directeur, résistant,
le père Jacques, devenu Juste parmi les nations
quarante-trois ans plus tard, Louis Malle, témoin de ces
arrestations, en a fait un film magnifique

fin 2019, nous voyons pour la première fois *Au revoir les enfants*
en DVD, un livret l'accompagne, Louis Malle y dit ceci :

« Une fois, une fois, parce que je n'ai pas une mentalité d'ancien combattant, j'ai raconté cette histoire dans une réunion d'anciens élèves et je me suis aperçu qu'elle m'avait beaucoup plus affecté que les autres », « disons que je l'ai pris personnellement »

il parle même ailleurs de l'événement peut-être « le plus important de ma vie » dont il ne parlait jamais avec personne sauf avec son frère qui était dans le même collège

un tremblé dans ma mémoire oui c'est ça, il y a une lettre adressée à toi, Marie-Élisa, une lettre retrouvée d'un inconnu qui porte un nom connu de nous autres Ardéchois, « de Vogüé », du charmant village du même nom
Guy de Vogüé ! un certain temps conseiller municipal communiste quelque part du côté de Mantes-la-Jolie
il t'écrit en 1983 une lettre inconsolée, une de ces lettres où la déréliction dévastatrice de l'extermination des Juifs vous étreint le cœur : « J'ai bien reçu le livre de madame Alcan.

Merci beaucoup. Je ne l'ai pas lu : chaque fois que j'en ai fait la tentative à telle ou telle page, il m'a fallu le refermer après avoir parcouru une phrase. Tant est présente cette douleur des quarante années passées, depuis que j'ai vu partir Bonnet, Sabatier et Dupré et que je me suis demandé "pourquoi pas moi", le 15 janvier 44. Depuis huit jours je sais qu'ils étaient dans le convoi 64, le même que celui de madame Alcan. Et qu'ils ont été gazés le jour de mes quinze ans. Et que je sais leur nom. »

dans le livre de Maryvonne Braunschweig et Bernard Gidel – *Enquête autour du film de Louis Malle* –, il est dit que ce sont les patientes recherches de Guy de Vogüé qui ont permis de retrouver l'identité de ces enfants
puis sont venues les recherches de Serge Klarsfeld : premier mémorial en 1978 – celui des enfants en 1994

> « Le père Jacques de Jésus qui les hébergeait est parti le même jour pour mourir (après Sarrebruck) à Mauthausen, quelques jours après la libération du camp. Il était ma mère et mon père. Il m'avait confié Maurice Schlosser que je ne connaissais que sous le nom de Sabatier. »
> « Mes amis ont été gazés à Auschwitz, ce que je sais depuis huit jours. »

Guy de Vogüé est peintre

> « La suite de mon travail de peintre, son terrain, a été totalement cette journée du 15 janvier 1944. Avec des incursions, bien sûr, dans le domaine de la virtuosité picturale. Mais l'essentiel, je l'ai gardé : c'est tout ce qui concerne le livre de madame Alcan. »

on aimerait voir ses peintures
celles sur la guerre d'Algérie et les grèves de Flins en 1968 aussi
sa manière à lui de parler des camps de concentration et de l'extermination (son père était « déporté d'honneur » à Neuengamme, écrit-il)
quarante ans après, Guy de Vogüé se demande toujours

> « pourquoi je n'ai pas été à la place de Schlosser, de Michel et de Halpern. Une seule réponse est d'en porter témoignage jusqu'au bout de mes peintures et de ma vie »

il écrit vouloir pour ses peintures sur Auschwitz non pas un espace d'exposition mais un espace de recueillement
il décrit son inquiétude : ses enfants ne comprennent pas la différence entre les morts de Beyrouth et ceux d'Auschwitz et demande des livres de Louise Alcan pour eux (*Le Temps écartelé*) et pour les aider à voir sa peinture

pour moi, Guy de Vogüé a maintenant la figure du petit Julien, les yeux fixes, agrandis par l'horreur de sa condition, à la fin du film

•

Philippe

ton petit frère, Philippe, était arrivé dans la vie en décembre
quelque temps après le début de la Première Guerre mondiale
il s'en est allé juste avant la fin de la Seconde

vous avez attendu le retour de déportation de Philippe

> *Nous avons eu un petit mot sans doute écrit de la main même de Philippe ; cela authentifie l'information de* Libres *– il s'y dit bien portant –* [...] *ces rapatriements sont longs – et encore plus quand on sait ce qu'on sait – même en imaginant la nourriture convenable, les mauvais traitements finis et tout et tout.*

tu écris cela le 11 mai 1945, puis le 16 :

> *Je t'ai dit que nous avions eu un petit mot de la main de Phil et sans date – maintenant j'ai vu hier dans un canard parisien que l'on détruisait Bergen-Belsen – foyer d'infection – par le feu le 21 mai. J'espère donc que Philippe ne tardera plus trop.*

vous avez attendu, attendu, mais il n'est pas revenu
il est mort là-bas à Bergen-Belsen aux alentours du 1er mai
vous avez perdu tout espoir en août, quand Olga Wormser
est revenue de sa mission à Bergen-Belsen
tu as été convoquée par la mission du ministère des Prisonniers
et des Déportés pour te faire savoir qu'il était sur une liste
des morts du 1er mai, rapportée par un prêtre
il avait eu à Bergen-Belsen le typhus (*exanthématique* ou
typhoïde ? te demandes-tu)

cher Philippe,
j'aurais tant aimé te connaître   tu me séduis en jeune homme timide, extrêmement doué, inventif, militant, amoureux, engagé   communiste engagé dans la Résistance universitaire dès novembre 1940 à Paris, toi le jeune prof qui grâce à ses idées pédagogiques avancées ne se faisait plus chahuter comme à tes débuts à l'âge de dix-neuf ans   l'agrégation de grammaire à vingt et un ans ! et puis tu avais recueilli tes parents à Lille, c'est beau ça   tu as entraîné ta mère à militer aussi dans le Comité mondial des femmes contre la guerre et le fascisme
en Bretagne dès 1942, professeur à Lorient puis à Rennes, tu fus un des organisateurs des FTP-FFI   tu nous aurais raconté en quoi ça consistait ces grosses responsabilités que tu avais pour quatre départements, ton arrestation le 25 mai 1944, la prison
j'aurais bien aimé aussi voir comment maman se débrouillait avec son petit frère
te voir vieux, ça m'aurait plu aussi   et savoir que mes cousins avaient un père présent m'aurait fait du bien
au lieu de cela, tu as fait partie des « plusieurs dizaines de milliers de morts » de Bergen-Belsen
surpeuplé, désorganisé, le camp est un véritable mouroir au début 1945   faim, épuisement, maladies   coups, sévices jusqu'à la libération du camp par les Britanniques mais l'hécatombe continuera plusieurs jours après
maladies   dénutrition   choc psychologique

Ceija Stojka en dit l'essence dans ses poèmes et ses peintures

Paule se culpabilise, la pauvre : le 22 août, elle écrit de Rennes :

> « Ma petite Marie-Élisa,
> Je pense à des tas de choses, je me dis que je n'ai pas fait tout ce que j'aurais pu peut-être pour le faire évader quand il était en prison ici. Peut-être aurais-je pu partir en Allemagne dès que j'ai su que le camp était libéré... Je savais, quand on a su que son nom était sur une liste, qu'il fallait faire vite, qu'il ne fallait pas le laisser mourir là-bas. Et depuis le moment où il a été libéré, je n'ai pas cru un seul instant qu'il ne reviendrait pas. Je disais à Lucien et Annie en les couchant papa va revenir. »

un an plus tard, en causant avec Henri Mougin qui était
prisonnier de guerre près de Bergen-Belsen, tu as appris
qu'il était allé après le 15 avril dans le camp et avait parlé
avec Philippe (ils se connaissaient depuis l'époque des Maisons
de la culture), c'était un soir dans le métro
vous avez pris rendez-vous pour quelques jours après mais Henri
Mougin est mort entre-temps, il avait trente-quatre ans

pauvre maman, quelle déception cela a dû être, ces derniers
instants de ton frère volés par cette mort précoce

voguent les enfants de Philippe et Paule

elle   passe sa vie à plonger des papiers impressionnés
dans un bain   en vue de révélation
lui   révèle les autres à eux-mêmes
déshabille les rêves   tisse des relations
la même quête
le corps du père jamais revenu de son état de nu
ce mauvais rêve
non revenu de son retour

•

Prénom

tu as un drôle de prénom   Marie-Élisa
tu es unique   tu es lunique
Élisa, passe encore, il y a Élie dedans mais Marie ?
peut-être que tes parents étaient marris d'avoir une fille en premier ?
en 1910 et après un mariage arrangé, ça se pourrait
toi tu as été heureuse d'avoir eu une fille en dernier mais
tu as quand même essayé le coup du mariage arrangé, tu te souviens ?   un scientifique bien entendu   il n'y avait de salut que par la science et pour toi en effet cela avait été ton salut à Auschwitz

ce prénom que notre père n'arrivait pas à prononcer, que je l'aime, que je l'aime, que je l'aime
le beth est tombé
beth comme bête ce que l'enfant entend
beth la maison le refuge en hébreu, arabe, akkadien, phénicien
beth comme maison refuge ce que je crois maintenant
beth comme le début de tout
tu es bien mon commencement   mon engendrement et le nôtre

as-tu jamais remarqué ceci : il y a *isa* le début d'Isabelle
dans Élisa et le reste c'est *El* : Dieu
alors ? pas de maison et pas Dieu ?

tu aimais ta fête le 15 août au point de mourir un 15 août
tu offrais des cadeaux à ton amie ardéchoise Marie
qui te rendait la pareille   elle est morte peu après toi

Marie-Élisa   un prénom très peu porté, n'est-ce pas, pourtant c'était déjà le prénom de ta grand-mère ! sans le trait d'union toutefois

Isabelle
me v'là bien
moi qui te reprochais de m'avoir donné en premier le prénom
de ta mère gazée à Auschwitz   Janine pour « Jeannine »
je m'aperçois que Isabelle et Élisa c'est du même   du même
arrangé   moi aussi je porte un prénom à six branches

je remarque que même au seuil de la mort
le médecin de l'Assistance publique rédigera une enveloppe
« Pour le Médecin de Madame Cohen Marie »

ORDONNANCE

le médecin a donné ses soins
Madame Marie comme nous le savons   tous
est très lombalgique
scoliose dégénérative   avec lésions arthrosiques

la rééducation lombaire à plat dos   en cyphose
strictement isométrique
et en verrouillage
jointe à des massages relaxants
et à des soins de physiothérapie habituels

aidera Madame Marie
à se remettre à plat ventre

ceci est ordonné

tu as toutes sortes de petits prénoms certains bien cachés
ton neveu Lucien ta nièce Anne disaient   « Marelle »

Thérèse ton amie d'enfance « Maloulie »
tes amis du Contadour « Maly »
ta nièce Françoise t'appelait « Nania » ce fut ta signature
des lettres du Dépôt et la manière dont tu te désignais dans les
lettres du camp

mon père ne pouvait prononcer ton prénom Marie-Élisa
mon père t'appelait
« Femme »
mon père qui te disait « femme »
mon père qui te dit femme

Marie apparaît enfin grâce à Rosine
comme l'anagramme du verbe aimer

•

Présidente

l'Amicale tes copines de déportation
étaient ton souci quotidien
pas un jour sans
pas un jour sans la déportation
ce depuis le premier jour de ton retour

tes nuits dont tu ne parlais jamais
tes nuits dont tu ne parlais pas

tu as présidé l'Amicale des déportés des camps d'Auschwitz et de
Haute-Silésie pendant quarante ans : de 1950 à 1991
tu cherches à réaliser la promesse faite à tes camarades mortes
là-bas
vous entendez « ami » dans Amicale ? eh bien c'était ça
les mots ami amie amis amies étaient premiers

conserver l'union et l'amitié au sein de l'Amicale
tu y mettais toute ton énergie tu cherchais à rassembler
vous aviez des tensions, des dissemblances, mais vous vous
supportiez mutuellement, tu vivais là en tolérance

tu étais liée à une foule d'amis de camarades dans toute
la France   tes amis de la Résistance et de la déportation
avec lesquels tu travaillais dans les congrès les commissions

tu as eu des responsabilités au Comité international d'Auschwitz

il y a cette photo de toi

te voilà à Birkenau en 1955

Annette Wieviorka explique dans son livre *Auschwitz, soixante ans après* que tu es « l'orateur vedette de la cérémonie pour le dixième anniversaire de la libération du camp », que « c'est un indice de la volonté d'internationaliser la mémoire du camp », un indice d'une « conception antifasciste de l'Histoire qui met l'accent sur la Résistance et qui occulte l'identité des victimes, en particulier juives, mais aussi tziganes, ou encore des Polonais de l'armée intérieure »

tu écris le 14 avril de cette année 1955
tu écris dans ton carnet de voyage de 7,5 cm de large et 13 de haut
23 pages numérotées de ce que tu as titré :
« Pologne 12/4/1955 – 20/4/1955 »

tu écris à l'encre bleue de cette écriture si familière

Matin visite au ZBOWID
(la fédération polonaise des anciens combattants)
Olga Wormser est là qui prépare le film *Nuit et Brouillard* dont elle est la conseillère en histoire et doit demander les autorisations nécessaires au tournage

Je rentre travailler pour laïus que je ne savais pas encore devoir être unique ! [...] *Kowalski a suggéré à* [illisible] *qu'il serait bon que je fasse le discours au nom de ttes les délég., malgré le fait que je suis...*

que tu es ?

le 16 : *À déjeuner je travaille avec Kowalski.*
Après j'essaie de rédiger ce qu'on a décidé de corriger.

Départ 20 h 30 pour la gare [vous étiez encore à Varsovie] *Train spécial IWR pour deux ou trois wagons – cabines à trois ou deux couchettes. Je suis avec Odette. Olga est à côté – lavabo dans la cabine (et vase de nuit !).*
Dès que nous sommes dans le train, je montre ce que j'ai refait (cert. phrases Olga aidant car je n'arrive plus à rédiger bien) à Kowalski puis à la commission qui approuve : critiques de Borzenko [?], *délégué russe, un des libérateurs d'Auschwitz : il aurait fallu comparer à l'enfer de Dante – et on pourrait rajouter la phrase de Julius Fučík : « Hommes, je vous aimais ! Soyez vigilants. »*
On travaille à taper sur unique machine à clavier français jusqu'à deux heures du matin. Les autres ne se couchent pas pour faire traduction polonaise.

nous connaissions cette photo   oratrice devant une batterie de micros
mais fichtre, savions-nous que tu étais la vedette ?

que devant toi il y avait une foule de 100 000 personnes ?
peut-on d'ailleurs imaginer une telle foule ? imaginons-la :
Birkenau « seul endroit capable de tenir une telle masse
de population », écrit Annette

tes cheveux en désordre vents d'avril ton manteau n'est pas
si épais

ce foulard te tenait-il assez chaud ?
tu étais friande de ces carrés Hermès détestables
tu as quelque chose accroché au revers du col : quoi ?
il y a beaucoup de vent ça se voit aux drapeaux aux nuages
ces arbres est-ce la silhouette des bouleaux ?

tu écris :
Maquette du crématoire extraordinaire avec photos de
David Schmulewski agrandies, prises sur les lieux.
David Schmulewski est là à Birkenau expliquant
ce qui se passait là un autre dit son rôle dans la révolte
du Sonderkommando
tu écris :
Après le déjeuner il pleut. Une pluie de Birkenau.
il neigera le lendemain

tu es allée aussi à la commémoration du vingtième anniversaire
de la libération d'Auschwitz, en 1965, toujours en avril, comme
celle des *autres* camps
tu écris dans le même carnet au stylo à bille
tu voyages encore en train de Varsovie à Oświęcim où tu arrives à
6 h 30 du matin
tu écris :
Nuit comme d'habitude dans ce genre de train.
on n'atterrissait pas direct à Cracovie en ce temps-là
il n'y avait pas encore d'aéroport Jean-Paul-II
pour aller plus vite à Auschwitz

vingt ans après étais-tu pressée ?
tu n'es plus la vedette, tu n'as pas à discourir et peux rester avec tes copines jusqu'à arriver en retard à la cérémonie
l'ambiance n'est plus la même
si on en juge par l'hôtel, les Françaises résistantes ont été rétrogradées dans des chambres minuscules où les robinets fuient
la casquette de résistante doublée de fourrure communiste et cousue de fils juifs invisibles était devenue insuffisante et inopportune

puis tu n'y es pas retournée

tu as témoigné lors de procès

cette photo est du 2 février 1950, le premier procès où tu as été obligée d'authentifier ce qui se passait à Auschwitz de *prouver* de *dé-mentir* les faussetés des faussaires fossoyeurs fossiliseurs

tu montres ton *numéro* au procès intenté par Wanda Jakubowska à Michał Kwiatkowski qui la calomniait

tu témoigneras à d'autres procès, les procès de ceux qui nient que les chambres à gaz aient existé
tu expliqueras comment ton *numéro* avait été inscrit dans ta chair, ce que vous aviez vécu et comment vous étiez mortes,

ce qui se passait dans les chambres à gaz, l'odeur des fours crématoires
le premier en date fut – en 1964 – le procès contre Paul Rassinier :
encore des femmes diffamées : Marie-Claude Vaillant-Couturier
et Macha Speter-Ravine auraient volé la nourriture aux autres pour survivre
tu témoignes avec Geneviève de Gaulle et d'autres
toujours expliquer
le journal *Rivarol* et Rassinier seront lourdement condamnés
les négations et fausses accusations ne cesseront jamais, le travail de l'Amicale non plus

Pas de prescription pour les crimes nazis !

ce combat-là sera gagné après le procès de Francfort,
cet événement considérable qui réveilla les consciences en RFA
mais tu notes avec humour noir et dépit que seulement
22 prévenus comparaissent alors que pour exterminer 4 millions de personnes (c'était le chiffre de l'époque), il en fallait des gardiens, des kapos, des chefs

l'Amicale s'indignera souvent du nombre affolant d'ex-nazis
dans les rangs du gouvernement de la RFA jusqu'au sommet,
pétitionnera contre les accords de Bonn et le traité de Paris

Dissolution des associations d'anciens SS en RFA !
Interdiction de toute propagande nazie et raciste !

vous manifestez à Cologne et à Strasbourg
ces combats-là seront perdus

expliquer, raconter, ton sacerdoce
tu t'insurges aussi contre les gros silences et les falsifications des médias

le premier livre de témoignages édité par l'Amicale est daté de 1946, il a été tiré à 10 000 exemplaires
il y aura d'autres livres très diffusés édités par la FNDIRP
en 1979 – après l'interview de Darquier de Pellepoix dans *L'Express* et ce que tu appelles une « campagne pour l'oubli » et une entreprise de « banalisation du nazisme » dans les médias – vous jugez utile de publier un nouveau livre que vous demandez à Vladimir Pozner d'écrire
ce sera *Descente aux enfers. Récits de déportés et de SS d'Auschwitz,* publié par Julliard en 1980, tu en as rédigé les 40 pages de la postface « Histoire des camps d'Auschwitz », pas sous ton nom mais sous celui de l'Amicale

en janvier tu préparais la traditionnelle assemblée générale
je suppose que certaines années, à cause de la situation internationale et singulièrement celle d'Israël, les tensions étaient grandes
l'AG était suivie de la *Rencontre* salle des fêtes de la mairie du IVe arrondissement
ta part de présidente était le rapport « moral », celle de Louise Alcan, secrétaire générale, qui te téléphonait tous les quatre matins, le « rapport d'activité », celle de Marie-Louise Kahn était la solidarité et l'aide sociale, un volet très important de l'action de l'Amicale auquel tu tiens beaucoup   tu sais déléguer
ta part dans la rédaction du bulletin de l'Amicale *Après Auschwitz,* je ne la connais pas

tu devais t'investir beaucoup pour les soirées anniversaires
ça prenait du temps de préparer ces soirées : prévoir le programme culturel, les orateurs et oratrices, louer les salles, demander à des artistes de dessiner le programme
en 2020 le film de Wanda que vous deviez connaître par cœur à force de le projeter est présenté au festival Lumière à Lyon comme « oublié » et « exhumé »   une « redécouverte saisissante »

parmi tes obligations, certaines avaient de l'attrait pour la petite-fille que j'étais
aller à la garden-party de l'Amicale butte Montmartre dans l'atelier du peintre Marc Saint-Saens était un régal, biennal je crois le régal
il offrait une lithographie réalisée par Fernand Mourlot et mise aux enchères au profit de l'Amicale
il y avait aussi l'« arbre de Noël » de l'Amicale, des photos l'attestent, mais les souvenirs manquent

tu considérais que l'Amicale avait un devoir de solidarité vis-à-vis de tous les survivants et aussi des familles des disparus
il y avait des aides pécuniaires cependant l'aide morale qu'y trouvaient de nombreux rescapés était tout aussi importante
tes « enfants » adoptifs, la plupart orphelins, déportés très jeunes, te vénèrent
tu n'es pas présidente mais mère de substitut pour eux
l'Amicale aidait les déportés dans leurs démarches pour faire valoir leurs droits
obtenir la carte de déporté politique pour les vivants comme pour les morts, de déporté résistant, sans parler des dossiers pour l'obtention des indemnisations obtenues de la RFA au début des années soixante
si j'en juge par l'épaisseur de tes propres dossiers emplis de circonvolutions kafkaïennes, conseiller des centaines de personnes, ça devait être compliqué

dans tes attributions : ranimer la flamme du soldat inconnu le 27 janvier et le dimanche de fin avril Journée de la déportation
un certain président de la République te broyait la main,
un autre ne te la serrait pas   communiste !
cet énorme défaut aux yeux de certains ne t'a pas empêchée d'être réélue pendant quarante ans présidente de l'Amicale, puis d'en être « l'honneur » jusqu'à ta mort deux ans plus tard

tu étais dans le temps   le temps de l'histoire   le temps qui avait voulu qu'un ou une sur cinq des résistants et résistantes déportés à Auschwitz reviennent vivants et que les communistes deviennent ainsi une « minorité agissante » au sein de l'Amicale, d'autant que de nombreux déportés en tant que Juifs étaient aussi communistes
le temps était à la guerre froide, à la peur d'une troisième guerre mondiale
à la crainte de la bombe atomique, à l'appel de Stockholm, à la volonté de paix
le temps était à la reconnaissance envers Staline et l'Armée rouge
le temps était à la valorisation des héros, le temps était à l'amalgame
le temps était à l'indistinction, le temps était à la volonté de retrouver la vie d'avant
le temps était à oublier que Vichy avait été le gouvernement de la France
le temps était au silence
tu as suivi ce mouvement comme les autres, comme de Gaulle qui ne recevra jamais que des déportés résistants, incarnant pour lui l'honneur de la nation, non les rescapés déportés parce que nés juifs
tu as suivi ce mouvement d'invisibilité de l'identité juive de l'écrasante majorité des victimes d'Auschwitz
toi juive mais communiste avant tout
c'est sans doute cela qu'a perçu Simone Veil à son retour qui a écrit dans *Une vie* que l'Amicale était « verrouillée par les communistes » et qu'elle n'y a pas trouvé l'aide qu'elle cherchait, ce qui n'a pas forcément été l'expérience d'autres jeunes femmes réactionnaires comme Nadine Heftler

toi la Juive rentrée   je suis bien placée pour savoir que tu avais des amies juives et qu'elles jouaient un grand rôle dans l'Amicale et dans ta vie

mais ta formule – qui était la formule des résistants – a été
longtemps « l'extermination des races jugées inférieures
par le nazisme »

même dans ton article sur le procès de Francfort qui date
de 1964, pas une fois tu n'écris le mot « juif »
tu ne veux pas appeler un chat un chat
viendra le temps où au lieu de « victimes », au lieu de « races
jugées inférieures » tu arriveras à écrire les mots « Juifs et
Juives » et ajouteras toujours « Tziganes »

tu n'as jamais utilisé le mot Shoah pour parler de ça   non
extermination !
génocide des Juifs et des Tziganes !
tu le disais en français et en toutes lettres
avec le mot qui dit ce que ça veut dire
oui mais, peut-être t'y serais-tu mise
après tout le Mémorial ne date que de 2005

le temps était ce qu'il était, les camps de concentration n'avaient
pas disparu, il en existait d'autres sortes ailleurs, en Union
soviétique, ce que tu ne voulais ou ne pouvais voir
ce qui t'était peut-être douloureux, nous n'en savons rien

en tant que présidente, tu t'es rendue parfois, très rarement
invitée toutefois, à la radio et à la télévision

je me souviens que tu as participé à une émission des « Dossiers
de l'écran » – celle du 6 mai 1975 – « Plus jamais ça : la
déportation »
l'émission est attestée par Julie Maek et par le site de l'INA
mais il est impossible de la voir, elle n'est pas dans les archives et
le débat – en direct – n'a pas été enregistré

je me souviens du maquillage, de la robe !

et surtout de ta déconvenue, de ton sentiment de t'être laissé piéger, je me souviens des derniers mots d'Alain Jérôme :
« N'est-elle pas venue l'heure du pardon et de l'oubli ? »
deux jours après Giscard d'Estaing annonçait que le 8 Mai ne serait plus une fête nationale
il décide de supprimer la commémoration officielle du 8 Mai, voulant par ce geste sceller la réconciliation franco-allemande (processus entamé par de Gaulle et Adenauer qui avait donné lieu à une campagne de l'Amicale) pour consolider la construction de l'Europe
tu t'es toujours prononcée pour que le 8 mai redevienne *férié*
de Gaulle avait gardé l'idée d'une commémoration mais l'avait instaurée le deuxième dimanche de mai et donc supprimé la fête nationale du 8 Mai
elle fut restaurée par Mitterrand en 1981
tu es surtout scandalisée par les termes de *pardon* et d'*oubli*
pour toi si engagée pour un *impossible oubli*

en 1978 tu es sur le plateau d'« Aujourd'hui Madame »
l'émission du 17 novembre, qui a pour titre « Interdit d'oublier », avait eu pour point de départ l'interview de Darquier de Pellepoix dans *L'Express* du 28 octobre
quinze pages d'interview, s'il vous plaît
Darquier, l'ordonnateur de la rafle du Vél' d'Hiv, explique au journaliste que c'est bien « cette satanée propagande juive qui a répandu et entretenu cette légende » des chambres à gaz, parce que les Juifs, c'est bien connu, sont « toujours prêts à tout pour qu'on parle d'eux, pour se rendre intéressants, pour se faire plaindre »
et tout ce qu'on a gazé à Auschwitz, ce sont des poux
« après la guerre, les Juifs ont fabriqué des faux par milliers », avec lesquels « ils ont intoxiqué la terre entière »

et après
et après
et après

Le Monde donne – « de guerre lasse » écrira Ariane Chemin en 2012 – la parole à Faurisson le 28 décembre de la même année
si le terme *négationnisme* n'avait pas encore été forgé, la négation était à l'œuvre et occupera l'Amicale et l'occupe encore

en tant que présidente tu as plusieurs fois écrit au ministre de l'Intérieur pour demander la dissolution d'Ordre nouveau
tu écris bien entendu des tas de lettres officielles au ministère des Anciens Combattants et Victimes de guerre (demandes de lieux de mémoire, etc.)
vous vous inquiétez de ce qui se passe en RFA, tu en parles à chaque assemblée générale

l'Amicale, c'est ta vie, et comme la vie, c'est beaucoup de mouvement, surtout quand ça bouge au Proche-Orient

tu écris à Haïdi Hautval – indignée par certaines prises de positions pro-israéliennes sans nuances dans le bulletin de l'Amicale au moment de la guerre du Liban de 1982 – que « le calme est revenu à l'Amicale, que l'Amicale est beaucoup plus complexe – à l'image d'Auschwitz – que toutes les autres amicales »
il y a environ un cinquième de cotisants non déportés comme juifs « et les autres, parmi lesquels il y a des résistants ont des pensées tout à fait inhomogènes »

bien sûr tu étais à l'ADIR aussi et aux amicales de Ravensbrück et Mauthausen et à la FNDIRP dont tu deviendras vice-présidente après ta retraite

tu essaies de faire travail d'histoire, tu travailles énormément

tu privilégies le travail collectif
tu sais que le combat est permanent pour la dignité, la défense des droits et la paix
tu travailles tes discours, tu travailles pour tes articles
tu travailles ta mémoire, celle des autres, les trous de mémoire, les oublis, les erreurs, les falsifications
tu es une chercheuse, une analyste, une débatteuse
il faut tout cela pour transmettre et pour la transmission
tu es championne

tu étais une des rares – ou la presque seule ? – communiste à faire partie du « Réseau du Souvenir » qui se voulait à l'écart des combats politiques des Amicales et qui fut à l'origine – entre autres – de l'institution en 1954 d'une Journée nationale de la déportation le dernier dimanche d'avril, de l'organisation dans les lycées et les collèges d'un concours de la Résistance et de la Déportation, de commande d'œuvres artistiques – et de monuments telle la Crypte de la déportation
c'est par une lettre de Julien Cain qu'il t'est demandé de participer – en 1955 – à la Commission d'histoire de la Déportation

et puis il y a l'affaire du musée d'Auschwitz
tu connaissais les motivations du professeur Waitz quand il a démissionné du Comité international d'Auschwitz en mars 1968 : lors de l'inauguration en 1967 du monument international dédié aux victimes, qui occultait que l'immense majorité d'entre elles était juive, le mot « juif » n'avait pas été prononcé par le Premier ministre Cyrankiewicz, pourtant ancien du camp
son discours à lui qui parlait de l'extermination des Juifs n'avait pas été traduit en polonais

tu connais les écueils, mais nous sommes en 1977 ou 1978, la muséographie peut et doit évoluer   non, le seul lieu de mise à mort des Juifs n'est pas Treblinka comme le voudraient

les Polonais qui ainsi faisaient d'Auschwitz le lieu de leur martyrologue et de celui des résistants antifascistes
avec Louise Alcan, tu fais partie du comité scientifique – au nom de l'Amicale – de la nouvelle exposition prévue par accord bilatéral polono-français, au musée d'Auschwitz, « Lutte et martyre du peuple français, 1939-1945 »
François Marcot est l'historien du projet, il discute beaucoup avec toi, il décrira les critiques du secrétariat d'État : il fallait retirer tout ce qui concernait l'antifascisme, l'esprit de Munich et l'antisémitisme dans la France des années trente
il fallait retirer tout ce qu'évoquait la collaboration d'État : « Nous n'avons pas à insister sur les divisions de la France », il fallait afficher d'autres listes de convois de déportation de France à Auschwitz, parce que les noms qui y figuraient « n'avaient pas une consonance très française »
François racontant cela, le sourire aux lèvres
« On a vu avec les ministères : le français (qui ne voulait pas que l'on dise du mal de Pétain), le polonais qui ne voulait pas qu'on parle des Juifs !! Pas besoin de te dire que Marie-Élisa a pesé de tout son poids !!! » se souvenant de fous rires partagés, de votre amusement à résister aux ministères français et polonais
c'était le temps de la volonté officielle d'oubli, tout le monde il est beau tout le monde il est gentil, arrêtons de commémorer ce 8 Mai que nous ne saurions voir

Olivier Lalieu explique, c'est éclairant, les liens entre l'Amicale, la FNDIRP et le Parti communiste
ce qu'il me semble pouvoir dire avec tranquillité, c'est que tu faisais ton boulot de présidente honnêtement, en lien avec l'état des forces de paix du moment et même de l'historiographie du moment
tu n'as jamais prétendu être ce que tu n'étais pas   pour avoir les suffrages   tout le monde savait que tu étais communiste et votait pour toi comme présidente de l'Amicale
on te lisait à livre ouvert

tu dis à Ania Francos :

S'il y a bien une chose que la Résistance et la déportation nous ont enlevée, c'est le sectarisme.

Madame la Présidente de l'Amicale des camps d'Auschwitz
et de Haute-Silésie,
tu fus aimée et adulée   intensément respectée
ton esprit était laïc et œcuménique, républicain
toujours au front, toi la dame au grand front
ta substantifique moelle sans aucun doute mais aussi la nature
même de ton combat
toujours recommencer   parce que ce n'est jamais ça
parce que tu penses que même tes amies de Ravensbrück
n'ont pas compris Auschwitz
que savions-nous de ta souffrance à témoigner ?
de ta souffrance à lire ce qu'on écrivait sur vous
les gens du camp ?
elle était transcendée par ton travail d'expliquer
mais décidément ce n'était jamais ça
c'est sans doute pourquoi tu te transformais tant au contact des
anciennes de ton convoi   tu te transfigurais même
presque cinquante années à remplir le tonneau des danaïdes
à toujours remettre le travail sur le métier
pas par devoir   pas pour la mémoire
mais parce que c'était un fait qu'en mai 1945 rien n'était fini

un de tes derniers discours, celui du 27 janvier 1985 se termine par :

« N'oubliez jamais qu'il dépend de vous que le mépris
de l'homme pour d'autres hommes disparaisse et que
la DIGNITÉ de tous soit respectée ! »
« Souvenez-vous que le nazisme et Auschwitz n'étaient
pas inéluctables. Hommes et femmes d'aujourd'hui
et de demain,
soyez   vigilants ! »

« Quatre-vingts ans plus tard – écrit Serge Klarsfeld à propos de la rafle dite du billet vert (*Le Monde* daté des 13 et 14 mai 2021) – n'oublions pas ces 3 700 hommes victimes d'une haine anti-juive, qui, malgré la défaite du nazisme, a réussi à se transmettre amplement. »
annonce déchirante je trouve   et signe des temps
tu le savais, toi, que rien ne s'est terminé en 45

tout ton temps libre
puis tout ton temps

pas un jour sans
pas un jour sans la déportation

•

Qualités

ces qualités relevées dans le volumineux courrier reçu après ton décès, les voilà

tu as été tant aimée, si estimée, si admirée !
t'avoir rencontrée est un privilège

qualités ou vertus ?
nombreuses de tes *qualités* sont des vertus telles que courage
et fidélité, humilité et modestie, selon Vladimir Jankélévitch
on pourrait ajouter l'ironie, tu n'en manquais pas

pour Vladimir Jankélévitch, écrit Cynthia Fleury, le courage est la vertu « réussie entre toutes », l'élément qui rend « les autres vertus efficaces et opérantes » ; et, peut-être, après tout, « est-il moins une vertu lui-même que la condition de réalisation des

autres vertus. Sincérité, justice ou modestie, elles commencent toutes par ce seuil de la décision inaugurale »
le courage est ainsi une affaire de seuil, de saut
entre le courage et le reste des actions, il y a toujours une solution de continuité

le courage me touche au-delà de toi avec cette question qui a occupé toute ma vie « en ai-je ? » ou plutôt en « aurais-je eu ? »

toi la loyale   la courageuse   qui décide en 1940 *comme tu l'avais promis* d'adhérer au Parti communiste alors hors-la-loi

toi   si active   si vaillante
toujours le sourire aux lèvres

toi dont le cœur et l'esprit s'équilibraient à une grande hauteur morale

toi à Ravensbrück   si gaie   si réaliste

toi au Dépôt   quel courage tu avais

toi toute faite d'intelligence   de droiture   de bonté

toi qui apportais en tout lieu   intelligence   générosité enthousiasme

et aussi modestie   absence de sectarisme   courage tranquille

toi avec ta fermeté souriante   ta bonté généreuse

toi et ta pugnacité en toute chose   en tant que présidente du jury du baccalauréat, tu voulais repêcher le maximum d'élèves, parfois de beaucoup de points
c'était ton credo, tu ne voulais pas décourager les jeunes

ta modestie affleure un peu partout
à Marie-Claude qui doit te remettre l'insigne de chevalière de la Légion d'honneur, tu écris le 27 juin 1968 : « Ma vieille, voilà un résumé pas très glorieux ! »
Marie-Claude, c'est cinquante ans de ta vie, cinquante années d'indéfectible amitié   Marie-Claude ta presque sœur avec qui tu conversais si souvent au téléphone

en 1946, dans les *Cahiers du Rhône,* tu essayes de définir le « "moral" communiste »   tu dis que oui, le moral a joué un rôle considérable, c'est un ensemble très complexe, tu voudrais surtout expliquer son contenu pour une militante communiste

> « Je m'excuse d'être obligée de donner quelques notes un peu personnelles pour illustrer ce que je veux dire : elles sont fondées sur vingt-sept mois de vie dans trois camps d'Allemagne parmi les pires : Auschwitz, Ravensbrück et Mauthausen. »

dès ce début ta modestie, ta fermeté et ta droiture de pensée entrent en action, elles ne se combattent pas, elles s'épaulent

toi grande et noble dame

toi d'une très grande générosité

toi d'une intelligence aiguë
très exigeante   chaleureuse   énergique

toi la fraternelle   la droite   l'intelligente

toi d'une grande simplicité   la très modeste
la compréhensive

toi de bon jugement   de grande autorité

toi modèle de courage pour tous

toi la volontaire avec tes horribles douleurs

toi qui n'avais que des amis et étais respectée par tous

toi que tous aimaient admiraient respectaient affectionnaient

toi modèle de bonté d'ouverture aux autres
de largesse d'esprit et de cœur

toi femme de cœur (et reine du mien)

ta sensibilité

toi aux qualités de dirigeante d'un optimisme foncier
d'un engagement sans réserve ni limite

toi la lucide la combative l'engagée

toi qui rayonnais d'une lumineuse chaleur humaine

toi qui avais la faculté de t'intéresser personnellement à chacune
à chacun
toi qui te souciais individuellement des gens
chaleureuse affectueuse
toi qui faisais toujours une place à l'autre

toi la bonne copine, écrivait Ania Francos, à qui on pouvait
toujours téléphoner pour se faire remonter le moral

pour finir ma qualité préférée ta gaieté
un peu chiche après la guerre ta gaieté
certes tu étais assez joyeuse enfin tu ne ressassais pas
tu étais dans la vie

heureuse d'avoir des enfants et des petits-enfants anxieuse à leur égard ta gaieté était toutefois en partie absorbée par tes souffrances physiques

j'aime beaucoup aussi les couples antagonistes et néanmoins amis :
calme et feu intérieur   douceur et fermeté   chaleureuse et énergique
sa façon sincère de vous engueuler
communiste calme digne et exemplaire
ta droiture   toi fondamentalement de gauche
ces cinq cent soixante-dix lettres ou cartes (très rares sont les protocolaires) sont les pétales d'une énorme fleur de papier-tombeau-mausolée offerte par ceux et celles qui t'ont aimée et admirée
un tombeau choral de celles et ceux pour qui tu étais mère sœur amie professeur parente

ces qualités, c'est un peu ta face A
ta face A   une longue romance une aubade à ton aura
la lumière qui en émane a voyagé jusqu'à nous

les défauts de la face B   je n'ai pas envie de les égrener
ton rôle de mère   tes visées de maman   n'ont pas toujours été superposables à la luminosité de la face A
ta face B, n'est-elle pas ma face A où à côté de chacune de tes qualités j'apposerais pour moi un point d'interrogation
toute une vie de points d'interrogation ?

si tu lisais ta face A   tu te fâcherais   ni fleurs
ni couronnes   ta devise
mais je ne peux m'en empêcher je te résiste je te plaisante

je suis tranquille je ne peux me hisser à ta hauteur

Radioactivités

radioactivité   ce mot suscite en moi de la frayeur
il suscitait en toi de l'enthousiasme
transmission à rebours

je lis le livre en entier *La Radioactivité artificielle*
je sais que je n'y trouverai même pas une note en bas de page
avec ton nom   je réalise que tu as travaillé avec Joliot
mais que ce n'était pas ton domaine d'études
toi c'était la chimie minérale qu'au sortir de la guerre
et de la déportation tu trouvais éloignée de toi
ce que je retiens de ce livre
c'est qu'on a réussi la transmutation du plomb en or !

je cherche le lien si fort qui t'unissait à Joliot
mais passe-t-il par la radioactivité ?
tu as partagé ses illusions   jusqu'au bout
et ses combats pour la paix.

tu as donné à ton troisième fils les prénoms de son fils et de son
petit-fils   il disait que tu avais le front d'Irène

Assis : Irène et Frédéric Joliot-Curie, Francis Perrin,
Debout : Lew Kowarski, Marie-Élisa, Jules Guéron,
Bertrand et les autres en 1948 du conseil scientifique du CEA.

l'avais-tu connu à l'Union nationale des intellectuels
après la guerre ? ou bien déjà au Comité de vigilance des
intellectuels ?
l'Union nationale des intellectuels : Georges Duhamel en
était le président, Joliot le secrétaire général jusqu'en mai 1947,
tu en étais une des secrétaires, tu y fréquentais beaucoup
d'écrivains et aimais particulièrement Paul Éluard ; lui-même
t'avait dédicacé un livre perdu à ce jour, « À Marie-Élisa pour
son inépuisable gentillesse »

Joliot   tu l'admirais tu l'appréciais tu l'estimais
tu l'affectionnais   tu l'aimais   tu le vénérais
il savait motiver ses collaborateurs, les associer à sa grande
aventure   et puis il était communiste, cela comptait pour toi

après un an passé à la Sorbonne comme assistante, poste obtenu
en octobre 1945, très vite après ta libération, tu es engagée au
Commissariat à l'énergie atomique dirigé par Joliot « en qualité
de chef de bureau à compter du 1er novembre 1946 ; un an
renouvelable par tacite reconduction ; ne donne pas droit
à la qualité de fonctionnaire »

ton lieu de travail : les casemates du fort de Châtillon qui
avait servi de prison pour les collabos après la libération
de Paris, il y avait même eu des exécutions de certains desdits
dans les fossés

tu deviens assez vite chef du service de documentation
Paul Braffort – devenu informaticien, chansonnier, oulipien –
que tu as embauché comme bibliothécaire – raconte que
tu lui demandas de concevoir une classification matières propre
à remplacer la classification décimale universelle de Dewey
pour l'adapter aux besoins du CEA
tu avais des idées, ce travail te plaisait

tes collègues dans une lettre du 7 février 1952 à Francis Perrin ont écrit :

> « Madame Cohen a réussi à créer une atmosphère de confiante camaraderie et d'enthousiasme au travail, qui sont certainement une des raisons essentielles du bon fonctionnement du service. »

d'ailleurs tu as gardé de nombreux amis que nous voyions de temps en temps à la maison parmi les scientifiques et les gens de ton service

la grande affaire au fort de Châtillon (une des missions du CEA) était de construire la première pile atomique française
la première pile atomique avait divergé à Chicago sous le stade de squash le 2 décembre 1942 – certains des savants présents, qui avaient émigré à l'époque, étaient maintenant au CEA

nous avons toujours su que l'heureux événement de ta vie au CEA se prénommait Zoé
toi qui avais été épouvantée par les bombes atomiques qui avaient détruit Hiroshima et Nagasaki et fait tant de victimes, tu étais pour le nucléaire civil   ce joli nom pour une pile pacifique tu aimais bien
il y eut le grand jour de la naissance : le 15 décembre 1948 – pour ceux qui étaient là comme toi – ce moment est attente, espoir, crainte, incertitude, suspension de la respiration...
à 12 h 12 ce jour-là Zoé a divergé – a démarré, a commencé la fission et les réactions en chaîne   vous aviez réussi !
Zoé, le nom de cette première pile atomique française = Z comme zéro : la puissance de la pile étant très petite, O comme oxyde d'uranium, E comme eau lourde

le journal *Ce soir* du 17 décembre titre « Une victoire de la paix »

Ce soir explique que Zoé est « une sorte de chaudière nucléaire qui produit de la chaleur par désintégration contrôlée », de nos jours on dit « réacteur nucléaire »

à l'intérieur de la « pile » les particules sont accélérées avec une si grande énergie que le noyau atomique qu'elles bombardent « éclate » en éjectant des particules plus légères

en particulier et tout à fait pacifiquement des radioéléments artificiels qui seront utilisés dans les hôpitaux et laboratoires... français, le but plus lointain étant aussi de construire un prototype de centrale nucléaire productrice d'électricité

mais Joliot est trop pacifiste : il est devenu en 1949 le premier président du Conseil mondial de la paix, le 19 mars 1950 il lance l'appel de Stockholm – dont il est le premier signataire – qui recueillera le chiffre énorme de 10 millions de signatures en France !
cet appel exige notamment « l'interdiction absolue de l'arme atomique, arme d'épouvante et d'extermination massive des populations »
cela ne convient pas au gouvernement de la France qui veut une bombe atomique française et des objectifs militaires au CEA
le 29 avril 1950 Joliot est révoqué

J'ai été foutue à la porte du CEA en même temps que Joliot
refrain de notre jeunesse   ce qui se révèle faux
tu as été, oui, mise à la porte mais deux ans après
un effet de la mise à l'écart des communistes   la même charrette
certes   tu as bien galéré après, de petit boulot en petit boulot épuisants, pour gagner ta vie et la nôtre avant d'avoir un poste à la fac d'Orsay en 1958

quelques mois après Zoé, Joliot est stigmatisé comme communiste donc potentiellement aux ordres de Moscou et susceptible de fournir des secrets aux Russes mais aussi aux Américains donc anti-français   froide froide la guerre
dans le même temps, les scientifiques et salariés communistes du CEA deviennent la cible d'une campagne en faveur de leur licenciement, ils ne seraient pas fiables

« on ne doit pas travailler contre la France au CEA » mais surtout « il y a des personnes en liaison avec des gens compromis dans des affaires d'espionnage »
la chasse aux sorcières est orchestrée par la presse de droite

et c'est toi, toi en particulier qui étais la cible d'un genre de mini très mini ridicule affaire d'espionnage à la française :
« Séquelles Joliot-Curie », titre *Le Matin* du 9 avril 1951

> « Parmi les "oubliés" d'un nettoyage qui s'imposait figurent Madame Cohen-Normank [*sic !*] (Marie-Élisa), qui fit en 1948 le voyage de Moscou, en revint dans l'avion spécial de la délégation soviétique à l'ONU. Cette dame était du temps de Joliot-Curie secrétaire générale de l'Énergie atomique en même temps que chef du service "Documentaire". Elle a gardé ce dernier titre. Ce qui signifie qu'elle tient à sa disposition tous les microfilms des travaux. »

Le Matin sera absorbé par *L'Aurore* en 1953
auparavant dans *France-Dimanche,* 7-13 mai 1950 :

> « La secrétaire faisait des voyages "suspects". »

en fait tu rendais visite à notre père que tu allais épouser, correspondant de *L'Humanité* à Moscou
L'Aurore du 21 mars 1952 : « *Maîtres du commissariat.* Ce sont

> les communistes qui paralysent chez nous la fabrication industrielle d'ÉNERGIE ATOMIQUE *et c'est tout l'avenir de la France comme grande puissance QUI EST EN JEU.* »

j'ai été si heureuse d'avoir brassé tant de documents électroniques ou non sur Joliot
comme un orpailleur à la recherche de pépites
et j'en ai trouvé une qui vaut son pesant d'or !
une interview de Jules Guéron – chimiste nucléaire de la France libre qui avait informé le général de Gaulle du projet Manhattan et était un des fondateurs du CEA – donnée à New York à l'American Institute of Physics, en 1978

il prend ta défense :

> « *We certainly felt that some of the firings were arbitrary and were demonstrations. In some cases, [...] were outrageous when people like Marie-Élisa Cohen was summarily dismissed, she was a communist but she had been deported and, of all the communists I know, I don't know of anyone who is more intellectually honest and devoted to duty than a girl like that, and she did not have a very important post.* »

j'ai retrouvé cette citation après, quand Michel Pinault m'a gentiment envoyé les extraits de sa thèse qui te concernent cette thèse est la Bible sur Joliot si je peux me permettre cet oxymore : « Guéron qui manifeste en général

> un anticommunisme viscéral dans ses témoignages, désapprouvant les mesures de *chasse aux sorcières* que prendra Guillaumat, le successeur de Dautry, en 1951, contre des personnes comme Marie-Élisa Cohen, s'en souvient en termes très positifs : "J'ai trouvé que certains de ces licenciements étaient arbitraires et démonstratifs. Dans certains cas ils furent scandaleux, par exemple quand des personnes comme Marie-Élisa Cohen furent renvoyées sommairement. Elle était communiste, mais elle avait été déportée et, de tous les communistes que j'ai connus, je n'en sais pas de plus honnête intellectuellement et de plus dévouée à son devoir que cette femme. Et puis, elle n'avait pas un poste très important". »

« *a girl like that* » !
voilà comment j'aime qu'on parle de toi !

tu as vécu deux grossesses, deux accouchements, deux périodes néo-natales à allaiter tes garçons et à les biberonner pendant que tu travaillais au CEA

tu n'as jamais digéré d'en avoir été foutue à la porte comme tu disais, c'était un peu fort de café… en 52… sept ans seulement après la fin de l'Occupation
toi qui avais été résistante toi qui avais souffert dans des prisons et des camps au-delà de l'inouï, tu ne t'étais pas battue pour cela

voici ton « rêve », en décembre 1955 :

> *Le développement, dès à présent des centrales atomiques, permettrait d'obtenir de l'énergie à bon marché, de produire en abondance de l'électricité qui alimenterait les maisons jusque dans les plus lointains hameaux, jusque dans les régions dépourvues de richesses naturelles. La maison de l'avenir sera inondée d'électricité. Et regardez tous les avantages de cette abondance de l'électricité : pour le chauffage, en hiver, le refroidissement en été, le conditionnement de l'air.*

Mais ce futur-là c'est en France, en URSS c'est déjà réalisé, dis-tu, depuis le 27 juin 1954
un argument électoral en faveur des communistes pour les élections de janvier 1956

Plus de fatigue, plus de travaux fatigants et salissants pour les mères de famille. Nos lendemains de fête ne nous retrouveront plus écœurés devant des assiettes sales, la poussière dans tous les coins. La ménagère pourra faire, grâce à l'électricité qui lui sera dispensée avec une immense générosité, les travaux les plus rébarbatifs qui deviendront un jeu de contes de fées. Le balayage, plus besoin. L'aspirateur lui-même que nous jugerons trop fatigant, sera inutile : un « preciptron » utilisant des éléments artificiels bêta-radio-actifs attirera toutes les poussières ; la maison reluira, sans efforts. Nous aurons aussi la joie de voir apparaître de nouveaux matériaux comme les plastiques irradiés, qui remplaceront peut-être l'argent et l'acier ; des textiles merveilleux, plus jolis que le plus beau nylon.
Plus de crainte pour la santé de vos familles dites-vous ? Que penseriez-vous d'une cure permanente d'air pur ? Nous la ferons lorsque fonctionneront des usines équipées électriquement, lorsque circuleront les voitures fonctionnant à accumulateurs, qui remplaceront l'essence, le pétrole. Fini les grosses colonnes de fumée noire, grasse, malsaine. Tous les enfants des grandes villes auront les joues roses.
L'industrie atomique au service de la santé, de la vie, fera des miracles ; du point de vue médical le développement des radio-isotopes permettra de soigner quantité de maladies devant lesquelles nous sommes impuissants aujourd'hui, par exemple vaincre le cancer, de dépister les maladies.

ton rêve n'était pas qu'un rêve, il a des accents contemporains
certains aspects de ton rêve ont pris corps, d'autres non, enfin si,
car même si la radioactivité de la maison ou des tissus fait
frémir, la layette radioactive a existé jusque dans la fin des années
trente, j'espère que tu n'en as pas usé pour mon grand frère,
pas plus que des crèmes de beauté ou les eaux ou médicaments
« miracles »

les centrales atomiques qui explosent ? tu n'y croyais pas
après Tchernobyl   tu nous as dit : *en France il ne peut arriver un accident comme cela*
les déchets apocalyptiques et dangereux ? tu n'en avais pas conscience

ce « rêve »-là court toujours : *Je pense au danger d'une guerre atomique. Je pense que l'argent qui sert actuellement à faire des bombes servirait plus utilement à équiper le pays pour le bien-être des hommes.*

tu es restée persuadée toute ta vie que l'énergie nucléaire était un bienfait pour l'humanité
pourtant en août 1968, la première bombe H française explose au-dessus de l'atoll de Fangataufa   essai réussi d'une bombe qui a 170 fois la puissance de celle d'Hiroshima
avant, il y avait eu les essais nucléaires dans le « désert » algérien
les populations locales, habitants des fonds marins et les travailleurs militaires ont été bien irradiés, merci
entre 1966 et 1996, la France a procédé à 193 essais nucléaires en Polynésie française alors que le gouvernement connaissait les risques encourus par les habitants et les militaires sur place
seules 121 personnes ont été indemnisées à ce jour

après ta retraite après ton bénévolat pour le bulletin de liaison de l'Université tu as fait du bénévolat pour les Amis de Frédéric et Irène Joliot-Curie
tu n'avais qu'à prendre le 21 pour quelques stations
encore fallait-il aller à pied jusqu'à la rue de la Glacière ce que tu n'as pu faire très longtemps

ton fils Francis a prénommé son fils Frédéric
un cadeau pour toi

Zoé, savais-tu que cela veut dire la « vie » en grec ?
c'est un prénom qui m'aurait plu

•

Raïsko

il y a eu Raïsko sinon je ne respirerais pas
sinon parler de tout cela serait impossible
sinon vivre serait indélicat

il y a eu cette éclaircie dans ta vie-mort à Auschwitz
il y a eu cette amélioration considérable de votre vie-mort pour dix-sept d'entre vous
il y a eu la solidarité l'amitié la sororité qui sauvent

de cinq pressenties à venir à Raïsko au laboratoire d'agronomie
à deux kilomètres de Birkenau
parce que vous étiez   botaniste   chimiste   biologiste
vous êtes restées trois   Alice et Laure disparues en chemin
mais à l'arrivée vous fûtes dix-sept !
grâce à Claudette et à Annie
Claudette Bloch tu la connaissais d'avant la guerre quand vous travailliez à la Sorbonne, elle te cherchait, ayant appris l'arrivée d'un convoi de Françaises entrées au camp, elle pensait que tu pouvais en être, t'ayant croisée au Dépôt juste avant son départ aux Tourelles puis de là à Drancy
elle a convaincu Caesar – par l'intermédiaire d'Annie Binder – de vous demander comme travailleuses dans son labo
Annie était la secrétaire de ce chef SS de ce laboratoire d'agronomie, Joachim Caesar

vous avez ensuite réussi à faire venir de prétendues laborantines, ou jardinières car il fallait aussi planter et désherber, et des couturières

Annie Binder Urbanova a un arbre à son nom dans l'allée
des Justes à Yad Vashem à Jérusalem

Charlotte a écrit sa part   tu nous a raconté la tienne

tu as subi les appels, tu t'es éreintée dans les commandos
de briques et de démolition, puis tu as passé trois semaines
au *Revier* avec otite, pneumonie et dysenterie
une fois inscrites pour Raïsko, vous ne deviez plus faire de travaux
à l'extérieur du camp, c'est ainsi que tu as travaillé quelque temps
au *Kanada,* au tri des vêtements à ta sortie du *Revier*
la course punitive du 10 février, tu l'avais faite, tu ne pouvais
pas courir, tu étais trop fatiguée, tu risquais d'être envoyée au
Block 25, l'antichambre de la chambre à gaz

Deux copines m'ont attrapée sous le bras et m'ont
fait franchir cette partie et je n'ai pas été sélectionnée
Je vois bien que tu n'as pas été sélectionnée   dit mon frère
Là j'ai eu un peu la trouille   dit ma mère
Mais les *Aufseherinnen* auraient pu te piquer quand même
puisque tu étais portée par tes copines   dit mon frère
Elles m'ont emmenée à toute vitesse   dit ma mère

puis les pressenties de la première heure, vous avez habité au
Stabsgebäude, là où habitaient les détenues le plus en contact
avec les Allemands qui voulaient voir des filles propres,
douchées et sans poux
c'était un bâtiment de style caserne, près du camp des hommes
Lore Shelley par exemple, qui travaillait à la *Politische Abteilung,*
qui se trouvait presque à l'entrée du camp d'Auschwitz, dormait
là puis allait travailler
les premiers mois tu allais à Raïsko à pied : deux kilomètres c'est
énorme quand on est dénutri
tu avais eu le typhus et ne pouvais pas marcher, Claudette et
Hélène Langevin t'aidaient

puis vous avez été installées sur place, une chance inouïe !
un lit ! des douches ! un réfectoire mais toujours la faim, la faim et l'horreur

le soir on voyait la fumée et les flammes

la chimie qui t'avait fait arriver là, à Auschwitz, t'a sauvé la vie !
drôle d'alchimie !
avec un certain nombre d'éléments non prévus au tableau

élément masculin du convoi de politiques arrivé en juillet 1942, *les 45 000,* Eugène Garnier venait tous les jours comme jardinier, il apportait ce qu'il pouvait : vêtements, choses à manger et même une fois de la vraie quinine pour Claudette qui avait attrapé la malaria par les moustiques, Auschwitz c'était très marécageux, ça lui a sauvé la vie
il apportait surtout les nouvelles, les journaux, le *Völkischer Beobachter*
un jour il avait apporté un atlas que vous aviez caché dans les combles du laboratoire, très difficiles d'accès
vous suiviez les défaites nazies en Europe et ça c'était bon pour le moral
il était le lien avec la résistance intérieure au camp, lui ou un autre vous a appris aussi le débarquement   le jour même !
grâce aux détenus qui réparaient les postes de radio des SS

autre élément clignotant au tableau :

Un jour un type de la Wehrmacht est venu visiter le labo. On voyait les cheminées de là, on voyait les flammes, le ciel tout rouge. C'était un homme absolument charmant et j'ai tout de suite senti que c'était un type bien. Je lui ai raconté des tas de choses, que j'avais séjourné en Allemagne, que la grand-mère de mon fils était allemande et à un moment je lui ai demandé : « Vous savez ce qui fume là-bas ? » Gêné, il m'a dit que non. Alors je lui ai tout raconté. Il a été horrifié. Il ne savait pas.Il l'avait vaguement entendu dire mais il a été horrifié d'avoir été amené là.

Il y a eu une autre histoire parce que le kok-saghyz, ça intéressait les gens de chez Vilmorin... Et les gens de chez Vilmorin avaient envoyé une espèce d'imbécile qui est venu visiter le laboratoire, et alors lui, il n'a rien posé comme question, il n'a rien compris...

C'était un Français ?   demande mon frère
Oui   dit ma mère qui parfois évoquait un vendeur français de pipettes revenu vendre sa camelote à la Sorbonne après la guerre qu'elle avait *foutu dehors* disait-elle
Louise Alcan, elle, évoque un Français envoyé par Vichy pour des raisons scientifiques

le soir on voyait la fumée et les flammes

Raïsko c'était toujours l'univers concentrationnaire, une atmosphère de perpétuelle tension, vous pouviez être renvoyées pour une peccadille, un oignon volé, un bout de papier trouvé, au grand camp
vos camarades juives, chaque fois qu'il y avait un convoi qui venait de France, se demandaient qui de leur famille se trouvait dedans
ça aidait d'être ensemble, vous vous souteniez les unes les autres, vous essayiez de ne pas penser à autre chose que l'endroit où vous vous trouviez pour tenir le coup, pour ne pas vous affaiblir
quand vous êtes parties, vous les Françaises politiques, pour Ravensbrück en août 1944, ce fut un coup dur pour vos copines françaises juives qui restaient   pour Simone, Claudette, les deux Eva (Tichauer et Golgevit) et les autres

nous étions à peu près 150 personnes à Raïsko dit ma mère
Raïsko c'était toujours Auschwitz dit ma mère

les journées de travail étaient très longues dans ce « commando privilégié » dit Charlotte
il y avait la faim, la peur d'être prises quand vous voliez un légume pour améliorer l'ordinaire et reprendre des forces, les barbelés, les sentinelles, le froid intense mais vous pouviez à nouveau penser et même pendant votre heure libre le soir et le dimanche : apprendre avec des conférences, des cours de russe, d'allemand faire du théâtre comme le racontent Charlotte Eva Claudette et Poupette

Pour le Noël de Claudette, nous les Françaises on devait la vie à Claudette, nous lui avons offert un cahier dans lequel nous avions recopié des quantités de poèmes dit ma mère

la poésie dans les camps si importante, indispensable, qu'on comprenne ou non les mots comme l'évoque Jacques Lusseyran dans *Le monde commence aujourd'hui*

quel soulagement quand vous avez appris que la trentaine de survivantes de votre convoi avaient été mise en quarantaine !
de meilleures conditions de vie, plus de travaux à l'extérieur
cette mesure de grâce exceptionnelle n'a jamais été comprise
elle a touché aussi le convoi de déportés politiques hommes, les 45 000
semblait-il il fallait retaper les Françaises *non juives,* pour les envoyer à Ravensbrück, le camp des politiques

Caesar, qui dirigeait cette station agricole, directement reliée à Himmler, n'était pas un mignon petit lapin, non, il était Obersturmbannführer de la SS, un genre de lieutenant-colonel tout de même, tenant à ce poste comme à la prunelle de ses yeux

car il pouvait espérer ne pas être envoyé sur le front de l'Est. Pour cela, il devait suivre les consignes et ne pas se montrer humain
il n'a pas levé le petit doigt pour Germaine Pican surprise à *organiser* des oignons et renvoyée au grand camp
ni pour Lili torturée et fusillée pour crime d'amour   une si jeune résistante slovaque dont l'histoire est contée dans « Le chant de la fin de Lili Tofler », un des onze chants de *L'Instruction* de Peter Weiss et par Charlotte
ni pour Gerda Schneider une communiste allemande *blockova* à Raïsko, dénoncée pour avoir célébré le jour des « trois L » (Lénine, Rosa Luxemburg, Karl Liebknecht), le 21 janvier, par trois minutes de silence. Elle fut renvoyée au grand camp au *Bunker* puis à la *Strafkolonne* et enfin à Ravensbrück (elle n'était pas juive sinon c'était le gaz, direct)
qu'aurait-il fait d'Eugène Garnier s'il avait été pris à vous donner ses cadeaux ?
mais il protégeait Claudette, et toi sans doute aussi qui as été prise avec Madeleine D. à organiser de la rhubarbe
ils ont beaucoup crié mais il ne nous est rien arrivé du tout
dit ma mère

« À Raïsko on ne nous battait pas
mais à la moindre faute on vous envoyait à la mort »
écrit Poupette

Caesar est mort dans son lit à Kiel en 1974 à l'âge de soixante-douze ans, ayant été brièvement interné, d'avril 1945 à janvier 1949 ; ce n'était pas Taube, ni les milliers d'autres qui ont réussi à ne jamais être jugés, à Francfort il fut entendu comme « témoin », non accusé, non bourreau
bien sûr, entre vous, vous l'appeliez Jules et sa femme, Juliette
toi, tu faisais la thèse de Juliette : tu étudiais la composition en vitamine C des tiges de glaïeuls

il y avait d'autres tristes sires de la SS : *Trou-Trou* par exemple, le spécialiste des fouilles, des détenues polonaises délatrices, un « vrai savant » mandaté par Caesar, *Herr Doktor* Böhm, qui avait compris que vous ne foutiez rien et avait ravalé Claudette du statut de chef du laboratoire de botanique à celui de laborantine, il voulait du rendement
« Il avait un pas élastique et silencieux, les obligeant à rester sur leurs gardes » écrit Eva T.

tu ne nous as pas parlé de Jules ni de ces lettres trouvées dans tes archives, tu nous as raconté des choses drôles, vos chansons, vos peurs, ta certitude de rentrer
oui, ta certitude de rentrer, de revoir ton fils
où puisais-tu tant d'optimisme ?
dans les nouvelles des journaux pour une part, en toi-même pour la majeure part

il y a ces lettres
une lettre de Caesar lui-même et trois de Ruth, sa femme
des lettres, enfin, des traductions et des lettres recopiées qui nous font une drôle d'impression aux mains, au plexus solaire
une lettre émanation d'un ex-SS aux abois
la première a été adressée à Hélène Solomon par Juliette
à elle est aussi adressée la seconde, la seule recopiée de ta main, la seule de Jules, elle est du 5 octobre 47, il est en prison au tribunal militaire américain à Nuremberg comme témoin et demande que les Françaises de Raïsko témoignent en sa faveur
« j'ai soulagé la vie dure de vous toutes dans la mesure du possible » « combien de fois je suis intervenu lors de razzias, ou pour éviter que vos cheveux soient coupés » « difficultés très grandes chaque fois que je m'exposais en votre faveur »
il avait commencé sa lettre par « j'espère même que grâce à votre énergie fortifiée par le travail, vous avez pu dépasser ces temps abominables sans prendre un dommage quelconque »
le travail, quel travail ? pas de dommage ?!

toutes ces lettres demandent avec insistance des nouvelles du « Dr Nordmann » – toi – et voudraient avoir son adresse
les deux dernières, de Juliette, sont adressées à Eva Tichauer
les Caesar avaient eu son adresse par le Joint. Bizarre pensait-elle
je n'ai aucun moyen de connaître ce que tu pensais, toi, de ces lettres et de cette demande
Claudette est d'accord, Caesar l'a protégée   qu'a-t-elle fait ? a-t-elle témoigné ? je ne sais
votre chère amie commune Annie Binder, la secrétaire de Caesar, qu'en pensait-elle ? je ne sais
Eva Tichauer, c'est sûr, n'a jamais témoigné : « Tous les SS sont des criminels : hommes – femmes – chefs d'industrie – gardiens du camp – intellectuels – savants – artistes.
Je ne témoignerai pas en faveur de criminels » a-t-elle écrit

il y a peu, j'ai réalisé que la révolte des Sonderkommandos du crématoire IV du 7 octobre 44, rejoints par ceux du crématoire II, avait en quelque sorte fini à Raïsko
ceux qui avaient réussi à s'évader ont été pris en chasse, ils se sont barricadés dans une grange de Raïsko, assiégée par les SS qui y ont mis le feu, environ 250 hommes tués

voici comment sont les serres en 2010

« Il y a encore des grands pissenlits dans les champs » dit mon frère

•

Ravensbrück

le vent soufflait aussi là-bas   encore un lieu choisi !
on l'appelait « la petite Sibérie mecklembourgeoise »,
voyez le genre de climat sympathique
tu y es arrivée en août 1944

tu y as connu Geneviève de Gaulle, Germaine Tillion,
Anise Postel-Vinay, Denise Jacob et tant d'autres résistantes,
françaises ou non

ce n'était pas un camp d'extermination mais les femmes
mouraient beaucoup de faim, des coups, de maladies, de manque
de sommeil, de la surpopulation due à l'arrivée de survivantes
d'autres camps, puis en 1945 des sélections de plus en plus
nombreuses pour la chambre à gaz, quand les nazis ont senti qu'il y
aurait peut-être une fin pour eux   le travail était épuisant, il valait
toujours mieux échapper aux commandos de travail

toi, tu n'avais pas besoin de te cacher, trois semaines après ton
arrivée tu travaillais au laboratoire de l'infirmerie, employée
à analyser des urines et des sucs gastriques… cela paraît
dérisoire… mais c'est ainsi, les nazis espéraient toujours donner
le change sur leurs activités réelles, alors que c'était un des
camps où il y a eu des « expériences » médicales terribles sur
des détenues
le soir, tu repartais de l'infirmerie avec des gamelles pleines de
soupe à ras bord que tu apportais aux copines
en particulier à toutes celles étiquetées *Nacht und Nebel*
tu racontes cela à Dominique Durand et David Douvette dans
une interview qui est au musée de la Citadelle à Besançon

tu as beaucoup travaillé avec Denise Lorach, sa fondatrice c'est arrivé comme cela : tu allais tous les quinze jours à Besançon voir ton fils, en prison pour cause de Gauche prolétarienne, tu connaissais Denise depuis longtemps, vous étiez membres de la Commission d'histoire de la déportation du Comité d'histoire de la Seconde Guerre mondiale

Anise, tu ne la connaissais pas avant, tu allais la voir à l'infirmerie quand elle a été malade, et tu lui écrivais, on arrivait à subtiliser du papier dans les bureaux
Anise se sentait bien auprès de toi   soixante-dix années plus tard, elle se souvient comme tu étais « d'aplomb, souriante, équilibrée »   je bois du petit lait en l'écoutant parler de toi

Anise qui n'a pas pu venir à la remise de ta Légion d'honneur te l'aurait donnée pour les raisons suivantes : « des gens comme toi, ça aide à y voir clair, ça donne une grande chaleur d'affection, ça fait du bien »   Anise, tu lui faisais penser à sa mère, « une femme de la même trempe qu'elle, réunissant comme elle le courage et la gaieté, l'intelligence et la simplicité, une terrible faculté de souffrir et de se dominer, un équilibre acquis au prix d'efforts que les autres n'ont pas le droit de soupçonner. Parce qu'on n'est pas là pour peser sur les autres, mais pour les aider »

Élise Bousquet, une amie de France Bloch, arrivée fin octobre 1944 à Ravensbrück a raconté à Monette qui te l'écrit en juillet 45 que « tous les remèdes que tu as pu leur passer, leur ont permis de tenir le coup, de revenir »

tu dis cela à tes intervieweurs :

> *À Ravensbrück, ce qu'il y avait de bien, c'est qu'il y avait beaucoup de Françaises, c'était pas très drôle qu'elles soient là mais on n'avait pas ce dépaysement atroce de Birkenau,*

on parlait français, sinon on arrivait à s'exprimer avec les autres. Au moment où nous sommes arrivées la vie y était encore possible, pas après, quand les camps ont été évacués.

le mélange des langues est une des principales causes de division entre détenus
Charlotte explique dans *Le Convoi du 24 janvier* le rôle essentiel de la parole comme ciment de la Résistance « La parole était défense, réconfort, espoir. »

Yvette Lundy a, elle, qualifié Ravensbrück de « trou de l'enfer »

j'imagine que tu te faisais aussi du souci pour les tiens : après tes lettres envoyées d'Auschwitz, le grand silence de la suite...
neuf mois sans pouvoir donner aucune nouvelle, dans *la nuit et le brouillard,* cela a dû être très dur à supporter pour ta famille et tes amis que pouvaient-ils comprendre ?
qu'imaginaient-ils ?
que tu étais morte très certainement

un jour de janvier ou février 1945 tu as appris que des femmes étaient arrivées d'Auschwitz vous étiez sous la neige
tu as remué ciel et terre pour retrouver ces femmes, tu savais par radio-détenues qu'il y avait parmi elles des personnes de Raïsko
des tentes avaient été dressées et tu as retrouvé Claudette – qui s'était effondrée dans la neige en arrivant – épuisée, transie de froid et de faim après avoir tellement marché et voyagé dans d'horribles conditions depuis l'évacuation d'Auschwitz
Claudette, Simone, Eva T. et les autres sont restées deux semaines à Ravensbrück puis ont continué la longue marche des évacués des camps sous escorte nazie, Claudette aurait pu rester mais ne l'a pas voulu pour ne pas abandonner Simone
vous, les 31 000, veniez subrepticement dans la nuit, apporter ce que vous préleviez de vos propres rations, de la soupe, du pain
Eva T. raconte qu'alors que la neige fondait, qu'elles étaient

gelées, vous avez inventé une nouvelle forme de solidarité : vous veniez les chercher la nuit, tantôt l'une, tantôt l'autre, pour les réchauffer entre vos corps et sous vos couvertures

Ceija Stojka, elle, raconte le sort affreux des femmes tziganes survivantes d'Auschwitz à Ravensbrück, elles ont été victimes de brimades épouvantables, livrées à des femmes SS sadiques
coups, chiens, tortures jusqu'à ce que mort s'ensuive
elles ont été l'objet d'expériences médicales, de stérilisations
c'est ce que tu expliques le 19 juin 1945 lors de ton audition au ministère des Prisonniers, Déportés et Réfugiés :

> *Au mois de janvier et février, sur l'ordre de Berlin, il fut décidé de stériliser les Tziganes femmes. L'opération se fit sous la direction d'un médecin venu de Berlin, qui avait acquis son expérience à Auschwitz. Il était assisté du médecin traitant de Ravensbrück, le docteur Treite. La stérilisation s'est faite au moyen de rayons X. Elle ne fut pas finalement faite sur toutes les femmes. Il était impossible de stériliser les enfants par cette méthode. Aussi le docteur Treite dut-il procéder à l'hystérectomie complète des organes génitaux sur deux petites filles, l'une de neuf ans et l'autre de onze ans. J'ai été témoin de ces faits, ayant donné moi-même des soins à ces deux petites filles.*

je t'ai toujours entendue parler de *l'extermination des Juifs et des Tziganes,* toujours
jamais des camps soviétiques
si je comprends bien ce que m'a raconté Anise : Grete, Margarete Buber-Neumann, devenue amie de maintes Françaises, leur avait tout raconté, l'arrestation de Heinz, la prison des Boutyrki, les interrogatoires, la faim, les privations, le camp de Karaganda au Kazakhstan, le travail interminable par tous les temps, les barbelés, les punaises   l'horreur

son échange : elle, l'antinazie, livrée aux nazis par le pacte germano-soviétique
donc vous saviez, vous ne pouviez pas ne pas savoir, mais vous ne l'acceptiez pas, pas du tout, c'était insupportable pour les communistes, insupportable à entendre
cela les rendait folles de haine d'après Anise
toi ? je ne sais pas, ne saurai jamais, je ne peux que constater le respect et l'amitié qu'avaient pour toi Anise Postel-Vinay et Geneviève de Gaulle

la découverte récente de ton texte dans *Les Cahiers du Rhône,* paru en décembre 1946 à Neuchâtel sous le sobre titre de « Ravensbrück », fut éclairante
la plus grande partie de cette publication est un texte de Germaine Tillion « À la recherche de la vérité » : une analyse, des explications, un décryptage du système concentrationnaire nazi
ton texte, « Le "moral" communiste », avec guillemets, est de la même eau, tu insistes sur le rôle fondamental des nouvelles de l'avancée des Alliés pour le moral, la lutte contre les « bobards » qui « démoralisent »
votre « *désir* de savoir ce qui se passait », comprendre
c'est l'essentiel de ton texte, avec l'importance que tu accordes au fait que chacune des résistantes avaient « accepté la possibilité de mourir »   vous seriez « remplacées » là-bas en France
l'aide matérielle, la nourriture, se relayer aux appels, accorder de l'attention les unes aux autres, le *don* de produits organisés, jamais la vente, tout cela était élargi par *solidarité* aux femmes qui n'étaient pas communistes

de Ravensbrück, il nous est surtout resté l'évocation de tes amies que tu revoyais dans les associations d'anciennes déportées

Jeanne Divoire, une résistante belge, venait une fois par an à la maison avec son mari Paul, un peintre
on se moquait un peu de leurs petites manies (mais pas de leurs cadeaux en chocolat), on ne savait pas que Jeanne était la grande amie des enfants à Ravensbrück, qu'elle leur racontait des histoires, les entourait de sa tendresse. « Elle était l'optimisme et la joie de vivre » diras-tu lors de son enterrement
des enfants   des enfants dans des camps   des enfants là à Ravensbrück

des enfants et des jeunes
Ravensbrück a pour toi le visage lumineux de Jeannine Lejard, une jeune fille résistante comme il y en a eu tant, FTP, qui avait été sauvagement torturée, arrivée à la toute fin, morte avant la libération au *Revier* où les nazis vous interdisaient de la secourir

« hélas un corps de dix-sept ans est moins résistant que son âme » as-tu écrit
son regard, sa beauté, son courage t'ont accompagnée toute ta vie

tu as rapporté cette broche, certainement un cadeau reçu d'une de tes amies, confectionnée avec des matériaux subtilisés dans les ateliers   *Streng verboten*

Lise London, que tu avais croisée au Dépôt, Marie-Jo et sa mère, Mère Poule, tant d'autres   font le trajet avec toi jusqu'à Mauthausen   jours de tourments et souffrances

Marie-Claude Vaillant-Couturier, qui était restée soigner des malades a raconté comment avant l'arrivée des Soviétiques, les nazis quittaient le camp pour se fondre dans la population

et les chiens, qu'ont-ils fait des chiens ?

•

Réparations

c'est la dernière enveloppe que j'ai ouverte une vraie pochette-surprise !
je ne l'avais pas *vue,* pourtant sans aucun doute était-elle passée entre mes mains
nommée par toi « Indemnisations (Maman et moi) de RFA (1960…) », elle contient une quarantaine de pages : essentiellement la correspondance avec un avocat de Paris et celle avec les autorités de la République fédérale d'Allemagne

je tombe des nues !
je savais que tu avais touché pour ta mère et toi des indemnités allemandes au début des années soixante mais avec ces papiers je découvre que ces indemnités n'ont pas été versées pour la vie prise, pour la mort de ta mère ou tes années de souffrance dans les camps, non ! pour les biens spoliés, *enlevés* au camp d'Auschwitz : manteaux de fourrure, bijoux, etc.

ces sommes reçues pour biens *enlevés,* obtenues en trente et deux mois de démarches administratives acharnées
c'est en plus de la somme dont je me souviens, cet argent qui t'a permis d'acheter une maison de vacances dans le Sud ?
les *indemnités Adenauer* ou c'est la même chose ?

cherchant sur Internet de quoi répondre à mes questions,
je ne trouve pas grand-chose, le décret du 29 août 1961 est
obscur
ah si : il y a un livre de Jean-Marc Dreyfus publié en 2015
L'Impossible Réparation, j'agrée au titre et le contenu m'éclaire

c'était donc en plus

sans surprise les réparations proposées par l'administration
de la RFA, elle-même farcie d'anciens nazis, ignobles (ne
voulant indemniser que les vivants et non les orphelins), sont
discriminantes (excluant les résistants), sexistes (versant plus
par exemple pour des vêtements hommes que pour ceux des
femmes) et j'en passe
ce sont des marchandages immondes
il ne fallait surtout pas froisser les anciens nazis en égrenant
la liste de leurs sévices, en disant clairement ce qui s'était passé
dans les camps
les fédérations de déportés sont très actives sur ce front
celui de la non-discrimination entre les déportés ou entre
Français et « étrangers » mais la plupart du temps écartées
de ces discussions de salon aux catégories abstraites

que ce soit pour les biens spoliés *enlevés* dans les camps ou
pour les indemnités forfaitaires, le langage est aphone, il ne
porte pas la voix des suppliciés, ce sont, en termes qui fleurent
l'indifférence, une nouvelle spoliation, un enlèvement, un vol
de vos vies
peut-on vous voler deux fois la vie ?   oui, avec ces *réparations,*
avec des sigles : loi BRUG, loi BEG, avec des administrations

peut-on réparer avec de l'argent ?
non !
avec un poème ?
peut-être

du poème de Dan Pagis, Israélien écrivant en hébreu,
le dernier des sept, des sept poèmes composant *Écrit au crayon dans le wagon plombé,* voici une traduction possible :

ESQUISSE POUR UN ACCORD SUR LES RÉPARATIONS

Ça suffit, ça suffit, mes bons messieurs qui toujours criez
comme des putois,
Vous, assommants semeurs de prodiges
Silence !
Tout retournera à sa place,
Dans l'ordre. Point après point
Le cri dans la glotte
Les dents en or dans la mâchoire
La peur
Les tuyaux en zinc pénétrant l'intérieur
Dans l'espace creux des os,
Et voilà déjà le voile de peau et les veines
Et vous allez vivre et toujours encore être dans la vie
Être assis dans le salon, lire l'édition du soir du journal
Voyez, vous êtes là. Tout vient à son heure
Et pour ce qui est de l'étoile jaune, on l'arrachera sans tarder
De votre poitrine
Et on l'enverra
Dans le ciel

réparée, toi, Marie-Élisa ?
réparés ta mère, ta belle-sœur, ton frère, ton neveu, ta nièce ?
Wiedergutmachen refaits bien à nouveau ?
refaits ?
dé-dommagés ?

•

Résistance

quel beau mot   mot agissant   mot bondissant
mot essentiel   mot affolant
tu es entrée en résistance dès lors même qu'après Bordeaux
après la défaite   tu es rentrée en Paris occupé   *tu as repris contact*   d'abord avec le *père Langevin*   tu disais toujours comme ça   le *père Langevin*
mais on connaissait sa fille Hélène qui avait été déportée avec toi alors ce *père* ne pouvait être un curé
on savait aussi que le mari d'Hélène – Jacques Solomon – avait été fusillé par les Allemands
il se trouve que tu as logé Jacques Solomon clandestin et notre père aussi pareillement clandestin et pas encore ton mari
l'un faisait son lit et l'autre pas
c'est amusant ces draps froissés qui s'agitent dans ta mémoire
tu devais même loger les Wallon   quel plan !

dès ton retour de Bordeaux, tu avais adhéré comme tu te l'étais promis au Parti communiste   tu adhères donc à un parti hors la loi dont les militants sont pourchassés
par Jacques Solomon tu as commencé ton travail de résistante
ainsi que ta mère qui *était prête à faire tout ce qu'on voulait*
as-tu dit, toi ma mère
tu continues à héberger des clandestins dans ton appartement
François Lescure après la manifestation du 11 novembre 1940

L'Université libre   tu es de cette entreprise dès le début
le premier numéro prêt fin octobre a dû être entièrement refait à cause de l'arrestation de Paul Langevin à ce moment-là
un autre premier numéro sort donc en novembre 1940

tu mets ce journal sous enveloppe avec ta mère   puis tu le diffuses tu le postes dans des boîtes à lettres par tout petits paquets pour ne pas attirer l'attention
dans ton labo tu t'assures que tes collègues l'ont lu, tu essaies de savoir ce qu'ils en pensent

résister   peut-être ne pensais-tu pas en ces termes à l'époque
ce que tu voulais c'est qu'on voie que tu étais décidée à
faire quelque chose

c'est l'Occupation

vous étiez rentrés fin août et en septembre 1940 Francis est allé à l'école, ta mère le conduisait et allait le chercher
un jour la directrice t'a convoquée pour te dire de faire attention, que quand la maîtresse avait montré le portrait du maréchal Pétain en classe en demandant aux enfants « Qui c'est ? », Francis avait répondu « Un vieux gâteux »
ça pourrait apporter des ennuis, une dénonciation pour dire les choses par leur nom
il fallait être plus prudente
tu lui achetais aussi des sucettes pour qu'il puisse tirer la langue aux Allemands

tu essayais que la vie des enfants soit la plus « normale » possible
tu forçais Francis à avaler – pour la vitamine D – de l'huile de foie de morue achetée à prix d'or
tu as réussi à l'envoyer au bord de la mer, à Pornic, l'été 41 avec Éliane, la fille de Frédo
tu les emmenais au parc Montsouris faire du vélo, tu leur lisais des histoires   c'est un peu brumeux toute cette époque, ça a été recouvert dans ta mémoire par les souvenirs de la suite

La suite, comme tu dis, dure trois ans moins quinze jours dit ma mère à mon frère

tu avais demandé et obtenu la reconduction de ton allocation
du Centre national de la recherche scientifique
sur le dossier de ta demande voilà ce qui était agrafé :

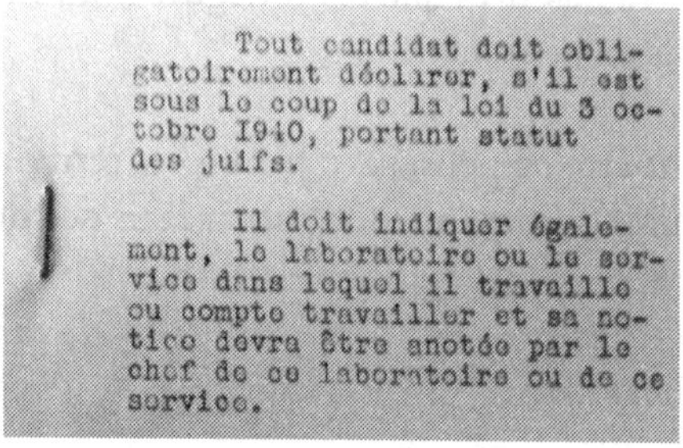

Tout candidat doit obligatoirement déclarer, s'il est sous le coup de la loi du 3 octobre 1940, portant statut des Juifs.

Il doit indiquer également, le laboratoire ou le service dans lequel il travaille ou compte travailler et sa notice devra être anotée par le chef de ce laboratoire ou de ce service.

être « sous le coup de la loi », on ne peut pas mieux dire
mais tu ne t'étais pas déclarée

la vie n'était pas facile   les hivers très froids sans chauffage
la nourriture manquait et bien sûr la peur
tu te souviendras toujours quand la ficelle du paquet de tracts
que tu tenais sous ton manteau s'est cassée dans le métro !
la frousse !
ce jour-là, il ne s'est rien passé
pas de flic à l'horizon, personne n'a bronché
même si la ficelle ne cassait pas, il y avait la peur chaque fois que vous transportiez des tracts des journaux ou autre chose pour la Résistance
une autre fois, encore dans le métro, tu avais des tracts ou des *Université libre* dans un carton et il y a eu un contrôle de papiers par les Allemands   heureusement ils n'ont pas demandé à voir le contenu de ton carton

tu as même écrit quelques articles scientifiques
un article sur Jean Perrin et un autre sur Fernand Holweck, qui avait été arrêté le 11 décembre 1941 par la Gestapo et incarcéré à la Santé, où il mourra sous la torture le 24 décembre

L'Université libre annoncera ton arrestation et celle de France Bloch
faut-il préciser que la publication était clandestine ? que ton frère Philippe a fait partie du premier groupe de rédacteurs ? que les réunions se passaient chez lui ? que de tout ce groupe des débuts, ceux restés à Paris sont morts fusillés, leurs femmes déportées avec toi ?
Fernand Holweck avait animé le mouvement de protestation contre l'arrestation du professeur Langevin le 30 octobre 1940 qui se traduisit par des manifestations d'étudiants et de professeurs devant le Collège de France les 5 et 8 novembre

tu as pris part à ce raffut comme tu le racontes à Michel Pinault : « Je me souviens de l'attentisme de certains collègues

> que nous invitions à écrire à Paul Langevin à la Santé, comme la direction du Parti l'avait suggéré ; ils trouvaient que ce que nous proposions nuirait à Langevin et qu'il serait préférable de rester chacun dans son coin. Cependant, le 8 novembre, jour où devait avoir lieu la leçon inaugurale pour l'année 1940-1941 de Langevin au Collège de France, nous avions quand même réussi à amener une cinquantaine de scientifiques, enseignants et chercheurs de la Sorbonne et du Collège de France, des étudiants. »

ce n'était pas la manifestation de masse escomptée
dans vos tracts vous appeliez en même temps à se mobiliser le 11 novembre

tu travaillais alors à la Sorbonne
le 28 décembre 1940 tu envoies à Paul Langevin en relégation « des pensées respectueuses et très affectueuses »
la résistance universitaire, c'est ça ton occupation
L'Université libre appelait les étudiants et les universitaires à l'action contre l'occupant
c'est du boulot   le milieu n'est pas très réceptif

c'est l'INDIFFÉRENCE

les autorités universitaires de la faculté des sciences se taisent devant les révocations, arrestations, interdictions, elles se sont tues après l'assassinat d'Holweck torturé   *L'Université libre* dénonce – peut-être sous ta plume – la « politique du silence »

donc tu étais chargée de la diffusion dans l'enseignement supérieur et pour chaque numéro tu faisais un minimum de 400 enveloppes, que tu remplissais et postais par petits paquets dans différentes postes de Paris   un certain risque et toujours la frousse
évidemment il fallait transporter chaque livraison de l'endroit du tirage jusque chez toi
des numéros de l'*UL* tu en as ainsi diffusé 54
tu en portais aussi des paquets chez d'autres personnes qui faisaient la même chose

tu n'étais pas dans la clandestinité pourtant tu le penses et le dis comme ça
tes actions de Résistance étaient clandestines mais tu continuais à travailler à ton labo même si tu t'en absentais souvent pour aller chercher les tirages ou voir des gens
tu continuais à vivre chez toi avec ta mère et ton fils
tu as failli être arrêtée en même temps que Jacques Solomon et Georges Politzer, tu avais rendez-vous avec Léopold Vigneron – qui était au labo de Joliot au Collège de France – une demi-heure après leur arrestation – lui s'étant évadé n'a pas été fusillé comme tout le groupe dirigeant de l'*UL*   tu aurais passé quelques mois de plus en prison et pour finir te serais retrouvée dans le même convoi en direction d'Auschwitz

ta mère t'aidait à mettre les journaux sous enveloppe et à écrire les adresses quand tu ne déguisais pas ton écriture, à coller les timbres il ne fallait pas que les enveloppes stationnent chez vous plus d'une nuit *elle a fait beaucoup de choses* dit ma mère à mon frère

vous avez diffusé ainsi *La Pensée libre* et différentes brochures, en particulier la « Réponse à *Sang et Or* » écrite par Politzer, un des rares écrits philosophiques de l'époque
puis quand tu as eu « d'autres responsabilités » tu as cessé de diffuser l'*UL* mais as continué à aller en chercher des paquets pour les donner à d'autres

à ce moment tu travailles au laboratoire central des Poudres sur le quai Henri-IV vous ne fabriquez pas d'explosifs – dommage ! – c'est un laboratoire de recherche – où tu faisais, je suppose, de la cristallographie – et dont tu sortais assez souvent parce que tu avais des rendez-vous clandestins

tu étais aussi au Secours populaire (de France et des colonies), qui s'occupait de l'aide aux familles d'emprisonnés
comment cela se passait-il ? mystère, toutes les archives du Secours populaire ont disparu

en mai 1941 tu participes à la mise sur pied du *Front national de lutte pour la libération, l'indépendance et la renaissance de la France* à l'Université : tu es chargée de recruter des sympathisants à la faculté des sciences et à l'École des hautes études et de collecter de l'argent grâce à tes activités antifascistes d'avant-guerre, tu connaissais beaucoup de gens
tu as contacté Mme Ramart-Lucas, Albert Dauzat, Marcel Cohen, mon grand-père, qui venait à Paris chercher des *Université libre* et bien d'autres comme le professeur Sannié au Muséum

c'est l'ARRESTATION

Quand j'ai été arrêtée, j'ai eu le temps de mettre tout ce qui était compromettant sous le lit de ma mère et heureusement ils n'ont pas fouillé sa chambre.

qui ça ils ?   eh bien, les flics français naturellement
c'était eux qui allaient arrêter les gens soupçonnés de faire de la Résistance chez eux, ce sont aussi eux qui raflaient les Juifs, les parquaient et les surveillaient   eux, les flics et les gendarmes français qui obéissaient aux ordres des nazis allemands
souvenir douloureux : ton petit Francis a dit « Mais pourquoi ils ne vont pas dans la chambre de Bonne-Maman ? »
alors tu lui as pincé très fort l'oreille pour qu'il se taise
c'était la première fois que tu faisais cela et juste après vous avez été séparés   tu en as été très malheureuse !

tu as été filée par les brigades spéciales, qui voulaient arrêter ton amie France et tout son réseau – sur les vélos il y avait une plaque avec un numéro d'immatriculation et avec celui-ci il était facile d'avoir le nom et l'adresse
tu avais fourni du mercure, de la glycérine et d'autres produits chimiques non identifiés à France pour ses explosifs, venus du laboratoire de la Sorbonne mais ils ne pouvaient pas le savoir

l'interrogatoire   tu n'as pas été battue   tu avais compris que ces flics t'avaient suivie, ils t'avaient vue en compagnie de France en avril, rue Pierre-Curie, vous y travailliez toutes deux dans un centre de documentation, ils t'avaient suivie jusqu'à son domicile où tu t'étais rendue seule, ils avaient trouvé que décidément tu trimbalais un cartable bien rempli
voilà ils te posaient surtout des questions sur France et son beau-frère et son cousin   l'un, Gérard, t'avait confié une douzaine de poèmes qu'il avait écrits et les flics les avaient saisis lors de ton arrestation, l'autre, Jean-Louis, était connu par eux,

il avait été filé et arrêté en même temps que vous   or tu avais son adresse sur une enveloppe
assez compromettant tout ça, mais tu étais optimiste, tu avais confiance en la « Justice », pour toi cela ne constituait pas une preuve de ta participation aux actions de France, si tant est qu'ils puissent les prouver celles-là   tu te disais bien quand même qu'il y avait des gens qui avaient dû moucharder, donner France et raconter ce qu'elle faisait
ce sont des pensées comme ça qui vous tournent dans la tête quand on vous interroge et en même temps il fallait absolument préserver ta mère et ton fils

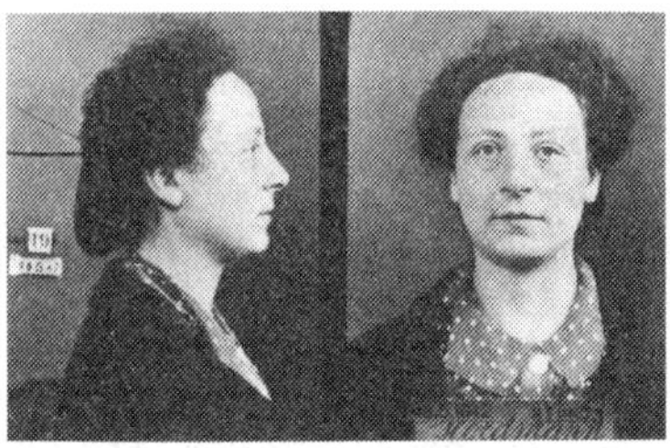

La suite, comme tu dis, dure trois ans moins quinze jours dit ma mère à mon frère

arrêtée en mai 1942, qu'aurais-tu fait après pour la Résistance ?
sans doute te comparais-tu à ton amie France   à d'autres connues à Ravensbrück ou à certaines filles de ton convoi toujours la culpabilité
d'autres se comparaient à vous, les déportées   Lucie Aubrac minimisait ses actions parce qu'elle n'avait pas été déportée !

ce que tu as fait   un éclat du grand tout qui brille en dix lettres
ces stances écrites par le courage des résistantes et des résistants
c'est ce que nous vous devons aujourd'hui encore
vous n'avez pas seulement bouté les nazis hors de France
mais restauré l'esprit de liberté d'égalité et de fraternité
celui-là même qui est mis à mal aujourd'hui

•

Réussite

d'Yves, ton fils, au concours national de la Résistance et de
la Déportation pour les classes de troisième, en 1965
le thème en était « Racontez une journée dans un camp de
concentration ». Il avait lu tout ce qui était à la maison sur le sujet

c'est le jour de la remise du prix par Marcel Paul, à la Sorbonne :

ton sourire ton bonheur c'est inouï

•

Revenir

c’est peut-être cela la lumière de toi

même si ton cœur tremblait en permanence pour les tiens
tes amis

même si tu avais tant souffert en comprenant comment ta mère
était morte

même si nuit et jour la fumée et les flammes éteignaient ton cœur

même si tu avais vu mourir des femmes que tu avais aimées

même si tu savais que Jacqueline avait été gazée

même si tu t’inquiétais mortellement pour ton amie France

et pour ton frère Philippe une fois qu’il fut arrêté

même si

tu ne désespérais pas

tu étais sûre de revenir   tu le faisais sentir aux tiens dans
chacune de tes lettres

tu pensais tant à ton fils

au camp tu étais appréciée pour ta gaieté

ta gaieté !

et moi je pense   comment as-tu pu endurer tout cela ?

toutes ces horreurs que tu as vues et vécues

je me dis   que je n'aurais pas pu   que je serais devenue folle
ou morte

mais toi tu es revenue   rêve-nue un mot que je ne peux oublier
avec ou sans circonflexe

tu es revenue et tu as raconté

•

Rudolf Robert Rainer et toi

cela fait litanie de cinéma   pourtant aucun n'est un figurant

voyant que je lisais *La mort est mon métier*
tu m'as expliqué que Robert Merle s'était inspiré d'un livre que
tu avais de Rudolf Höss *Le Commandant d'Auschwitz parle*
je l'ai donc lu dans la foulée
quarante ans après grâce à toi et à ton interview de Robert Merle dans *La Nouvelle Critique* en 1965 – tu mènes cet entretien sous ton nom de jeune fille qui est aussi le nom sous lequel tu as été déportée qui n'est du coup pas le nom du directeur de la revue, ton mari – j'ai compris que non, Robert Merle ne s'est pas inspiré de ces mémoires de Höss écrites en prison en Pologne avant sa pendaison annoncée à Auschwitz en 1947 mais de ce que Höss a écrit en prison à Nuremberg qui est plus véridique moins mensonger moins trafiqué que ses mémoires pourtant si explicites !

10 pages dactylographiées double interligne dit Robert Merle,
écrites pour le psychologue américain Gilbert – interprète
au procès de Nuremberg qui a plusieurs fois rencontré Höss
dans sa cellule

tu dis alors – nous sommes en 1965 –

tu dis qu'il faut la fiction pour comprendre Auschwitz
aujourd'hui   un de tes livres préférés sur les camps est *Le Grand Voyage* de Jorge Semprún   tu ne pensais pas qu'il fallait être un *rescapé* pour écrire sur le camp
tu disais que Robert Merle avait fait œuvre d'historien
tu aidais tous les historiens qui te demandaient ton avis
tu respectais leur point de vue   tu discutais et critiquais aussi

Robert a conscience d'écrire un livre « à peine écrit déjà démodé » « à contre-courant »
où allait-il ce courant ? vers le Léthé
démodé ! en 50-52 période d'écriture, quelques années après
la fin de la guerre ce n'est plus à la page   la bien-pensance est de ne plus en parler

et voilà que je découvre qu'en 2016 est publié en France
par Notes de nuit éditions ce livre de Rainer Höss
L'Héritage du commandant. Le petit-fils du commandant d'Auschwitz raconte
cet homme me touche infiniment
sa lucidité   son combat contre les résurgences des nazis
en Allemagne et en Europe
il va dans les lycées répond aux questions des élèves explique
inlassablement explique
comme toi tu le faisais
il est en état d'alerte il alerte il alarme sur les risques du racisme
et de l'antisémitisme

il pense que le passé n'est pas passé
sur les photos de sa visite au mémorial de la Shoah il a un air si attentif grave douloureux
sur d'autres photos il se montre si ouvert devant un auditoire de jeunes
sa volonté de rencontrer aussi des rescapés me touche
il a manqué d'amour   cabossé par son père et par la vie
il fait front

la puissance de la fiction pour parler des camps...
tu dis à Robert « ce qui m'a beaucoup frappée c'est cette explication de la psychologie des SS que je cherchais depuis mon retour »

tu dis aussi « une autre chose qui m'a frappée, c'est l'utilisation des phrases mêmes que Höss a prononcées à son procès, la merveilleuse utilisation que vous en avez faite dans le dernier chapitre : "Pour nous, a-t-il dit, le gaz c'était aussi important que le pain et le lait", cette phrase extraordinaire, et puis cette rectification : "Ce n'est pas quatre millions d'hommes que j'ai tués, je n'en ai gazé que deux millions cinq cent mille." C'est le type du méticuleux, on voit l'esprit scientifique, comptable avec lequel il a appliqué les ordres. »

Anne Wattel cite seize fois dans un article de 2016 de la revue *Tsafon* cet entretien de Robert Merle avec Claude Prévost et toi dans ce numéro de *La Nouvelle Critique,* numéro qui fait la part belle à Charlotte, qui commence par une nouvelle de Charlotte intitulée *Lily*
Lily, une histoire d'amour dans le petit camp de Raïsko
la poésie de Charlotte nous fait sentir la déréliction qui a atteint les filles de Raïsko quand Lily et son amoureux ont été tués

est-ce fiction ce qu'on peut imaginer de pire aujourd'hui
aujourd'hui même élection d'un président d'extrême droite
au Brésil   victoire de la droite et de l'extrême droite dans
un Land allemand
92 députés d'extrême droite au Reichstag   cet endroit
frémissant de souvenirs de légalité abominable

si je te disais qu'un homme risque cinq ans de prison ici en
France pour avoir aidé trois jeunes femmes africaines en
détresse réfugiées blessées fuyant une dictature
un genre de « délit de solidarité » hante les tribunaux !

toi qui t'es tant battue contre le négationnisme
tu n'as pas connu les réseaux sociaux et tous les sites antisémites
qui sont les fleurs vénéneuses de la Toile
les procès   les articles de journaux   les livres   tout ça ne
suffit plus de nos jours
même s'il faudra encore des procès des articles et des livres

la *tendance* est : en 2018 le nombre d'actes antisémites en
France a augmenté de 69 % sur les neuf premiers mois de
l'année
la *tendance* est que des Juifs se fassent traiter de Juifs ainsi
que des non-Juifs
la *tendance* est à la haine revendiquée
la *tendance* est aux croix gammées dessinées sur les tombes
d'un cimetière juif ou sur le visage de Simone Veil

« Douce France » chantait Rachid Taha

•

Stellae

souvenir d'enfance   tu as si souvent raconté cette histoire
tu as vu arriver au Dépôt une femme
elle avait mis de la dentelle autour de son étoile
elle est restée à Auschwitz

Françoise Leclercq
grande bourgeoise   grande résistante
a réuni toutes ses médailles de baptême et de première communion
elle s'est rendue chez Cartier pour demander qu'on les fonde
elle rêve d'une nouvelle broche
« Quelle forme ? demande le bijoutier
— Une grande étoile de David. »

Alice   Françoise   Jo
toutes celles internées aux Tourelles et à Drancy
parce qu'en solidarité avec les Juifs
elles avaient arboré dans les rues une étoile fantaisiste
à la place de « Juif » : « Papou », « Auvergnat », « Swing » et autres inventions

Marguerite Aron
baptisée à quarante ans   membre de la congrégation de Solesmes
arrêtée à presque soixante et onze ans à la sortie de la messe
exterminée à presque soixante et onze ans à Auschwitz
coquette à ce qu'elle disait   elle gardait son étoile dans un tiroir

Haïdi Hautval
pour attirer l'attention de la Gestapo s'était confectionné
une étoile en papier   c'est là-dessus que s'est engagée la

« conversation » avec la Gestapo qui se conclut en ces termes
« Du moment que vous défendez les Juifs, vous partagerez leur sort »

Eva Tichauer
avec qui tu étais à Raïsko   avait une étoile cousue sur sa robe de mariée

Jean Flory
l'archiprêtre de Montbéliard
a fait porter l'étoile jaune à l'Enfant Jésus à Marie et à Joseph
qu'il a disposés dans la crèche pour la messe de minuit du
24 décembre 1942 à laquelle assistaient de nombreux Allemands

Rainer Höss
s'est fait tatouer une étoile de David sur le buste

l'étoile jaune obligée dès l'âge de six ans

l'entreprise Barbet-Massin, Popelin & Cie
a fourni les 5 000 mètres carrés de tissu, ils avaient remporté l'appel d'offres

Charles Wauters et Fils ont imprimé 400 000 étoiles

les fonderies Deberny et Peignot
ont fourni les clichés commandés par Dannecker dès le 5 mai 1942

trois étoiles par personne
coûtent un point textile sur les cartes de rationnement

le poème écrit en 1942 par mère Marie, Marie Skobtsova
nonne orthodoxe, qui, pour avoir aidé des Juifs sera déportée à Ravensbrück
où elle sera si aimée et respectée et où elle mourra

Deux triangles, une étoile,
le bouclier de l'ancêtre David :
c'est élection, non pas offense,
un grand don, non pas un malheur.
Israël, tu es persécuté
à nouveau…

le livret du mémorial de la Shoah de janvier – mars 2016
arrivé au courrier du matin
coup au cœur   je n'avais pas pensé à ça   c'est une découverte sacrée
deux vieux Juifs en pleine page et la *légende* : en tout petits caractères blancs sur fond noir : « Simon Trampetter découd l'étoile jaune de son ami Joseph Keller, tous deux réfugiés à Kerkrade en 1939. Pays Bas, 27 janvier 1945. »

Simon a les cheveux blancs, Joseph porte une kippa, une cravate, une moustache, tous deux âgés en costume râpé, Simon a des ciseaux, le geste est tendre   appliqué   magnifique

adieu, lettres griffues !

•

Sur la terrasse

sur la terrasse de ta maison d'Ardèche
qui est la sienne maintenant   mon frère Jean-Louis
en ce 4 août 2019 et bien avant la nuit
devant la vue que tu admirais tant   face au tilleul
que sûrement tu n'aurais pas laissé aussi hirsute
dans la touffeur de cet été harassant

sort un par un d'un cabas en osier trois anciens albums photo
format à l'italienne bourrés   de petits clichés aux coins ciselés
d'époque
de cette époque-là justement qui nous pique
39-42

on pourrait appeler le premier album « l'Album Bloch »
tant sont nombreuses les photos de France et de sa famille
il y a aussi la photo du *Claudius Magnin,* le cargo sur lequel
tu voyageas avec l'oncle de France, David, à l'été 38
justement *en ce moment* où je ne peux partager cette manne avec
Roland qui est à l'hôpital
des photos oubliées de ton amie tant de photos d'elle et de son
bébé Roland   de son mari   de ses sœurs   de Sylvie
la petite fille de sa sœur Marianne

ces derniers instantanés de bonheur partagé à *Pâques 42* à
La Mérigote à Poitiers
si peu de temps avant votre arrestation
ce bel homme là est-ce Jean-Louis ?
le cousin de France arrêté en même temps qu'elle puis fusillé
comme otage
Jean-Louis dont mon frère porte le prénom

l'impression est que ces photos sont agencées par date
sans choix   elles y sont toutes
on voit le déroulement de quelques mois d'une vie
elles sont arrimées à l'Histoire maintenant

dans cette mise en page émerge un magnifique visage de jeune
fille *Chatoune Brauman* dit la légende
tu écrivais parfois un lieu un nom   là tu nous donnes un
surnom à nous deux qui nous disons mais qu'est devenue cette
jeune fille juive
nous expliquons notre angoisse à Véra la fille de Jean-Louis qui
a douze ans

qui ne regarde pas les albums avec nous
passionnée qu'elle est par un livre d'histoire des costumes

il y a d'autres photos de Chatoune, fillette plutôt skis aux pieds
petits portraits
dans ton interview par Yves se trouve le nom de Pierre Brauman, il travaillait dans le labo de Georges Urbain où travaillait ton amie France est-ce sa fille ? sur la Toile je trouve Lucie Brauman, elle est à Drancy, en sera libérée par une amie devenue Juste parmi les nations, elle a une fille et un ami qui l'a aidée : Pierre Urbain, fils de Georges Chatoune est-elle la fille de Lucie ?
il ne reste plus qu'une chose à faire : aller sur le site du Mémorial de la Shoah
il s'y trouve trois Brauman un monsieur, Abram, né à Łódź en 1922, survivant d'Auschwitz une dame, Henriette, née en 1861 à Varsovie, pauvre vieille dame gazée à l'arrivée
et Lucie ! un clic et on apprend que la fille de Lucie se prénomme Anne-Catherine
après quelques clics supplémentaires, le doute n'est plus de mise : c'est bien elle, elle n'a donc pas été prise dans la nasse et a survécu au désastre, ouf !
heureusement tu avais mis un nom de famille
nous serions restés avec un trou dans notre cœur en forme de point d'interrogation

des photos du parc de Mérignac ! tu es à Bordeaux, c'est la drôle de guerre, tu promènes Francis dans ce parc
ta mère est sans doute avec vous, je devrais modifier mon texte sur Bordeaux, inclure ces promenades sûrement dominicales mais je l'aime bien comme ça

peu avant tu étais à Varennes en août dans la famille de la tante de France

un autre album nous offre le côté Rumpf
ta belle-sœur Julie Montet, son mari, ses enfants, beaucoup de photos de Françoise, l'aînée, qui deviendra danseuse aux *Folies Bergère*   elle bricole de minuscules montages photo de Francis pour toi qu'elle appelle *Nania*   tu te serviras beaucoup de ce nom dans tes lettres du Dépôt et d'Auschwitz   quelques photos oubliées de notre *Bonne-Maman* enfant et jeune fille

il me plaît que *la terrasse* figure dans ce vagabondage tant elle fut lieu de vie pour toi   il me plaît que nous y ayons feuilleté ces albums-nostalgie en regardant du coin de l'œil cet arbre de vie que fut pour toi le tilleul   comme il a grossi depuis ta mort !   *la vue* comme tu disais, la vue, elle, a peu changé aujourd'hui pas de mont Ventoux à l'horizon, il ne risque pas de pleuvoir

les lettres après les photos, toute une boîte de lettres retrouvées
des lettres à feuilleter comme on caresse les plumes d'un oiseau vivant ce qui est quasi impossible
de même on ne peut atteindre leur cœur palpitant
tenir en ses mains tant de fragilité bouleverse
ces mots agencés pour toi   ont *résisté* au temps
je me dois d'être à la hauteur de ces minuscules lignes
de Mère Poule   des lettres arrondies des sœurs Bloch
je m'attendris à la lecture de ce « vieux » ou « mon vicux »
qu'elles t'adressent vers 39   après vers 37 t'avoir appelée « mon petit enfant »
ainsi me fait rire mon petit-fils qui aujourd'hui dit « gros »
à ses parents, à sa sœur, à tout le monde ou presque

la désinvolture avec laquelle ton ex-mari Paul te donne du « bien cordialement à toi » et ses « amitiés au rejeton » qui doit avoir dans les deux ans
ce « ma chérie » que t'adresse ta mère que je t'entends encore me dire à moi   et me l'écrire tout pareillement

ces lettres de juin juillet août et même septembre 1945
qui mentionnent toutes l'attente angoissante du retour de ton frère du camp
cette lettre de Tante Maguite t'annonçant la mort confirmée de France

il y avait des enveloppes avec très peu de lettres
dans cette boîte la plupart des lettres sont sans enveloppe
sauf une ou deux dont celle de Giono et de ses amis du Contadour 1935 + 1
celle qui te félicite pour la naissance de Francis

je n'ai aucune peine à t'imaginer penchée sur ton bureau
un stylo Bic ou un stylo-plume à la main écrivant lettre sur lettre à tes amies
quand as-tu eu le téléphone   GOBelins 07 72 ?

après la terrasse, l'ancien bureau de notre père
archi-comble d'archives et de livres appartenant à mon frère
nous ouvrons un placard   le portrait d'une grand-tante inconnue nous tombe dessus !
jolie dégringolade   elle est belle cette « Daisy Marguerite »
son portrait a été tiré à Barcelone où elle est morte en 1918 :
la grippe espagnole ?
finalement, c'est donc elle qui avait hérité du prénom de la petite morte, Adrienne Marguerite, la première née de la lignée

les valises remontent toujours à la surface

tu parcourais avidement les nécrologies   dans le journal
ces morts-là   sont annoncées   après
quatre lignes   forte parentèle   pour le dire
tu ne penses pas
à ta mort annoncée au monde   en plusieurs lignes
tu t'en fous   tu n'en veux pas   de nos fleurs

surtout pas de discours   pas d'hommes en cravate
ça prend de la place les hommes
de l'air il te faut de l'air
dans le journal tu ne regardais pas les morts annoncées
après
tu cherchais les prénoms des bébés
tu te choisissais tous les jours un nouveau prénom
    une nouvelle chance

•

Textes premiers

tu es revenue !
c'est un miracle !
tu ne dirais pas ça bien entendu
si je voulais être fidèle à ta mémoire, je citerais Germaine Tillion :

> « Si j'ai survécu je le dois, d'abord et à coup sûr, au hasard, ensuite à la colère, à la volonté de dévoiler ces crimes et, enfin, à une coalition de l'amitié – car j'avais perdu le désir viscéral de vivre. »

il me faudrait toutefois enlever le dernier membre de la phrase
tu n'as jamais perdu le désir de vivre   c'est ce que tu dis
ton exubérance à ton retour est bien la preuve que c'est vrai

tu as eu deux fois le typhus au camp
tu as fait parfois de folles choses qui auraient pu avoir la mort pour résultat
tu as bu de l'eau polluée dans une flaque par terre à Auschwitz
tu as expliqué de Raïsko les chambres à gaz à un type de la Wehrmacht
tu disais comme ça   *un type de la Wehrmacht*
mais n'étais-tu pas toujours plus ou moins en danger de mort, à chaque instant ?

des mois de frayeurs insupportables, d'angoisse et de terreur
une heure de sursis, une journée, un mois, un an, une vie ?
vingt-sept mois disais-tu
du 27 janvier 1943, date de ton arrivée à Auschwitz, au 22 avril 1945, date de ton départ de *Mauthausen à un moment où il était grandement question de nous faire passer par la cheminée pour permettre la défense de l'endroit contre l'avance soviétique*
ce que tu écris seulement un mois plus tard dans *Les Bretonnes*

de cela tu es revenue aussi
de cette frayeur-là de cette angoisse permanente jusqu'à la toute fin et même jusqu'à la frontière suisse
tous les jours en danger de mort
tu aurais pu être prise à la course de la mort, ces dix mètres à courir, après station debout en appel de douze heures, si deux copines ne t'avaient pas attrapée sous les bras pour te faire continuer à la bonne vitesse et autres *chouettes épisodes* comme tu disais
pas de miracle des actes de sororité
avec miraclissime sororissime ton recrutement au labo de Raïsko
« *miracle* » disait Claudette à la BBC qui pas plus que toi ne croyait à la divine providence

Primo Levi parle de « chances »

en relisant ce que tu écris dans *Les Bretonnes* – organe mensuel de l'UFF de Bretagne – je m'aperçois que tu me contredis !
Il ne nous reste plus, maintenant que par une suite
de miracles nous avons tant de fois échappé à la mort,
qu'à nous remettre à la vie, la vraie : à la vie combattante.
Et c'est avec enthousiasme, plus d'enthousiasme que jamais,
que nous reprendrons notre place pour aider la France
à se relever écris-tu dans cet article

tu es revenue
tu as laissé beaucoup de toi là-bas
avec tes amies disparues
et même si tu n'en veux rien savoir
cela refera surface maintes fois

tu es revenue et t'es « mise au travail », de toi-même, dès le début du mois de mai 1945, en Bretagne où tu as retrouvé ton fils :

> *2 articles, un petit laïus (que j'ai prononcé à l'inauguration du centre d'accueil) et maintenant il faut que je prépare mon grand laïus pour 3 meetings, Quimper, Brest et pour finir Rennes mardi soir 22 – après quoi, je regagne Paris où je serai je pense vers le 25.*
>
> *Comme vie mondaine, j'ai vu le haut commandement américain à Rennes qui m'a profondément dégoûtée parce qu'après un verre énorme de Courvoisier il m'a fait boire un excellent bordeaux blanc qui a été par là même perdu et parce que je me suis rendu compte que je ne pouvais plus parler anglais – et demain je goûte chez la préfète – je suis allée au cinéma une fois et j'y serais bien retournée pour montrer à Francis les actualités, mais les films sont tellement moches que je m'en voudrais de lui faire voir cela* écris-tu à ta belle-sœur le 16 mai 1945

quelle pêche tu as *au retour* !
tu as la santé, tu n'as pas eu besoin d'aller au sana comme tant de tes compagnes
courage ! force ! humour !
tu es pleine de vie, tu veux toujours en découdre, expliquer, résister encore et toujours
tu harangues !
tu ne te plains que de deux choses : de la gale et de ton poids

Je reprends des forces tous les jours et tout va sauf sommeil et abcès en formation (suite d'avitaminose : je n'en ai jamais eu là-bas alors que certaines en avaient partout, il faut que cela m'arrive maintenant !) – et j'ai beaucoup souffert parce que j'ai eu la gale (oui ! cela n'est pas honteux en camp de conc. et même était très répandu) et cela est terriblement… grattant et le traitement assommant. Même aujourd'hui j'ai refait du vélo pour faire des courses en ville (l'appartement est dans le quartier chic, aéré, mais à vingt minutes du centre) – il paraît que je suis méconnaissable disent les bonnes gens qui apportent qui du lait, qui du beurre pour moi – mais j'ai grossi, oh là là ! écris-tu dans cette même lettre

ton *travail* inclut donc la lettre du 10 mai aux Rabaté
celle lettre, je l'ai découverte grâce à Internet
en décryptant un cachet apposé sur ta carte de rapatriée, j'ai trouvé une adresse – rue d'Artois – qui m'a amenée droit à une thèse d'histoire passionnante, celle de Laure Fourtage intitulée *Et après ? Une histoire du secours et de l'aide à la réinsertion des rescapés juifs des camps nazis (France, 1943-1948)*, thèse d'histoire magistrale soutenue en 2019 à l'université Panthéon-Sorbonne

en faisant une recherche « Marie-Élisa Nordmann » dans cette thèse, j'ai frémi d'excitation deux fois
Laure Fourtage évoque deux témoignages : le premier recueilli le 19 juin 1945 dans les bureaux de la documentation du ministère des Prisonniers, Déportés et Réfugiés
le second : une lettre envoyée de Rennes à tes amis les Rabaté qui habitaient alors ton appartement dans le XIIIe arrondissement de Paris, elle, Maria, étant membre du Comité parisien de la Libération et élue au conseil municipal de Paris, lui, Tatave – Octave – rentré de Mauthausen avec toi
si Laure cite ces deux textes, c'est qu'ils ne racontent pas seulement le sort des femmes de son convoi de politiques mais

aussi tous les deux le sort terrible, le calvaire, réservé aux Juifs à Auschwitz : tout est dit et écrit en toutes lettres, à un moment où on connaissait si peu l'étendue du désastre, ça n'était pas venu au jour

le témoignage nous était connu, il avait été publié dans le livre *Témoignages sur Auschwitz* paru fin 1946 et recoupe celui qui est dans la lettre de mai 45 : inclus dans un grand texte intitulé « Le camp de Birkenau (femmes) en 1943 »

> *Mais si le camp était épouvantable pour toutes, aucun adjectif ne peut qualifier ce qu'il était pour ces malheureuses femmes de tous les pays étiquetées Juives par les nazis et sur lesquelles ils passèrent tout leur sadisme.*

tu reprendras cela mot pour mot dans un article du 1er juillet 1945 dans *Filles de France,* n° 17, le journal de l'Union de la jeunesse républicaine de France, semble-t-il hebdomadaire : une page entière de toi sur Auschwitz

d'autres textes de toi dans le livre *Témoignages sur Auschwitz* dateraient aussi de cette époque : celui sur la photo de Francis trouvée au fond d'un pot de miel soigneusement léché par la récipiendaire, toi   celui sur le bouquet qui plaisait tant à une kapo   celui sur Annette Épaud, jetée au *Block 25,* parce que prise à donner de l'eau à une femme qui suppliait à la fenêtre et dont le destin sera d'être gazée

Laure Fourtage a trouvé cette lettre aux Rabaté aux Archives nationales, parce qu'elle a été interceptée par le contrôle postal mis en place à la Libération, faisant suite à celui de Vichy et visant particulièrement les communistes, semble-t-il
une employée l'a intégralement recopiée à la machine, transmise à ses chefs avec la mention de son nom suivi de « effrayant ! » puis acheminée à ses destinataires

vous avez raison, Laure, notre mère n'a sans doute jamais « imaginé que sa lettre se trouvait comme pièce d'information dans les archives du ministère » doté d'un titre résumé : « Compte rendu d'une déportée politique sur le camp d'AUSCHWITZ »

dans cette lettre tu forges en quelque sorte le concept de « nous déportés » *dites-moi qui rentre, les manifestations, meetings où nous déportés (et qui ?) prenons la parole*

à propos de ton texte, tu écris cette phrase qui est tellement toi, ta modestie et ta fermeté que c'en est presque comique, j'entends ta voix le dire : *Faites-le passer où vous voudrez et tâchez de ne pas jouer avec les ciseaux d'Anastasie, je ne tiens pas tant à ma prose qu'à ce que j'ai à dire.*

et aussi cela : *Engueulez un peu les officiels – ces rapatriements traînent en longueur d'une façon terrible – et ce n'est pas parce que nous sommes rentrés, nous, que nous allons oublier les autres.*

Finalement tu as réussi à faire ce que tu voulais, par toi décrit dans une lettre du tout début mai :

Les premiers jours, j'ai eu un de ces coups de bambou ! je restais peut-être en tout trois heures debout et passais mon temps à aller du lit à la chaise longue. Maintenant cela va beaucoup mieux – je sors un peu et digère bien – je m'habitue à la vie... On reprend vite l'habitude d'être libre, de marcher seule et non par 5 et de ne pas être surveillée !
Et en même temps je me sens l'envie de travailler, d'écrire. Je n'ai encore pondu qu'un article et je voulais rédiger ici tous mes « mémoires du camp ».

Sur une carte postale du 23 mai adressée à ta belle-sœur, tu écris :

Au meeting de Rennes ; c'était très chic : au moins 1 200 personnes très vibrantes.

Je me sens prête à affronter le public breton et à lui faire passer le frisson avais-tu écrit aux Rabaté

à Rennes en juin 1945, un petit bout de journal c'est ton fils Francis qui te l'envoie
vous vous écrivez beaucoup depuis vos retrouvailles
tu es rentrée à Paris, il est resté à Rennes finir l'année scolaire
le jeudi chez les scouts et parfois aussi le dimanche
il t'explique que tu discutes avec le général Rouvillois
à l'inauguration du « Centre d'accueil »
un petit carré de journal, oh pas grand-chose, 2 cm par 2 cm, épinglé sur une lettre, c'est toi, un mois après ton retour

le 19 juin c'est le jour où tu témoignes dans les bureaux de la documentation du ministère des Prisonniers, Déportés et Réfugiés court témoignage, mais tu avais déjà raconté plein de choses à Olga Wormser qui hantait les couloirs du *Lutetia*

1er juillet : dans cet article de *Filles de France* cité plus haut, tu continues ainsi : *À l'arrivée de chaque convoi, les femmes paraissant plus de quarante ans, et les enfants de moins de seize ans, sont envoyés directement à la chambre à gaz et au crématoire. On leur réserve les pires travaux du camp et quand elles les font mal ou que leur tête déplaît à la surveillante ou au chef, on les roue de coups jusqu'à ce que mort s'ensuive. S'il arrive à une de ces malheureuses de s'asseoir, exténuée, on lance sur elle les chiens qui l'achèvent.*

14 juillet : tu écris un article sur le 14 Juillet au Dépôt de la Conciergerie en 42 pour le journal de l'UFF du 13 juillet

25 juillet 1945 : un article-interview par
Yvette Neefs dans *L'Université libre* avec
une photo datant de 1941 et non pas
cette photo prise à ton retour :

« La voilà parmi nous maintenant
et si peu changée qu'on voudrait croire
à un miracle. »
hum…

tu y insistes sur la solidarité, le collectif :

Nous savions nous soutenir pour lutter contre
le découragement collectif face aux tortures.

le 23 janvier 1946 au fort de Romainville
L'Humanité titre : « Marie-Élisa
Nordmann célèbre la mémoire
des martyres »
« les survivantes expriment
la résolution de venger les mortes
en rendant impossible à jamais
le relèvement de tous les fascismes »

tu discours devant des foules mais tu as dû aussi répondre
à beaucoup d'éplorés qui cherchaient compagnes, mères,
grands-mères
car oui, toi aussi tu as dû annoncer la mort, prononcer des mots
définitifs   effacer l'espoir du retour
tu es allée voir la mère de Jacqueline
tu es allée voir les parents de Claudette, en leur disant qu'il
y avait très peu d'espoir qu'elle revienne, puisqu'elle avait
disparu de Ravensbrück, emmenée vers une destination
inconnue
elle est revenue

dans tes papiers de 1945 on trouve ta carte du PCF   avec
des timbres collés dès la première quinzaine de mai après
huit cases vides   tu es à la section du XIIIe, cellule 2342
on trouve aussi un nouveau passeport le 13 août 1945 en vue
d'une autorisation de solliciter un visa pour les États-Unis,
le but étant de prendre contact avec toutes les organisations
féminines des États-Unis afin d'assurer au Congrès
international des femmes la participation d'une délégation
représentative   (au dos : « je n'y suis jamais allée »)

par contre tu es bien allée en Angleterre, entrée à New
Haven le 22 août, sortie à la mi-septembre   non pas à
la recherche d'une délégation mais « pour te changer
les idées »

tu as même eu un mandat électoral,
fin 1946, unique semble-t-il : tu as
été élue pour être déléguée cantonale,
c'est-à-dire pour élire à ton tour
un membre du futur Conseil de
la République
tu étais sur une liste communiste
dans le XIIIe arrondissement

parmi tes écrits de 1946, celui des *Cahiers du Rhône* sur
Ravensbrück, ouvrage collectif d'une quinzaine de femmes
dont Germaine Tillion et Geneviève de Gaulle
« Le "moral" communiste »

> *Un élément dont le rôle a été considérable était le désir de savoir ce qui se passait, d'analyser les événements.*

ce fut plus facile à Raïsko où les hommes vous passaient des
journaux en fraude
avant c'était Danielle Casanova qui vous apportait des
nouvelles le soir   c'étaient celles de la Wehrmacht que vous
saviez *lire entre les lignes*

En même temps il fallait lutter contre le « bobard ».
Rien n'était de plus démoralisant que d'avoir des
communications dont la source était incontrôlable
les *bobards* venaient de *Radio-Auschwitz* ou *Radio-Ravensbrück*
c'étaient souvent les SS qui étaient à l'origine *des nouvelles les plus favorables.* Celles-ci démenties, *cela diminuait notre résistance*

donc pour garder le moral, il était impératif de combattre les fausses bonnes nouvelles, de les démonter ! ça c'est une nouvelle !

tu as écrit dans les brochures de l'UFF de 1946 et 1947 *Héroïnes d'hier et d'aujourd'hui* – sur Danielle Casanova et France, tes figures tutélaires
tu as fait des discours sur elles et d'autres dès ton retour

la résistance, la guerre, qu'ont-elles changé à ta vie ?
tu avais perdu des êtres très chers, très proches, uniques
ton fils avait grandi trois années loin de toi
tu avais perdu le goût et pas assez d'énergie pour la recherche scientifique
ta santé se dégradera fortement plus tard
mais aussi tu as eu le courage et l'énergie de te remarier
et d'avoir des enfants et surtout d'en être heureuse

après la guerre, tu as recommencé à militer énormément jusqu'à l'étourdissement
tu as beaucoup aimé être secrétaire de l'UNI (Union nationale des intellectuels), tu y travaillais avec Joliot et tu y rencontrais des écrivains, des artistes

en définitive, ton premier écrit c'est ce cahier de Saint-Gall
où tu arrives à faire un historique précis de tes premiers mois
à Auschwitz

non, le premier c'est la laliste de tes compagnes mortes écrite à Raïsko recopiée dans l'autre cahier bleu de Saint-Gall

tes textes premiers ne te semblaient pas un devoir de *mémoire* mais un devoir de témoignage et de transmission, un devoir d'*information*

en mai 1945, tu t'étais bien mise au travail et pour toujours

•

Théâtre ancien

Marie-Élisa. – j'ai toujours dit qu'un peu d'arsenic ne faisait de mal à personne !

Isabelle. – mais maman qu'est-ce que tu fais là ? T'es pas là-haut dans ta barque avec mémé ?

Marie-Élisa. – non mais tu n'as pas vu ? Ils en font un médicament contre la leucémie et ils l'ont breveté ! l'arsenic ! breveter l'arsenic ! et les vieilles dentelles alors ?

Le chœur. – mais qu'est-ce que ça vient faire ici ?

Isabelle. – j'essaie seulement de répondre à la question « d'où tu parles, toi ? »

Un monsieur. – chère Madame, saviez-vous qu'on peut de nos jours faire l'aller et retour de Paris à Auschwitz en une journée ?

Le linguiste. – dans son discours du 27 janvier 2005 à Auschwitz, Jacques Chirac ne prononcera jamais les mots d'antisémitisme ni de nazisme ni de racisme une fois celui de liberté   il y a juifs ou Juifs six fois   extermination deux fois   Shoah quatre fois   pas de Tziganes

Philippe Hadengue. – pour moi, c'est le pays des cendres vives, aucune eau ne peut les éteindre

Isabelle. – où sont les dessins de ma grand-mère ? Où est l'Amour ?
Où es-tu grand-mère ? Que fais-tu mère-grand ?
si j'allais là-bas peut-être que je marcherais sur tes
os réduits en cendres
Le sceptique. – idiote, ils se sont envolés
Le savant. – ils ont comblé la Vistule
Isabelle. – je n'irai pas

j'ai venant de toi Bonne-Maman une robe de chambre en
soie transformée en robe par les doigts de fée de mon amie
Ève en mille neuf cent soixante-dix neuf pour aller danser (avec
mon frère danser)
j'ai de toi quelques photos
avec grand-père bon-papa papa-bon je ne sais
ton mari arrangé
et cette photo avec mon grand frère très aîné tout à fait bébé dans
tes bras

danser dans ta robe de chambre crêpée de soie quelle idée
aussi n'ai-je point dansé
te tutoyer quelle idée
l'idée de jeter ta robe est insupportable
l'idée de la transformer également
la pensée d'oublier ta robe triste pensée la rencontrer dans
la penderie la toucher
si doux le crêpe de soie un crêpe de soi noir
avec des arabesques argentées

Le chœur. – nous sommes complètement perdus dans l'espace-temps
Isabelle. – moi, sa petite-fille, je suis née en 1954, au printemps
fille ou petite-fille qu'importe tout brûle en moi
Un monsieur (au téléphone portable à la bibliothèque du Mémorial de la Shoah). – je suis à la Shoah

sur le site du Mémorial c'est l'inscription :
« Est inscrit(e) sur le Mur des Noms en tant que Athénaïs Nordmann né(e) le 19/06/1880 à Boulogne, déporté(e) par le convoi n° 34 au départ de Drancy le 18/09/1942. »
il n'y a pas de photo   vous pouvez envoyer une photo
j'ai apporté une photo
celle qu'avait maman sur son bureau dans son cadre doré
une photo d'identité
celle qui est sur mes étagères maintenant

la vieille Dame N. est une autre Dame N.
personne n'a dressé procès-verbal de son arrestation
le léger arrêt cardiaque de sa fille (ma mère) est passé inaperçu

ainsi on dira   que tu t'es éteinte un 15 août
jour de la Sainte-Marie
on dira aussi dans son fauteuil   paisiblement   au matin
elle attendait sa fille   ses petits-enfants   qui arrivaient de province
tu t'es éteinte comme une étoile et telle une étoile morte
tu nous dispenses encore ta lumière   ton or   ton aura

les beaux vêtements que tu aimais personne ne les portera plus
trouver chaussures à tes pieds déformés était gageure
tu achetais tout à H & M : Histoire & Mémoire

maintenant je dois écrire ta nuit d'encre
une nuit inconnue pour toujours aux mystères insondés aux brumes perpétuelles

écrire cette mixtoire cette hystoire   cette lystoire   lyse tu t'y connaissais   il y avait ta grande amie Lise chimiste comme toi
la lyse des électrolyses
et celle de la chanson   la disparue partie avec une valise et un signe de la main

tu allais aux commémorations   mémorations communautaires
aux dix ans de la libération d'Auschwitz
tu prononces un discours   que ton manteau est léger !
aux vingt ans   tu y es allée aussi   nous sommes restés en Ardèche avec notre père
à poncer les poutres   pour les rendre apparentes
nous nous appliquions à enlever des couches de peinture
dessous la réalité noire de fumée
aux trente ans : tu es restée chez toi ? es-tu restée sous ton toit ?
comme aux quarante   l'année de la mort de Charlotte
aux cinquante ans   tu étais morte toi aussi
aux soixante ans tu n'as pas vu tous les livres les magazines les fanzines les trombines qui faisaient la une
aux soixante-dix ans ! des unes à la puissance dix ! beaucoup de pépites cependant, comme *La Découverte,* livre écrit par Annette Wieviorka

des mots nus pour la nudité de ton corps

encore un effort de transmission
à la fin il faudra bien que s'écrive le nom
que toutes les lettres y soient
dans la bonne langue   l'allemande
l'alphabet entier en neuf lettres   de A à Z

j'ai tant de fois écrit A… Z par impuissance à écrire le nom vrai
et entier que l'expression de A à Z m'évoque maintenant ce
nom qui signe le nom de la destruction des Juifs d'Europe
Auschwitz

tu as donné ton corps à la science   offrande à la déesse
rue des Saints-Pères nous inclinions la tête
nous chuchotions est-ce là qu'est le corps de notre mère ?
et après qu'en ont-ils fait ? ils ont brûlé les morceaux, c'est sûr ?
où sont les cendres ?
dans la forêt
le MLF avait eu son premier local dans cette rue   bien plus
haut   un autre quartier   moins carabin   moins carabiné

sais-tu qu'en Libye – sous un de leurs dictateurs – leurs ? –
enfin   ils ont brûlé les violons   brûlé les violons

sais-tu que le jour de ton anniversaire, le 4 novembre 2018
la journaliste ukrainienne Katya Handziouk est morte
elle avait été attaquée en juillet à l'acide
une parmi les 50 militants anti-corruption et défenseurs
des droits de l'homme attaqués cette année-là en Ukraine

> « Mon corps est pourri par l'acide et je vais mourir mais il est moins pourri que le vôtre. »

un jour tu as lâché la partie
tu as baissé ta manche   caché ton numéro
tant d'années à combattre l'oubli
tu t'abandonnes à ta fin que tu pressens assez proche
tu t'allonges et souris   tu appelles la fin
tu es prête   tu ne manges plus
le moment venu tu rejoindras   squelette   les tiennes
celles auxquelles tu as toujours été fidèle

> « Le 18 septembre 1942, Athénaïse Nordmann est parmi les détenus de Drancy qui partent dans le convoi du

génocide n° 34   n° 186 sur la liste. Deux jours plus tard, le 20 septembre, âgée de soixante-deux ans, elle fait partie des personnes sélectionnées pour être conduites aux chambres à gaz. »

Claudette disait que tu étais terriblement culpabilisée par la mort de ta mère   tu pensais que tu aurais dû l'obliger à quitter Paris, que ça l'aurait sauvée

mais elle ne voulait pas et d'ailleurs comment aurait-t-elle imaginé ?

Athénaïse n'était pas son prénom usuel   tu es morte et honorée en ton prénom officiel   où est passé le prénom de Jeannine ?
où est passé mon prénom   mon premier prénom   *Janine*

un rêve me hante   fait de revenantes
revenant ne souffre pas le féminin   revenant souffre au féminin

adhérentes   résistantes   la poix pour attraper les oiseaux au piège   participantes certains oiseaux le sont

arrêtée dans son vol   emprisonnée d'une cage à l'autre
déportée   transférée d'un camp à un autre
libérée au camp du vent

rescapée – je fouille ma mémoire – tu le disais ça ?
sais-tu ce que j'ai appris aujourd'hui : les entrepôts d'Amazon sont entourés de fils de fer barbelés ?

les camps d'aujourd'hui emprisonnent les Ouïghours musulmans en Chine
la Rép. pop. va les rééduquer à coups d'enfermement de barbelés de matraques électriques

on voit les camps en images satellite mais on ne peut rien faire !
on sait tout ou presque mais notre président actuel n'en dit mot
aux autorités chinoises   le commerce vaincra !

en Inde   en 2020   un registre des *indésirables* et des camps en
construction

j'ai beaucoup éveillé en rêve Maman
avec tout le battage sur l'aire de la mémoire
il en a jailli des grains   perles   éclats   de mes moires
toujours éclateront les grains en poussière me dit mon frère

tes amies de là-bas graines   perles   éclats :

Mimi tu es un flamant rare mutique qui ne sait plus voler ni nager
ni mettre les pieds dans l'eau   tu es ibis en pleurs Madeleine tu
fus une des premières oiselles en cage
mais tu as réussi à prendre ta volée   je vois ton bonheur à tes
plumes hérissées
reprise   tu as fait partie des 230
tu as pris ta retraite en 1960 après une grave opération tu vis
seule   *un peu désabusée*
désabusée   complètement déprimée   suicidée

« cours vite Isabelle »
la course   toujours je m'y vois   je cours   je cours
je suis nue   elle est nue elles sont nues dans le froid mordant des
chiens le froid piquant   entamant   je sais que je n'aurais pas
couru assez vite   les SS avec leur canne   les chiens
je ne comprends pas je ne suis pas devenue championne de course
au contraire toujours dernière avec mon gros derrière
parfois je cours   me réveille une morsure de chien au mollet

par mon nom d'oiseau je vous rejoins   le courvite isabelle a un
vol rapide   il crie rarement   *bark rauque*   aboyé

parfois *tuc tuc* doux
au réveil ce matin, une phrase dans ma tête d'oiseau
« il faudra que Carmen intervienne quelques minutes de plus
dans ma désolance »

Lulu   mon alouette   tu grisolles et tirelires
tu turlutes dans ma mémoire
avec ton grand rire   chantes-tu le soir ?
Carmen ta sœur alouette

vous êtes comme des manchots qui se tiennent chaud vous
vous tenez chaud pendant l'appel vous offrez votre corps
alternativement au froid délirant
vous convoquez les eiders mais pas trop pour ne pas être déçues

chaque jour des oiselles s'envolent
qui est la gélinotte des bois celle qui lorsque les températures
deviennent extrêmement basses s'enfonce dans la neige pour
éviter le froid nocturne ?

qui la locustelle de Pallas ?

qui la bécasse   la poule d'eau   qui est notre rossignol
et notre bergeronnette ?

vous étiez une espèce non protégée promise à un hivernage dans
les glaces

dans le Coran il est dit : « au cou de chaque homme, nous avons
attaché un oiseau »   le mot oiseau étant synonyme de destin

je voudrais un nuage de brouillard une densité opaque
de brouillard enveloppant   je soufflerais dessus et vous
arracherais à la place d'appel   mes douces mes aimées

il y avait la couleur du deuil   l'odeur du deuil inabouti
du trop-plein de deuil
la couleur des vêtements usés   dans les trous le bleu de la peau
le bleu des rayures   un manteau marron
les Juives n'avaient pas de rayures   des fringues informes
mes oisillonnes mes chéries   je vous prends sous mon aile
je vous couve   lisse vos plumes de pensées
je voudrais des ailes immenses blondes comme le temps
avec elles vous enlever

les ailes qui me sont poussées étaient de crêpe noir
douces et chaudes comme celles des eiders

tu es une des dernières à retourner dans la grande volière
des revenantes   rejoindre tes mortes sœurs
à l'hôpital   tu vas au camp   tu y retournes
tu y as laissé trop longtemps seuls tes sœurs et tes frères
et mes mères et mes pères et mes enfants   tu n'as plus besoin
de ton corps
ton corps appartient à la science tu crois à la science
ton corps ira se faire triturer par les médecins
et toi tu pars *là-bas* sans lui
sans lui sans souffrance dans la joie tu vas retrouver ta mère
dans la joie   la joie que vous m'envoyez du haut de votre barque
dans les étoiles

on me dit femme   certains me diront juive
oui mais où caser ma quasi totale ignorance de la Torah ?
dans une référence à la laïcité revendiquée ?
oui mais il y a de la fascination   je sais que là j'ai à gratter
à trouver quelque chose
que dire de l'effroi que provoque mon nom en moi ?
il est sans fin   je n'en vois pas la fin ni le début d'ailleurs
il est d'enfance
si je devais porter l'étoile, je ne le ferai pas mais je ne changerai
pas de nom, je ne trahirai pas mon nom   je ne peux non plus

sans effroi me qualifier avec l'adjectif qualificatif juive
j'aimerais ne jamais pouvoir être qualifiée   que jamais on ne qualifie personne

parution de *L'Idée d'une tombe sans nom* de Sandrine Treiner

> « L'histoire d'une jeune juive révolutionnaire, qui quitte sa terre natale, la Bessarabie, pour construire le socialisme en URSS. Peu après, elle disparaît dans les purges staliniennes après un dernier message aux siens les dissuadant de la suivre. »

voilà le genre d'annonce qui m'intéresse
une tombe sans nom

les tombes sans nom sont légion dans *Into the Abyss*
le documentaire de Werner Herzog sur la peine de mort au Texas
il commence par un cimetière   des croix à perte de vue
celles des exécutés   *non réclamés* par les familles sur chacune un numéro   aucun nom

dans une librairie   je fonds sur le *Verfügbar aux enfers* de Germaine Tillion   j'exulte « il est en livre de poche ! »
Joseph me dit « Maman, tu ne vas pas encore acheter un livre sur la déportation »
je retiens mon geste   me promettant de l'acheter plus tard

tes nuits équaniles   l'équanilité de tes nuits

en lisant cet article « Le cœur serait sensible aux émotions » (*Le Monde* octobre 2013) j'ai pensé à toi   au *Monde* que tu lisais tous les soirs   aux articles scientifiques auxquels tu croyais dur comme fer   le cœur sensible aux émotions
quelle nouveauté !   faut-il vraiment la caution de la science quand tout le monde ressent cela ?
oui aurais-tu dit   je pense oui   la science oui

aurais-tu aimé la bibliothèque de François Mitterrand pour partie vendue aux enchères en 2018 ? Une édition originale des *Décombres* de Rebatet, ce pamphlet antisémite, achetée en 1990 pour la modique somme de 13 500 francs. Brasillach, ce collaborateur, Bardèche, cet antisémite forcené, premier révisionniste français, Drieu la Rochelle, Maurras, Chardonne, présents en de beaux exemplaires
cet attrait renouvelé pour des auteurs aux idéologies racistes et antisémites, le connaissais-tu ?

petites informations qui t'auraient intéressée :
— Israël a construit un deuxième mur
— ah bon ?
— tu ne connaissais pas le premier ?
— contre les Palestiniens ?
— oui, le second est à la frontière égyptienne pour empêcher les migrants africains de passer   Érythréens Soudanais
pour garder   Israël pur   ils ont aussi construit une prison qui entasse   des milliers de réfugiés dans le sud du désert du Néguev
des associations humanitaires se sont élevées contre
se sont cassé la tête contre ce mur de la haine

tu n'aimerais pas ce mot cache-tout-ce-qu'on-ne-veut-pas-voir
tu n'aimerais pas ce mot « migrant »
toi qui disais haut et fort « extermination »
tu n'aimerais pas ce mot « migrant »
toi qui as connu des réfugiés
ceux qui disaient « Liberté, égalité, carte d'identité »
qui faisaient la queue devant la préfecture de Paris
toi qui as vu ces réfugiés quelques années plus tard
arrêtés déportés exterminés
non, tu n'aimerais pas ce mot de migrant
et tu le dirais haut et fort

ma Cocotte
c'est incroyable   avec du scotch   deux chercheurs
ont déshabillé la mine de graphite d'un crayon
jusqu'à obtenir   du carbone plat à deux dimensions
qu'ils ont appelé « graphène »
ça va servir peut-être pour écrire sur des écrans plats et souples
mais tu n'as jamais vu ça   ma chérie
tu verrais ça   ces graphènes en couche on dirait des bas résille
toi qui aimais tant les cristaux   tu en reconstituais de tête
pour te désennuyer en prison

ma Cocotte
tant de choses apprises sans toi : le mouvement de résistance
Défense de la France – tu évoques le journal dans ton interview
par mon frère mais pas l'ampleur du mouvement
pourtant Geneviève de Gaulle en faisait partie ainsi que Jacques
Lusseyran
Maman, un journal diffusé à 100 000 exemplaires ou plus,
excuse-moi mais je trouve ça extraordinaire ! et jusqu'à
400 000 ! dans le métro, devant les églises…

en 1955 tu écris cela : *Notre existence au début de notre séjour*
au camp était peuplée de cauchemars. Il en est un qui
revenait pour moi toutes les nuits : je rentrais chez
moi, racontais intarissablement notre vie quotidienne
à Birkenau, tout ce dont nous avions été les témoins
ou les acteurs et personne, même pas ceux qui me
touchaient le plus près, personne ne voulait le croire.

toute menue sur son lit elle dit qu'elle en a marre
de son beau sourire elle le dit
remonte la couverture s'il te plaît ma chérie
que fait ton père   parle-moi de tes enfants

(mai 2015) j'ai rêvé de Jan Karski

je le rencontrais par hasard et voulais en profiter pour discuter
avec lui   une grande maison pleine d'enfants – les filles ont
toutes des nattes
il me faisait une copie sur des bandes magnétiques anciennes
un jeune me disait « Tiens tu es vivante ? Toi aussi ? »

•

Ton père

tu ne l'aimais pas beaucoup c'est toujours l'impression que
j'ai eue   il n'aimait pas que tu te maquilles jeune fille

enfant tu lui as écrit de belles lettres

victime collatérale de la révolution d'Octobre en quelque sorte
il a subi le nomadisme d'employé de banque de haut niveau au
chômage toi aussi qui as dû passer deux ans sur la Côte d'Azur
tu en as gardé de solides amitiés d'ailleurs

pauvre homme !
réformé – à sa grande tristesse – parce que son pouce droit avait
été pincé et restait replié   il ne pouvait pas se servir d'un fusil
il a regretté de ne pas la faire la der des ders
lui un patriotard à tout casser selon toi   il a voulu s'engager
quand même   mais il avait dépassé les quarante ans fatidiques
puisque né en 1869

il ne nous en reste qu'une image égarée
portant canotier aux côtés de Bonne-Maman
tout ce que nous savons
c'est qu'il allait à la synagogue de temps en temps
pour certaines grandes fêtes

par volonté de ne pas perdre certaines traditions

son père avait été rabbin mais il l'avait très peu connu   il avait trois ans à sa mort
ce grand-père-là tu disais toujours qu'il était « communard »
peu de traces de lui   il est dit *libéral* il a sans doute aidé la Commune de Paris
il s'inspirait des enseignements de son ancêtre le rabbin Moïse et donc était ouvert à l'appel des opprimés et des victimes de l'injustice
il est mort très peu de temps après la Commune laissant sa femme Louise-Philippine – je vous jure que c'était son prénom hommage au roi Louis-Philippe – seule   dans la misère
avec trois enfants en bas âge

il avait été très marqué par l'affaire Dreyfus et faisait partie de la Ligue des droits de l'homme tout en étant réactionnaire d'après tes dires, toutefois tu avais été heureuse qu'il vote pour le Front populaire en 1936

il est mort en 1937 d'une rupture d'anévrisme   au cœur
tant mieux pour lui et pour toi   il n'a pas connu
la destinée des siens   au nord du Nord
quelques années plus tard

•

Un !

il y a un dossier sur toi à la Bibliothèque historique de la Ville de Paris ! j'en ai vu la trace dans le fichier (hum je peine toujours à écrire ce vilain mot) de la bibliothèque Marguerite-Durand
à mon interrogation fébrile une bibliothécaire me répond

« Oh vous savez, il n'y a peut-être rien dedans, une ou deux nécrologies »
il n'empêche, je veux absolument savoir

ce matin-là je me mets en route j'ai très peu de temps
fébrile, en effet, je me trompe de direction dans le métro
j'arrive tout essoufflée devant l'édifice – la bonne entrée –
une dame est assise là – elle fait la grève de la faim
pour que la mairie de Paris reconnaisse ses droits
elle en a été l'employée dans une école
une vieille dame ou alors vieillie par ses efforts son travail
sa vie sur un carton

il faut montrer patte blanche alors qu'on est encore dans la rue
sur ma bonne mine je peux rentrer
ainsi je vais enfin connaître ce lieu !   celui où tu faisais
l'assemblée générale de l'Amicale tous les ans
pas trois pas sans devoir montrer à nouveau une pièce d'identité
puis la laisser en échange d'un badge
d'un itinéraire conseillé   interdiction de partir à l'aventure
tu devais   toi   rentrer par la grande porte je suppose
tu ne devais pas montrer ta carte d'identité
peut-être au temps des états d'urgence à cause de la guerre d'Algérie

sous mes pieds   sous mes vieilles chaussures un peu
boueuses   un tapis moelleux
je me suis installée à une table avec vue sur la personne qui
prend les fiches de commande de « documents » comme on dit
en jargon de bibliothécaire
je lui ai donné la mienne, il ne bouge pas
des jeunes filles travaillent   ordinateurs   portables
l'une n'a pas de stylo je lui donne un des miens
combien de long fait cette salle, trente ? quarante mètres ?
des rayonnages tout autour   des balustrades
odeurs d'encaustique de cire   silence   absolu

hauteur de plafond : cinq mètres ? huit mètres ? une verrière
de la lumière   des rayonnages tout autour des balustrades des
livres reliés rangés   austères   du droit je suppose
des lampes aux opales blanches disposées un peu partout
sur de gros meubles des revues en libre accès
je choisis un numéro de *Maires de France* sur les bibliothèques

soudain je réalise que ce n'était pas là   vos assemblées
générales mais à la mairie du IVe arrondissement un peu plus
loin une partie de mes espoirs s'envole

ça ne fait rien, je suis dans la place   j'attends le dossier
une dame de l'accueil m'en avait donné la cote   DOS COH
rien de plus simple
l'homme ne bouge pas
par l'ascenseur j'avais aperçu les lambris
la demie sonne un peu église   beaucoup coucou   l'oiseau en
moins
pin-pon !   les bruits de l'extérieur arrivent jusqu'à la salle

dix minutes passent, l'homme ne bouge toujours pas
enfin il se lève en soupirant le dos légèrement voûté
le dossier est dans « l'aquarium »
le dossier   le voilà   il paraît bien mince
une chemise en papier vert pâle   une enveloppe en plastique
perforé à l'intérieur
c'est cela : même pas deux, non, un seul article nécrologique
collé sur une feuille A4 : une petite colonne d'un huitième de
page environ   une jamais lue   qu'importe c'est dérisoire
« Marie-Élisa Cohen n'est plus » titre *Le Serment Buchenwald-Dora*   n° 232   daté d'août-septembre 1993
je n'ai rien pour la photographier ce qui serait licite en ces lieux
« n'est plus » : c'est pas mal   à voir...

la logique de ces nécros quelle est-elle en ces lieux ?

pourquoi une, pourquoi celle-là, pourquoi si peu ?
pourquoi ce dossier si vide ? bah on s'en moque
tu ne résides pas dans les nécros logiques ou pas

•

Vagues

je suis au milieu des vagues,
ne perds pas ma marque,
je continuerai en septembre

se lever est si pénible douloureux après cette mauvaise nuit
l'Equanil ne fait plus d'effet il va falloir demander un autre
médicament   j'ai encore mal aux genoux ce matin
c'est mieux depuis que nous dormons dans la chambre des
garçons   il n'y a pas à déplier le lit le soir c'était trop lourd
pour moi   je devais attendre que quelqu'un le fasse   ou bien
le faire déplier en fin de journée   mais je n'aime pas le miroir
là   pourquoi avons-nous mis ce miroir
je n'ai pas faim ce matin
c'est Lise aujourd'hui qui vient me chercher ? non c'est
Françoise Boulanger, la barbe ! enfin elle est gentille mais elle va
encore me parler de sa maison en viager
les TP des premières années sont prêts
tiens Isabelle a encore laissé traîner un mouchoir je ne sais pas à
quelle heure elle va rentrer si elle a une réunion ou pas
et Francis ? oui il a une réunion il rentre dîner avant
je serai peut-être seule ce soir
zut j'ai oublié de dire à Renée d'acheter un gros morceau de
gruyère   l'autre Francis vient demain je vais faire un soufflé
est-ce que je lui ai laissé assez d'argent ? sa fille où est-elle
maintenant ? ah oui au Palais de la découverte, c'est pas mal

comme emploi   moi aussi j'ai réunion de cellule aujourd'hui
– à midi – tant pis je déjeunerai après – cette cellule qui porte
le nom de France   France Bloch   nos souvenirs communs
s'éloignent maintenant   certains sont si vifs encore
tiens il faudrait que je téléphone à Roland   prendre de ses
nouvelles   il a eu moins de chance que mon Francis
je suis revenue, moi   France me manque toujours, sa fin
horrible
et téléphoner à Éliane   ses filles, elles font quoi déjà ?
allez, je me lève   où sont mes chaussons ? Francis a dû tout
mettre sur la table de la cuisine, le thé les médicaments
même beurrer les biscottes me fait mal parfois   ah il est dans
son bain
j'irai après, il m'aidera
cette odeur de tabac   Isabelle fume comme un pompier,
ça m'inquiète, il faudrait qu'elle arrête

> j'ai retrouvé ta marque dans *Les Vagues* de Virginia
> Woolf aujourd'hui 22 février 2019 : un faire-part
> de naissance, l'image d'un nourrisson qui dit être
> né un 8 mai
> jamais je n'aurais jamais imaginé pareil cadeau pour
> ma fête dont je me moque éperdument !

•

Vieux papiers

j'ouvre des chemises en carton décolorées
parfois deux mots sont écrits   pattes de mouche paternelles
à déchiffrer   j'attends une surprise   mon cœur espère

déplier un vieux journal plié fait éternuer

par bonheur ce que je cherche est souligné au crayon
un mot   un nom   un paragraphe

ouvrir une enveloppe   en étaler le contenu sur la table
puis tout remettre à l'intérieur et au lendemain
noter qu'il n'y a rien à noter
se demander si je ne passe pas à côté
alors rouvrir encore   recopier une formule
essayer de trouver le sens de ces bribes
fragments émiettés des papiers maternels

aujourd'hui je me sens encombrée
ces papiers   ces miettes résidus d'une vie que je n'ai pas vécue

des enveloppes il y en a de toutes sortes
le papier kraft domine
des petites   pour cartes de visite   des grandes
certaines bordées d'un liseré noir   ou gris
des formats désuets   des enveloppes doublées de papier de soie
dedans je cherche le papier de soi

pour les vœux de nouvel an je me suis mise à fabriquer
des tas des tas d'enveloppes en papier coloré
minuscules pliages enfermant le vide

poussières de sens
cependant aussi sens en *constante expansion*
goutte de sens comme un précipité
un précipité peu à peu arpenté
un caillot une coagulation de sens
ligne de fuite   nœuds   entrecroisements

enveloppes de toutes tailles
tenant au chaud des papiers pliés abîmés effacés
la présence émiettée de l'absente

son âme effritée

il y a bien l'enveloppe contenant des *photo-graphies*
je m'attarde sur ce beau visage de jeune femme
moi je ne me souviens d'elle qu'âgée
son beau visage si peu ridé
glyphes de la vie

par une enveloppe en papier kraft
de nombreux papiers pelure
les caractères de son Olivetti
je me retrouve dans son ventre
elle est très agitée

ton Olivetti je l'ai ouverte récemment
l'odeur de son huile rance   si familière
ne m'a ouvert que les portes du vide

ces enveloppes aux papiers administratifs éreintants

je pense comprendre pourquoi   je refusais de téter ton lait
ton lait de femme stressée
trois marmots en bas âge   un travail épuisant
et surtout   ces démarches   ces procédures
dont ces enveloppes offrent leurs traces affligeantes

ces enveloppes ne sont pas protectrices

ces lettres en allemand
je reconnais si bien son écriture
le timbre de la poste en fait foi
deux timbres rouges à l'effigie d'Hitler
Deutsches Reich
papier du *Konzentrationslager* Auschwitz
règlement inscrit au dos en allemand

« garde les timbres mon trésor »

grande enveloppe blanche   ce matin j'ai reçu le *Bulletin de Mémoire vive*   il a changé   n'est plus imprimé en bleu sur blanc mais en couleurs
ça m'a fait bizarre de voir Auschwitz en couleurs
comme si je ne me le représentais qu'en noir et blanc
pourtant j'ai vu le film de Marceline Loridan *La Petite Prairie aux bouleaux*   mais peut-être que le vert est trop vert
la boue   la neige   absentes

ta présence de survivante en moi
ces enveloppes sont inutiles
tu es là depuis toujours

•

Volga

je ne me souvenais plus si tu avais enfin réalisé ton rêve
descendre la Volga   une croisière sur la Volga   l'été
sans moustiques   pas d'aoûtats en tout cas
si oui   tu as revu Sonia   Sonia de Kharkov qui chantait
si bien   loin de la Volga
Sonia *Kaganovitch* ? je ne me souviens plus
elles chantaient si bien les Ukrainiennes si bien
un peu de beauté dans cette horreur
un atome de beauté   un autre   ça fait une molécule d'espoir
– oui je me rapproche là – décidément optimiste
une molécule d'espoir   et ne pleure pas quand tu entends chanter

si oui   c'était l'année de la prison   dans l'Est
l'emprisonnement de mon frère de la Gauche prolétarienne
pris en embuscade par les flics de l'Est

tu allais le voir tous les quinze jours
ton fils de derrière les barreaux
il a perdu des dents   a perdu un peu de sa vue   n'a pas perdu de temps   qu'a-t-il égaré il faudrait lui demander

oui oui c'était bien en 1971 me dit une carte postale de mon autre frère   et une autre de toi   *Je reste ici (en Ardèche) jusqu'au 15 août et vais à l'étranger ensuite et ne rentrerai que le 11 septembre à Paris*

alors tu as revu Sonia

Sonia qui dirige une importante usine chimique à Kharkov
Sonia qui a fait enlever son matricule tatoué
Sonia qui était arrivée avec son mari et son bébé au camp
Sonia à qui on a arraché son bébé
Sonia qui a pris des coups de gourdin sur la tête
Sonia qui en faisait des crises d'épilepsie
Sonia que ses amies de Raïsko cachaient alors

Sonia qui était à Paris pour le vingt-cinquième anniversaire de la libération d'Auschwitz   Sonia qui est peut-être sur la photo de ce moment-là mais je n'en suis pas sûre

sais-tu maman qu'on emprisonne un poète pour quinze ans
Mohammed al-Ajami   dit Ibn al-Dhib
pour un poème ou deux   un peu d'encre sur du papier
qu'on tue (les talibans) les libraires qui vendent les livres de femmes violées qui racontent

mais à quoi bon in-quiéter les morts c'est les vivants qu'il faudrait in-quiéter

sais-tu que des flics ont cogné méchamment sur la tête d'une jeune femme qui manifestait à Marseille en décembre 2018 qu'une femme fut tuée à sa fenêtre par un tir de police ce même mois dans la même ville   Zineb Redouane   un flic a visé   un flic a tiré sur elle une grenade lacrymogène

vous qui vous êtes battues pour la liberté
vous n'aimeriez pas ça

•

Wagons

wagon de Compiègne à Auschwitz
    wagon d'Auschwitz à Ravensbrück
        wagon de Ravensbrück à Mauthausen
            camion de Mauthausen à la frontière suisse
                wagon du retour de Saint-Gall en Suisse à Paris

wagon quand tu y retournas de Varsovie à Oświęcim

de Compiègne à Auschwitz
trois jours et trois nuits à 70 par wagon
wagons à bestiaux verrouillés

je ne sais pas dans quel wagon tu étais ni avec qui
si tu avais eu la *chance* d'être dans le wagon le moins peuplé
avec Charlotte de Compiègne à l'Arrivée   si tu avais vu le trou
possible et tentateur dans un des autres wagons
votre destination – un camp d'extermination – vous était
inconnue

pensais-tu à ta mère qui t'avait devancée dans un de ces wagons ?

de Ravensbrück à Mauthausen

les Soviétiques approchent
il ne faut pas qu'ils libèrent des *Nacht und Nebel*
quatre jours et quatre nuits à 75 par wagon
wagons à bestiaux verrouillés
libre espace au milieu pour les SS de garde
trois jours sans manger
pire encore
des douleurs affreuses dans les reins et les jambes
vous ne pouviez rester ni debout ni couchées ni assises
Marie-Jo écrira que vous étiez « incrustées les unes dans les autres »
bagarres   coups   morts d'enfants tziganes   horreur
votre destination – un camp d'extermination – ne vous était
pas inconnue

les déportés de la Commune ont raconté un wagonnage d'enfer
comme le rapporte Louise Michel :

> « On nous entassa quarante dans des wagons à bestiaux hermétiquement fermés et privés de lumière, nous donnant pour tout potage un peu de biscuit et quelques bidons d'eau. [...] Vainement en route avions-nous supplié nos gardiens de nous donner de l'eau et de l'air, ils restèrent sourds à nos supplications, nous menaçant de leurs revolvers à la moindre tentative de révolte. Plusieurs d'entre nous étaient devenus fous. Pensez donc ! Trente et une heures de chemin de fer, enfermés dans des conditions pareilles. »

un Paris-Brest particulièrement indigeste

les wagonnets que vous poussiez, *aux marais, aux briques, au sable,* sous les coups, les mains gelées   la mort par épuisement

le wagon de Varsovie à Oświęcim en 1955

ce train qui te rappelle avec ses arrêts, ses cahots, ses lenteurs,
celui qui vous a amenées dans cette géhenne

le wagon très sélect-sioné avec pancarte *Israélites*
au moment de la démobilisation de notre père en 1940 et cela
disait-il, « faisait marrer les Allemands » en gare à l'arrivée
c'était une invention prévenante du gouvernement de Pétain

wagons pour ne pas oublier
à Drancy à Compiègne Jérusalem et ailleurs
celui de Yad Vashem comporte une inscription de Dan Pagis
gravée sur le mur en anglais et en hébreu un des sept poèmes
composant *Écrit au crayon dans le wagon plombé*
en voici une traduction possible :

Ici dans ce convoi
Moi Ève
Avec mon fils Abel
Si vous voyez mon aîné
Caïn fils d'Adam
Dites-lui que je

•

X, la lettre manquante

tous les trous du texte unis en cette croiX

en toute bonne logique, cette page devrait être blanche
ou noire comme un trou

mais cette tradition rapportée par Delphine Horvilleur :
« tout lieu d'habitation doit rester partiellement non
construit. La tradition juive veut qu'on laisse toujours
une petite fissure dans le mur un pan de cloison non
peint, ou un petit carrelage manquant dans un coin

du sol. Il s'agit de laisser dans nos vies la trace de l'incomplétude, de savoir habiter un lieu où le manque a sa place
Reconnaître la trace que laisse ce qui n'est plus,
et l'entendre nous dire : Souviens-toi de ceux qui ne sont plus là. »

après avoir tant de fois reprisé et revu ce texte
arrivée à X   je me rends compte
qu'aucun chapitre ne commence par la lettre I
I   l'Initial   l'initiale de mon prénom
I   *l'impossible oubli*   I   Impossible de raconter
I   Impossible d'écrire

•

Yeux gris, ton regard

ta photo circule dans mes veines   ta photo de maintenant
enfin   d'il y a trente ans   vertigineux regard clarifié par
les milliards de particules de fumée   pourrait-on calculer
combien de cadavres tu as vus ?   combien d'exécutions
sommaires ?   combien de départs vers la chambre à gaz
et le brasier des crématoires ?   cette manie graisseuse du
calcul que pèse-t-elle à côté de l'intimité de ton regard piqué
de détresse   (de sévérité)   que sait-elle du hurlement de
l'immensité qu'on trouve à fleur de regard dans certains retours
de cimetière ?
je ne m'en souviens pas   pourtant   tu portais des lunettes
avec des verres fumés

qui a décousu l'ourlet de tendresse de ton œil ?

c'est le même sourire   juste les dents qui sont fausses dans
cette photo d'il y a trente ans   que sur celle qui troue une
plaque impressionnante d'identités
cinquante-quatre clichés chacun répété six fois
le même sourire   avec le même nez dessus
tu ne me regardes pas   tu as la vie tes rêves devant toi

ta photo se promène joyeusement sur ma peine
celle où tu souris en de multiples identités
treize à la douzaine   tu souris du bonheur de vivre
d'être belle peut-être
d'être maman   c'était avant   ta coiffure
une merveille   ta beauté   j'en   j'en
je me collerais ces photos sur les yeux
avoir devant moi le mirage de ta magnificence

tu ne souris pas   tu n'es pas sérieuse les cheveux rangés en une
résille   pas un qui dépasse du filet   ils sont pris dans la nasse
ah ! une broche   tu as toujours aimé les broches
tu lèves le menton   ou baisses un peu la tête   profil droit
face   trois quarts gauche   trois quarts à droite   profil
gauche   je reste vrillée à ton image   tu souris sans montrer
les dents   tu souris

tes sourcils ont disparu   ils ne protègent plus tes yeux
tes paupières sont à vif
ton regard voit ce qu'il voit et le croit
tu redestines tes sourcils au crayon   gris discret   bien dans
la tonalité
tu écris tous les jours deux nouvelles lignes bien symétriques
tu essaies de tirer deux traits   c'est déjà ça
ça s'efface   tu recommences
tes lignes de vie grises
tu passes recarmines tes lèvres tous les matins
ajoute un peu de fond

toutes ces odeurs   ces traces   sur nos joues
on n'aime pas ça on ne veut pas que tu te mettes du bleu sur
les paupières   comme une poupée

on aime tes yeux gris sans fard et sans reproche

•

Z

à mon insu ces textes se sont installés par ordre alpha-bêtique
en eux-mêmes ils sont dissertation sur l'ordre et le désordre
sur cet alphabet qui va de A à Z comme le mot Auschwitz
pris là à la lettre
la construction de A…Z pour la destruction de A à Z
la destruction de la langue et de la culture yiddish
parties en fumée avec des millions d'êtres vivants
la destruction de l'idée d'humanité

avec cet ordre il y a le désordre de ta vie
le désordre de la mémoire la tienne   la mienne
la mémoire n'est pas linéaire
elle arrive parfois au matin sans crier gare

Auschwitz qui va de A à Z est une certaine définition de toi
l'ordre aussi
ta maison bien rangée
tes piles de linge
la chimie
la classification périodique des éléments : dedans il y a des
manquants – certains avaient déjà leur place (vide) – certains
ont été trouvés après

tes injonctions
l'ordre le ménage bien fait étaient nécessaires à ta vie

les trous le désordre sont nécessaires à la mienne

les lettres manquantes
les vides les abîmes
tu n'es pas contenue
tu échapperas toujours

toi qui m'as appris à lire
tu n'aimerais sans doute pas mon alphabet troué
un écho du désordre comme les fragments de toi me viennent
je cherche un peu de mesure à la démesure que prend ton image
en moi

à quoi sert l'alphabet sinon à écrire des mots
à mettre des mots sur l'incompréhensible l'odieux l'insupportable

même si les phrases sont fatiguées
même si ton plus grand bonheur fut d'être mère après
puis grand-mère
finalement je t'ai assignée subjectivement imparfaitement à être
de A à Z

BeTula

I

tu es digne de foi   fidèle
tu es auriculaire et oculaire
directe et indirecte
tu es

et   moi   je suis
en T par toi
à la recherche du petit bout manquant
de la dernière consonne

laissez-moi le torchon troué de mon enfance
sa trame est mon tribut
ses rayures ma souvenance
son va-et-vient mon répit

ainsi je ne fais que te parler
comme toute fille parle à sa mère
des heures au téléphone

cependant tu n'es plus

Vie ? ou Théâtre ?

2

tu as été   tu y as été   tu y fus
tu en es revenue
tu en as parlé   écrit   discouru
à l'heure de ta mort
tu y es retournée
tu as rejoint tes disparues

témoin c'est ta case   victime ta maison
tu as passionnément aimé *L'Instruction*
de Peter Weiss
les bourreaux étaient *témoins* à leur procès
tu as été toi-même témoin dans des procès
assignations auditions comparutions
témoin vraiment ?   ou
présente à ta vie morte là-bas

3

tu as laissé choir l'écorce
tu l'as donnée en écritoire
de traits de points
surface bistre à enrouler
message à déchiffrer
ratures et biffures de la vie

jamais je n'ai fait le voyage *le grand voyage*
de nos jours on peut faire de Paris en avion
l'aller-retour en une journée
en passant par Cracovie
et *visiter*   le camp
on revient dans ses chaussons le soir

il y a *le départ*   *l'arrivée*   *le transfert*
tout compris dans le prix du voyage
ainsi que le restaurant   le temps libre
la visite du *musée* d'Auschwitz
du musée…

tu ne m'as jamais parlé des bouleaux
jamais traduit le mot *Birkenau*
jamais dit le nom polonais
en polonais tu nous as appris *chouchou*
faire pipi   c'est tout

4

Birkenau
ce nom je l'ai tété avec le lait du biberon
pourtant je ne savais pas les bouleaux
Brzezinka
je ne connaissais pas le nom en polonais
Prairie aux bouleaux
le Dit de Marceline Loridan

tous ces arbres derrière les barbelés
l'arbre de Goethe à Buchenwald cher à Jorge Semprún
les arbres *secs et creux* des marais
le camp III de Sobibor clôturé de barbelés
avec des branches d'arbres entrelacées
après la liquidation de la révolte de 1943
les SS dissimulèrent toutes traces du camp
en plantant des arbres et en construisant
une ferme innocente

mais y avait-il l'ombre des arbres ?

5

dans les arbres maintenant quels échos
bruissements des voix des cris de douleur
frémissements de peur
quelle lumière passe entre les feuilles
quel ciel
l'ombre des morts s'est inscrite dans la terre
à la lueur des flammes

la terre qui les porte les nourrit
de cendres humaines
ils sont restés là
des voix agonisantes montent en eux
ils sont beaux   leurs feuilles sont chant
leurs écorces paysages de visages

6

sais-tu que les jeunes Russes écrivaient
leurs lettres d'amour sur des écorces de bouleau ?
sais-tu qu'on boit la sève de bouleau pour se régénérer ?
je le fais moi au printemps
as-tu vu les canots des Indiens d'Amérique
leurs maisons   leurs paniers   leurs casseroles
leurs livres !
les manuscrits sacrés de l'Inde
tant d'autres créations

7

de croix en bois de bouleau sur ta tombe
tu n'as point
de tombe tu n'as point

tu n'as pas été enroulée dans une écorce
de bouleau

tu n'étais pas une vieille Indienne

juste une ancienne déportée

8

j'habite auprès des arbres alphabets
de la mémoire du monde

près des baissades des bessèdes
des boulassières des mots oubliés

tu m'as passé ce témoin
il est en bois de bouleau
le temps du non-oubli en a gravé l'écorce
sur l'écorce   la trace   *Birkenau*

Documentation

Ouvrages et articles

Chantal Akerman, *Ma mère rit,* Mercure de France, 2013.
—, *Une famille à Bruxelles,* L'Arche, 1998.

Louise Alcan, *Le Temps écartelé,* Imprimerie Truchet, 1980.

Amicale des déportés d'Auschwitz, *Témoignages sur Auschwitz,* 1946.

Amicale de Ravensbrück et Association des déportées et internées de la Résistance, *Les Françaises à Ravensbrück,* Gallimard, 1965.

Amicale des déportés de Mauthausen, *Symposium I. Mauthausen : de la mémoire à la conscience européenne,* 2002.

Simone Alizon, *L'Exercice de vivre,* Stock, 1996.

Hélène Berr, *Journal, 1942-1944,* Tallandier, 2008.

Denis Brillant, *Les Clercs de 68,* PUF, 2003.

Claudette Bloch-Kennedy, *Auschwitz-Birkenau, 1942-1945. Recherche en laboratoire,* suivi de *Rencontre avec Simone Franck-Floersheim,* témoignage recueilli par L. Shelley, trad. L. Latour, Librairie Jean-Jacques Rousseau, 2002.

Maurice et Élise Boulle, « À Villeneuve en décembre 1941, une famille juive pendant les années noires », *Revue de la Société des enfants et amis de Villeneuve-de-Berg,* n° 52, 1996.

Maryvonne Braunschweig, Bernard Gidel, *Les Déportés d'Avon. Enquête autour du film de Louis Malle* Au revoir les enfants, La Découverte, 1989.

Les Cahiers du Rhône, « Ravensbrück », n° 65, 1946.

Marie-José Chombart de Lauwe, *Toute une vie de résistance,* Graphein-FNDIRP, 1998.

Carole Christen-Lécuyer, « Les premières étudiantes de l'Université de Paris », *Travail, genre et sociétés,* n° 4, 2000.

Marie-Louise Coudert, *Elles, la Résistance,* Messidor-Temps actuels, 1983.

Paul Delanoue, *Les Enseignants. La lutte syndicale du Front populaire à la Libération,* Éditions sociales, 1973.

Charlotte Delbo, *Auschwitz et après I. Aucun de nous ne reviendra,* Gonthier, 1965 ; Minuit, 1970.
—, *Auschwitz et après II. Une connaissance inutile,* Minuit, 1970.
—, *Auschwitz et après III. Mesure de nos jours,* Minuit, 1971.

—, *Le Convoi du 24 janvier,* Minuit, 1965.
—, *Spectres, mes compagnons,* Berg International, 1995.

Georges Didi-Huberman, *Écorces,* Minuit, 2011.

Jean-Marc Dreyfus, *L'Impossible Réparation. Déportés, biens spoliés, or nazi, comptes bloqués, criminels de guerre. Quand le Quai d'Orsay négociait avec l'Allemagne (1944-2001),* Flammarion, 2015.

Ghislaine Dunant, *Charlotte Delbo, La vie retrouvée,* Grasset, 2016.

Cynthia Fleury, « Le courage du commencement », *Études,* n° 4201, 2014.

Thomas Fontaine, *Déporter. Politiques de déportation et répression en France occupée. 1940-1944,* thèse de doctorat, Paris-I, 2013.

Laure Fourtage, *Et après ? Une histoire du secours et de l'aide à la réinsertion des rescapés juifs des camps nazis (France, 1943-1948),* thèse de doctorat, Paris-I, 2019.

Ania Francos, *Il était des femmes dans la Résistance,* Stock, 1978.

Nadine Fresco, *Fabrication d'un antisémite,* Le Seuil, 1999.

Geneviève de Gaulle Anthonioz, *La Traversée de la nuit,* Le Seuil, 1998.

Violaine Gelly, Paul Gradvohl, *Charlotte Delbo,* Fayard, 2013.

Mechtild Gilzmer, Christine Levisse-Touzé, Stefan Martens (dir.), *Les Femmes dans la Résistance en France,* Tallandier, 2003.

Eva Golgevit, *Ne pleurez pas mes fils,* Le Manuscrit-Fondation pour la mémoire de la Shoah, 2010.

Caroline Grimm, *Olympe de Gouges,* Calmann-Lévy, 2009.

Philippe S. Hadengue, *Un Te Deum en Ile de France,* Pauvert, 2001.

Adélaïde Hautval, *Médecine et crimes contre l'humanité,* Actes Sud, 1991.

Peter Hellman, *L'Album d'Auschwitz,* Le Seuil, 1983.

Évelyne Héry, « Quand le baccalauréat devient mixte », *Clio,* n° 18, 2003.

Rudolf Höss, *Le Commandant d'Auschwitz parle,* Julliard, 1959.

Liora Israël, *Avocats et magistrats en résistance pendant la seconde guerre mondiale,* Fayard, 2005.

Vladimir Jankélévitch, *L'Imprescriptible,* Le Seuil, 1986

Yves Jégouzo, *Madeleine dite Betty. Déportée résistante à Auschwitz,* L'Harmattan, 2011.

Serge Klarsfeld, *Le Mémorial des enfants juifs déportés de France,* FFDJF, 1994.

Ruth Klüger, *Refus de témoigner, une jeunesse,* Viviane Hamy, 1997.
—, *Perdu en chemin,* Viviane Hamy, 2008.

Olivier Lalieu, *La Déportation fragmentée. Les anciens déportés parlent de politique, 1945-1980,* La Boutique de l'Histoire, 1994.
—, « La perception de la Shoah par les associations de rescapés », *Mots,* n° 56, juin 1998.

Micheline Lebarbier, « Jacqueline Dreyfus, bibliothécaire et conteuse »,

Cahiers de littérature orale, n° 86, 2019.

Primo Levi, *Si c'est un homme,* trad. M. Causse, Julliard, 1987.

Marceline Loridan-Ivens, *Et tu n'es pas revenu,* Grasset, 2015.

Jacques Lusseyran, *Le monde commence aujourd'hui,* Silène, 2012.

Julie Maeck, *Montrer la Shoah à la télévision. De 1960 à nos jours,* Nouveau Monde, 2009.

Robert Merle, *La mort est mon métier,* Gallimard, 1952.

Renée Mirande-Thomas, *De Ravensbrück à Mauthausen,* Éditions de la Défense, 1946.

Patrick Modiano, *Dora Bruder,* Gallimard, 1997.

Évelyne Morin-Rotureau, *1939-1945 : combats de femmes,* Autrement, 2001.

Alain Navarro, *1945. Le retour des absents,* Stock, 2015.

La Nouvelle Critique, « La déportation dans la littérature et l'art », n° 167, juin 1965.

Le Patriote résistant, « L'impossible oubli : pourquoi ? », supplément au n° 363, FNDIRP, 1970.

Anise Postel-Vinay, *Vivre,* Grasset, 2015.

Vladimir Pozner, *Descente aux enfers. Récits de déportés et de SS d'Auschwitz,* Julliard, 1980.

Alain Quella-Villéger, *France Bloch-Sérazin. Une femme en résistance (1913-1943),* Éditions des Femmes/Antoinette Fouque, 2019.

Paul-Louis Rossi, *Régine,* Julliard, 1990.

Frédéric Rousseau, *L'Enfant juif de Varsovie. Histoire d'une photographie,* Le Seuil, 2009.

Jorge Semprún, *Le Grand Voyage,* Gallimard, 1963.

Françoise Siefridt, *J'ai voulu porter l'étoile jaune,* Robert Laffont, 2010

Charlotte Salomon, *Vie ? ou Théâtre ?* trad. A.-H. Hoog, M. Roubinet et C. Philippe, Le Tripode, 2015.

Anne-Lise Stern, *Le Savoir-Déporté. Camps, histoire, psychanalyse,* Le Seuil, 2004.

Franz Stock, *Journal de guerre. Écrits inédits de l'aumônier du Mont-Valérien,* éd. sous la dir. de J.-P. Guérend, trad. de V. Meunier, Le Cerf, 2017.

Ceija Stojka, *Auschwitz est mon manteau, et autres chants tziganes,* trad. F. Mathieu, Bruno Doucey, 2018.
—, *Nous vivons cachés. Récits d'une Romni à travers le siècle,* trad. S. Macher, Isabelle Sauvage, 2018.

Karen Taieb, *Lettres d'Auschwitz,* Taillandier, 2021.

Victoria Thérame, *La Dame au bidule,* Des femmes, 1976.

Eva Tichauer, *J'étais le numéro 20832 à Auschwitz,* L'Harmattan, 1988.

Germaine Tillion, *Ravensbrück,* Le Seuil, 1973.
—, *Une opérette à Ravensbrück,* La Martinière, 2005.

Nadine Vasseur, *Je ne lui ai pas dit que j'écrivais ce livre,* Liana Lévi, 2006.

Simone Veil, *Une vie,* Stock, 2007

Anne Wattel, « *La mort est mon métier* de Robert Merle : l'œuvre à contre-courant », *Tsafon,* nº 72, automne 2016-hiver 2017.

Dominique Weill, *Toutes mes vies,* [autoédition], 2018.

Peter Weiss, *L'Instruction,* L'Arche, 2000. Extraits de la trad. d'André Gisselbrecht dans *La Nouvelle Critique,* nº 172, février 1966.

Annette Wieviorka, *Auschwitz, soixante ans après,* Robert Laffont, 2005.
—, *1945. La découverte,* Le Seuil, 2015.

Olga Wormser-Migot, *Le Retour des déportés. Quand les alliés ouvrirent les portes,* Complexe, 1985.

Sasha Zanko, *La Bible des Roms,* Gaussen-Tchtchipen, 2017.

Sites Internet

Anonymes, justes et persécutés durant la période nazie dans les communes de France : *http://www.ajpn.org*

Base de données « Écrits de guerre et d'Occupation (1939-1945) » : *http://www.ego.1939-1945.crhq.cnrs.fr*

Le Maitron : *http://maitron-en-ligne.univ-paris1.fr*

Mémoire vive des convois des 45 000 et 31 000 d'Auschwitz-Birkenau : *http://www.memoirevive.org*

Mémorial de la Shoah : *http://www.memorialdelashoah.org*

Collection complète des numéros de *La Nouvelle Critique* (1948-1980) sur *https://pandor.u-bourgogne.fr/*

Films

Werner Herzog, *Into the Abyss,* 2011.

Wanda Jakubowska, *La Dernière Étape,* 1948.

Marceline Loridan, *La Petite Prairie aux bouleaux,* 2003.

Louis Malle, *Au revoir les enfants,* 1987.

Claude Alice Peyrottes, Alain Cheraft, *Histoire du Convoi du 24 janvier 1943 : Auschwitz-Birkenau,* 2001.

Michaël Prazan, *La Passeuse des Aubrais,* 2016.

Chloé Zhao, *Les Chansons que mes frères m'ont apprises,* 2015.

Radio

Claudette Bloch-Kennedy, interview par Natasha Burchardt, BBC, 1989.

Claude Alice Peyrottes, *Appel à la mémoire, les revenantes,* France Culture, 1995.

Remerciements dans l'ordre d'apparition dans mon alphabet

À l'excellente mémoire de Marie-Élisa
et à son goût de l'archive.

Beaucoup de personnes m'ont encouragée.
Sans elles, j'aurais abandonné depuis longtemps.
Un grand nombre sont citées dans le corps du texte.
Je prie toutes les autres, qu'injustement
je ne mentionne pas, de m'en excuser.

Mes très vifs remerciements à mon frère Yves,
qui est historien et a eu la présence d'esprit d'interviewer
notre mère sur sa vie. Hélas, la fatigue et la maladie n'ont pas
permis que l'interview aille au-delà de l'arrivée à Auschwitz.
Faites comme lui ! Enregistrez vos parents, vos grands-parents,
leurs souvenirs, leurs chansons (même s'ils chantent faux).
Mon frère Jean-Louis a scanné toutes les photographies
ou presque qui se trouvent dans ce livre, merci à lui.
Il a aussi vu et photographié les serres de Raïsko.
Ma belle-sœur Michèle, m'a soutenue en pensée
– elle qui a tant souffert dans sa vie.

Merci à...
Yvan, mes enfants et petits-enfants qui me supportent ;
Roland Sérazin qui m'a transmis le texte de
l'interrogatoire à la préfecture de police de Paris et qui
a tant contribué à garder vive la mémoire de ses parents ;
Karen Taïeb et toutes les bibliothécaires et
archivistes du Mémorial de la Shoah ;

Claude Alice Peyrottes, devenue amie si proche,
pour son enthousiasme communicatif;
Alain Navarro pour le beau portrait de Marie-Élisa
et Claudette dans son livre Le Retour des absents,
et pour ses encouragements. Pour l'interview
de Claudette par la BBC également;
Ghislaine Dunant, ma si chère amie, qui a bien
voulu s'enthousiasmer pour « BeTula »;
Anise Postel-Vinay, pour m'avoir dit que
ma mère était quelqu'un de formidable;
Annette Wieviorka, pour m'avoir dit la même chose!
et pour tous ses livres;
Irène Lentin-Mangano, ma si aimée cousine,
pour ses précieuses paroles sur ma Bonne-Maman;
Catherine Counelis, Melinda Toen, Natalie Pigeard-Micault
de l'École supérieure de physique et de chimie industrielles;
Claudine Ducastel, veilleuse inspirée;
Cyrille Le Quellec, bibliothécaire
de la Fondation pour la mémoire de la Déportation;
Jacques Walter, qui a répondu si diligemment à un mail
concernant l'émission « Les Dossiers de l'écran »;
Michel Pinault, si prompt à répondre à mes
interrogations et à offrir son travail en retour;
Natacha Giler, jeune femme documentariste qui a estimé
nécessaire de transmettre la mémoire du convoi;
Rosine Floride, qui a bien voulu lire l'état premier
de ce livre et m'a donné tant de précieuses indications;
Françoise Nordmann, pour les mêmes raisons;
les bibliothécaires du Guichet du savoir
de la bibliothèque municipale de Lyon;
mes correspondants du musée de la Citadelle de Besançon
et ceux du musée national de la Résistance de Champigny;
Isabelle Cérix, de l'INA, qui a si vivement répondu
à mes recherches sur « Les Dossiers de l'écran »;
Les archivistes si obligeants de la préfecture de police de Paris;
Hélène Gispert, qui a répondu à mes interrogations

sur les études scientifiques avant la guerre ;
Bernadette Bensaude-Vincent, qui a enregistré
Marie-Élisa sur son expérience de chimiste
(et à mon frère qui a effacé la moitié de l'enregistrement) ;
Elisabetta Ruffini, historienne, si jeune,
qui désire transmettre à son tour ;
Yves Jégouzo et les animateurs et animatrices du site
et de l'association Mémoire vive de la déportation ;
Lucien Nordmann, pour son attention,
la laliste et les papiers d'Arolsen sur son père ;
Stéphane Dufournet, bibliothécaire à Sainte-
Geneviève, tombé de la voie lactée électronique ;
Laure Fourtage, une étoile de la même origine ;
Mathilde Cohen, qui s'est rendue aux Archives
nationales pour aider sa vieille tante ;
Sandrine, de l'état-civil de Villeneuve-de-Berg,
qui m'a si obligeamment répondu au téléphone ;
Dominique Weil, la fille de Jacqueline, une amie
que j'aurais pu connaître depuis si longtemps ;
Monika Bellan, qui a bien voulu traduire
quelques pages d'allemand sur Raïsko ;
François Marcot, si chaleureux et vif quand
il évoque la mémoire de Marie-Élisa ;
Élise Boursault, documentaliste du Secours populaire.

Une pensée pour ma petite Renée,
ma Maman Bizine, qui m'a, comme on dit, élevée.

Remerciements émus à mes chères éditrices Colette Olive
et Michèle Planel, à Sophie Deltin et à Pierre Audoux,
pour leur confiance chaleureuse et leurs si précieux conseils.

Cet ouvrage a été achevé d'imprimer en avril 2024
dans les ateliers de Normandie Roto Impression S.A.S.
61250 Lonrai
N° d'imprimeur : 2401318
Dépôt légal : mai 2024
Imprimé en France